SAMMLUNG TUSCULUM

APPENDIX VERGILIANA

Lateinisch-deutsch

Herausgegeben von Fabian Zogg

DE GRUYTER

ISBN 978-3-11-046805-2
e-ISBN (PDF) 978-3-11-047394-0

Library of Congress Control Number: 2020938894

Bibliografische Information der Deutschen Nationalbibliothek
Die Deutsche Nationalbibliothek verzeichnet diese Publikation in der Deutschen Nationalbibliografie; detaillierte bibliografische Daten sind im Internet über http://dnb.dnb.de abrufbar.

Für Einbandgestaltung verwendete Abbildungen:
Cologny (Genève), Fondation Martin Bodmer, Cod. Bodmer 52: 6v/7r
(www.e-codices.unifr.ch)

Satz im Verlag
Druck und Bindung: Hubert & Co. GmbH & Co. KG, Göttingen

♾ Gedruckt auf säurefreiem Papier
Printed in Germany

MIX
Papier aus verantwortungsvollen Quellen
FSC® C016439

www.degruyter.com

INHALT

VORBEMERKUNGEN

Als Herausgeber möchte ich kurz den Inhalt des Bandes vorstellen und etwas zu seiner Entstehung sagen. Die Einführung bietet alle wichtigen Hintergrundinformationen zur *Appendix Vergiliana*. Dem lateinischen Text der Gedichtsammlung liegt die am weitesten verbreitete Gesamtausgabe, nämlich die Oxoniensis von Clausen/Goodyear/Kenney/Richmond 1966, zugrunde. Abweichungen davon sind in den Erläuterungen (in den Vorbemerkungen und zur Stelle) genannt, da man die Textentscheidungen oft nicht von der Erklärung trennen kann. Für die Übersetzungen haben wir eine deutsche Prosa gewählt, die dem Original möglichst nahe ist. Damit der Zugang zum Latein zusätzlich erleichtert wird, sind die deutschen Entsprechungen zu den Versen des Originals auf Zeilen gesetzt. Hinweise zu den erwähnten Personen gibt das Register; alles sonst für das unmittelbare Textverständnis Relevante steht in den Erläuterungen. Die Literaturhinweise verzeichnen die wichtigsten Titel für die wissenschaftliche Auseinandersetzung mit der Gedichtsammlung als ganzer und mit den einzelnen Texten.

Die Anordnung der neun *Vergiliana* entspricht derjenigen im Archetypus der handschriftlichen Überlieferung, der heute verloren und nur noch aus dem Murbacher Bibliothekskatalog des 9. Jh. bekannt ist. Da die darin enthaltene Angabe zum Vergil-Codex – wie mir zu entdecken glückte – bislang falsch gelesen wurde, weicht die Reihenfolge der Gedichte im vorliegenden Band von derjenigen der Oxford-Ausgabe ab. Die drei dort ebenfalls aufgenommenen Kurzgedichte *De institutione viri boni*, *De est et non* und *De rosis nascentibus* gehören nicht in eine Ausgabe der *Appendix Vergiliana*, da sie nur in einen Teil der handschriftlichen Tradition eingedrungen und für den Archetypus nicht zu rekonstruieren sind. Hingegen erweitere ich das Textcorpus der Oxoniensis in einer Appendix zur *Appendix* durch die beiden wichtigsten Vergil-Viten: Sie ergänzen das in der Einführung zu Vergil Gesagte um das, was man sich im 4. Jh. über den berühmten Autor erzählte, und enthalten die ersten Listen von Dichtungen, die zur Zeit der Abfassung beider Viten als Werke Vergils betrachtet werden konnten. Dadurch bilden diese Listen in der *Sueton-Donat-* und in der *Servius-Vita* den Grundstein für die im Mittelalter praktisch unbestrittene Zuschreibung der später in der *Appendix* vereinten neun Dichtungen an Vergil und für deren Überlieferung überhaupt: Hätte man in Texten wie dem *Culex* und dem *Moretum* nicht Werke des Dichters gesehen, der wegen seiner *Bucolica*, *Georgica* und *Aeneis* als der römische Klassiker schlechthin galt, wären sie vermutlich nicht bis in die frühe Neuzeit immer wieder abgeschrieben worden.

Die Schreibweise von Eigennamen ist nicht einfach zu handhaben: Die Personennamen geben wir in der Regel in ihrer lateinischen Form wieder, selbst wenn es eine eingedeutschte Variante gibt (z. B. Iuppiter, nicht Jupiter). Auch Personifikationen übernehmen wir in der lateinischen Form in die deutsche Übersetzung und erklären sie im Personenregister (z. B. Virtus). Zu den Ausnahmen, die nicht zu vermeiden sind, gehören vor allem griechische (z. B. Homer, nicht Homerus) und lateinische (z. B. Vergil, nicht Vergilius) Autoren. Bei geographischen Bezeichnungen hingegen haben wir die im Deutschen üblichste Form gewählt (z. B. Kreta, nicht Creta, oder Piräus, nicht Piraeus).

Es war eine E-Mail von Niklas Holzberg im September 2016, die mich für die Mitarbeit am vorliegenden Band gewann: Er war auf der Suche nach jemandem, der den »extrem schwierigen *Aetna*-Text« in der von ihm geplanten Tusculum-Ausgabe der *Appendix Vergiliana* übernehmen würde. Außer mir sagten fünf weitere Autorinnen und Autoren zu, die entweder schon zum jeweiligen Gedicht publiziert oder sich aufgrund ihrer Forschungsinteressen als besonders geeignet dafür erwiesen hatten. Die wegen der schlechten Überlieferung problematischen, inhaltlich aber umso interessanteren Texte sollten uns Zeit und Nerven kosten. Fast vier Jahre dauerte es, bis auch für die Sammlung Tusculum eine *Appendix* zu den von Niklas besorgten zweisprachigen Ausgaben von Vergils *Aeneis* (2015) und von Vergils *Bucolica* und *Georgica* (2016) entstanden war. In der Zwischenzeit legte er in der gleichen Reihe Ovids *Metamorphosen* (2017), Horaz (2018), Phaedrus (2018) und Babrios (2019) vor. Nach diesem Marathon überreichte er mir im Sommer 2019 den Stab für den *Appendix*-Schlussspurt – nicht ohne mich jedoch weiterhin intensiv zu unterstützen. Ohne Niklas hätte es dieses Projekt und den vorliegenden Band niemals gegeben: Ihm möchte ich hier daher an erster Stelle danken.

Außerdem möchte ich den anderen fünf Autorinnen und Autoren, die an diesem Band mitgearbeitet und ihn erfolgreich zum Abschluss gebracht haben, herzlich danken – namentlich Kai Rupprecht, Thomas Gärtner, Sabine Seelentag, Regina Höschele und Kai Brodersen.

Universität Zürich, im Februar 2020 Fabian Zogg

EINFÜHRUNG

P. Vergilius Maro, geboren am 15. Oktober 70 v. Chr., verfasste seine *Bucolica* (»Hirtengedichte«), die frühestens 40 v. Chr., wahrscheinlich aber nicht vor 35 v. Chr. publiziert wurden, »durch seine Jugend kühn« (*audax iuventa*), wie er selbst um 29 v. Chr. am Ende seiner *Georgica* (»Landbau«) sagt (4,565). Offensichtlich bezeichnet er das Gedichtbuch damit als sein Erstlingswerk, das somit von einem ungefähr dreißigjährigen oder sogar etwas älteren Autor geschrieben worden war. Da ihn nun die *Bucolica* zusammen mit den *Georgica* und der *Aeneis* schon bald nach seinem Tod am 21. September 19 v. Chr. zum berühmtesten römischen Dichter machten, durfte man sich fragen, ob er sich denn nicht wie viele andere antike Poeten bereits in jüngeren Jahren in der Verskunst versucht habe. Gewiss, der Verstorbene als Sprecher seiner Grabinschrift nennt allein die drei Opera als sein Lebenswerk (s. *Sueton-Donat-Vita* 36), und um 15 v. Chr. ›bestätigt‹ sein Kollege Ovid (43 v. Chr. bis ca. 17 n. Chr.) die Dreizahl in seinen *Amores* (1,15,25). Doch wäre nicht denkbar, dass poetische Anfängerarbeiten existierten, die zu veröffentlichen Vergil in seinen Zwanzigern oder noch eher nicht »kühn« genug war? Als irgendwann im 1. Jh. n. Chr. in einem Buch mit dem Titel *Catalepton* (»Kleinigkeiten«) 17 Gedichte erschienen, die ein anonymer Herausgeber in Nr. 18, dem Epilog, als *elementa* (»Anfängerarbeiten«) Vergils präsentiert, dürften die Leser zunächst bereitwillig geglaubt haben, hier handle es sich um erste Fingerübungen des Dichters. Die literarisch Gebildeten unter ihnen nahmen freilich während der Lektüre wahr, dass die »Kleinigkeiten« subtile intertextuelle Bezüge zu *Bucolica*, *Georgica* und *Aeneis* herstellen und mithin schwerlich Produkt der Inspiration durch eine »unerfahrene Muse« (18,4: *rudis Calliope*) des Autors der drei Klassiker sind. Und ein vergleichbarer Befund ergab sich bei näherer Betrachtung anderer Dichtungen der frühen Kaiserzeit, die ihre Verfasser so konzipiert hatten, dass man sie auf den ersten Blick für Jugendwerke Vergils halten konnte.

Aus drei mach zwölf

Es sieht so aus, als hätte nicht jeder antike Rezipient von Texten wie dem *Catalepton* die Möglichkeit ausgeschlossen, Vergil sei der Autor, und noch heute gibt es Verfechter der Echtheit zumindest eines Teils von ihnen. Einer der ältesten Belege dafür, dass zusammen mit den drei im Grabepigramm und von Ovid allein als vergilisch angesehenen Opera ein weiteres genannt wird, findet sich in dem Epigramm 8,55 Martials (ca. 40–104 n. Chr.): Dort erscheint zusätzlich zu der Trias der »mit unerfahrenem Mund« gedichtete *Culex* (V. 17–20). Außerdem darf, wer will, eine andere Äußerung Martials (14,185), zwei Bemerkungen seines Zeitgenossen Statius (1 *praef.* 7–9; 2,7,73f.) und ein Diktum Lukans (39–65 n. Chr.), den Sueton (ca. 70–130 n. Chr.) in seiner Vita des Epikers zitiert, so verstehen, dass die drei Dichter den *Culex* zu Vergils Werken rechneten. Entsprechendes gilt für Quintilian (ca. 35–96 n. Chr.), der in seiner *Institutio oratoria* (»Ausbildung des Redners«) *Catalepton* 5 (2) Vergil zuweist (8,3,27). Die Gedichtsammlung und das Kurzepos stellt dann die unter dem Namen des Aelius Donatus (4. Jh.) überlieferte, aber größtenteils sicher zu Recht als Werk Suetons betrachtete Vergil-Biographie zusammen mit einem Schmähgedicht, einem zweiten Kurzepos und einem Lehrgedicht in eine Reihe: Sie behauptet, vor den *Bucolica* habe der Dichter *Catalepton*, *Dirae*, *Ciris* und *Culex* geschrieben, und nennt als fünftes Opus die *Aetna*, deren Authentizität allerdings umstritten sei (*Sueton-Donat-Vita* 17–19). Die Zahl der *Vergiliana* wuchs also im Laufe der Zeit stetig. Noch im Altertum fügt der Vergil-Kommentator Servius (um 400) in seiner Kurzvita des Dichters an die Liste bei Sueton/

Donat die Elegie *Copa* an (*Servius-Vita* 6), so dass aus acht Texten neun wurden, und sehr wahrscheinlich irgendwann im frühen Mittelalter kamen noch drei dazu, so dass es nun zwölf waren: Ein Bibliothekskatalog des elsässischen Klosters Murbach aus dem 9. Jh. verzeichnet als Werke, die ein verlorener Vergil-Codex vereinte, zusätzlich zu *Bucolica*, *Georgica* und *Aeneis* sowie den in den beiden antiken Viten aufgezählten Texten ein an den Gartengott Priapus gerichtetes obszönes Gedicht in jambischen Trimetern (*Quid hoc novi est?*), wiederum ein Kurzepos, das *Moretum*, und eine längere Elegie, den *Maecenas*.

Spiel mit dem belesenen Leser

Alle neun Dichtungen, die der Murbacher Katalog außer den ›big three‹ auflistet, edierte der humanistische Gelehrte Joseph Scaliger 1573 als *Publii Virgilii Maronis Appendix*, und schon bald begann die bis heute fortgesetzte Diskussion darüber, ob man das von jetzt an als *Appendix Vergiliana* titulierte Corpus in seiner Gesamtheit oder wenigstens einzelne der dazu gehörenden Texte dem augusteischen Dichter zuschreiben darf oder nicht. Wie gezeigt, konnten *Culex* und *Catalepton* im 1. Jh. n. Chr. als vergilisch angesehen werden, und das dürfen wir ebenfalls für *Dirae* und *Ciris*, ja vielleicht auch für die *Aetna* annehmen. Was näher auszuführen sein wird, sei hier ganz allgemein für die ersten vier Texte aufgrund plausibler Argumente mit Zuversicht, für die *Aetna* dagegen unter Vorbehalt gesagt: Sie weisen so deutliche Übereinstimmungen mit Formen und Themen der *Bucolica*, *Georgica* und *Aeneis* auf, dass die Frage, ob sie von Vergil stammen, a priori durchaus berechtigt ist. Das trifft, wie ich noch begründen werde, auf *Quid hoc novi est?*, *Copa*, *Moretum* weit weniger, auf *Maecenas* gar nicht zu, und deshalb ist das sich mit Blick auf Vergil stellende Problem der Interpretation primär anhand der fünf ersten Texte zu erörtern. Eines ist vorweg festzuhalten: Jüngste Forschung zu allen neun Dichtungen, die sich nicht wie frühere Untersuchungen von biographistischem und ästhetischem Wunschdenken beeinflussen ließ, ergab überzeugend, dass Vergil keine von ihnen verfasst haben kann; davon gehe ich zusammen mit dem Herausgeber des vorliegenden Bandes und allen an seiner Entstehung beteiligten Übersetzerinnen und Übersetzern im Folgenden aus, verzichte mithin auf ein Referat der kontrovers geführten wissenschaftlichen Debatte. Die gleichwohl nicht zu bestreitende Tatsache, dass *Dirae*, *Ciris*, *Culex* und *Catalepton* bei Erstlektüre vergilische Autorschaft als möglich erscheinen lassen, legt nahe zu vermuten, dass die anonymen Verfasser die Maske des Dichters von *Bucolica*, *Georgica* und *Aeneis* entweder als Fälscher tragen oder mit der Absicht, den Leser zu einem literarischen Rate- und Wiedererkennungsspiel einzuladen. Dass wir etwas vor uns haben, was auf Neudeutsch ›Fake‹ heißt, kann man ausschließen, da nicht nur die Gedichte des *Catalepton*, sondern auch *Dirae*, *Ciris* und *Culex* ihre Bekanntschaft mit den ›big three‹ durch intertextuelle Bezugnahme deutlich verraten. Es spricht vielmehr alles dafür, dass der *Vergilius personatus* mit seiner Identität als Autor spielt und auf die Fähigkeit seines Publikums zum Mitspielen hofft.

Die Basis für ein solches Spiel schuf im 1./2 Jh., als die vier Texte entstanden sein dürften – exakte Hinweise für eine Datierung liefern sie nicht –, einer der Schwerpunkte bei der Ausbildung in der Rhetorenschule, welche die potentiellen Rezipienten der *Vergiliana* besuchten: Die Angehörigen der oberen Schichten, die als Leser allein in Frage kamen, wurden systematisch darin unterrichtet, sich in Wort und Schrift in die Rolle einer mythischen oder historischen Person zu versetzen und aus deren Perspektive in einer kritischen Lage eine Entscheidung zu fällen oder einer anderen Person einen Rat zu erteilen. So musste ein Schüler z. B. Agamemnon ›mimen‹, wenn der Heerführer das Für und Wider der Opferung seiner Tochter Iphigenie erwägt. Das Rollenspiel prädestinierte dazu, den Ich-Sprecher eines Gedichts, etwa die Figur des liebenden *poeta*, als Persona, nicht als den realen Autor zu sehen. Dass von ihm ein konstruiertes Alter ego zu differenzieren ist und dass das zeitgenössische Publikum dies konnte, lässt sich immerhin vereinzelt sogar belegen. So möchte z. B. bei Tibull das elegische Ich des Dichters im Sterben die Hand seiner Delia halten (1,1,60), und Rezipient Ovid gibt in *Amores* 3,9, seiner Klage über den Tod des Kollegen, zu erkennen, dass ihm die Fiktionalität des Wunsches und der imaginierten Situation bewusst ist: Bei der von ihm ›rekapitulierten‹ Bestattungsszene legt er ›Tibulls‹ zweiter Geliebte Nemesis in den Mund, zu Delia zu sagen, der Sterbende habe nicht deren Hand, sondern ihre gehalten (V. 58). Leser, die ein solches Spiel aufgrund ihrer literarischen Bildung zu goutieren vermochten, waren auch dazu imstande, den Sprecher einer Dichtung, die sich als von Vergil gedichtet präsentierte und das durch Evozieren von Versen aus *Bucolica*, *Georgica* und *Aeneis* ›dokumentierte‹, als *Vergilius personatus* zu durchschauen. Diese Qualifikation für das Mitspielen wird man einem spätantiken und frühmittelalterlichen Publikum nicht mehr ohne Weiteres zutrauen. Denn ab dem 4. Jh. wurden Vergil mit *Quid hoc novi est?*, *Copa*, *Moretum* und *Maecenas* Texte zugeschrieben, deren Verfasser vermutlich nicht mehr die Maske des augusteischen Dichters trugen und ihren Lesern zum Herunterziehen darboten.

Auf der Grundlage des bisher Ausgeführten möchte ich nun die neun von Scaliger zur *Appendix Vergiliana* vereinten Dichtungen in der Reihenfolge betrachten, in welcher der Murbacher Katalog sie nennt: *Dirae*, *Ciris*, *Culex*, *Catalepton*, *Aetna*, *Quid hoc novi est?*, *Copa*, *Moretum*, *Maecenas*. Dabei setze ich sowohl voraus, dass keine von ihnen, auch nicht einzelne Gedichte des *Catalepton*, vergilischen Ursprungs sind, als auch, dass sie nicht von einem anderen als dem augusteischen Autor vor seinem Werk verfasst sind. In diesem Falle würde Vergil in *Bucolica*, *Georgica* und *Aeneis* intertextuell auf die Verse rekurrieren, welche wir in *Dirae*, *Ciris*, *Culex* und

Catalepton als vergilisch interpretieren können. Doch diejenigen Philologen, deren Stellenvergleiche den augusteischen Dichter zum Nehmenden zu machen versuchen, vermögen nicht zu überzeugen. Allein schon die Frage, warum Vergil aus der *Ciris*, in der mehrfach ganze Verse mit von ihm geschriebenen genau übereinstimmen, diese wörtlich zitiert haben soll, bereitet große Schwierigkeiten. Ich halte sie für unüberwindlich, da Vergil, wenn er einen lateinischen Prätext evoziert, in der Regel auf die dort gewählte Formulierung anspielt, sie aber nicht unverändert übernimmt.

Eine verfluchte und beneidete Hirtenlandschaft: Dirae

Die *Dirae* (»Flüche«) knüpfen daran an, dass Vergil in den *Bucolica* ein subtiles Spiel mit der Identität seines Erzähler-Ich und der bei ihm auftretenden Hirten inszeniert. Mit zwei von ihnen, Tityrus und Menalcas, identifiziert er sich je einmal implizit (6,1–5 bzw. 5,86f.), und da wir erfahren, beide seien von der Konfiskation ihres Landbesitzes zugunsten römischer Veteranen verschont geblieben, wurden Schlüsse auf die Person Vergils gezogen. Dabei kam es freilich zu keiner Einigung darüber, ob den Dichter nach den zwei Schlachten bei Philippi (Herbst 42 v. Chr.) auf Anordnung der Sieger Octavianus und Antonius vorübergehend die Enteignung traf oder ob er, nachdem er zunächst auf der ›Schwarzen Liste‹ gestanden hatte, wegen guter Beziehungen sein Anwesen dann doch behielt. Während heute in der Forschung mehrheitlich nicht mehr geglaubt wird, dass Vergil tatsächlich in irgendeiner Weise von der Äckerverteilung betroffen war, setzt der Autor der *Dirae* für den Ich-Sprecher zweierlei voraus: Dieser ist ein Hirte, und er hat sein Landgut einem Soldaten überlassen müssen. Darauf reagiert er in einer 183 Hexameter umfassenden Rede, die in vielen Versen auf Hexameter der *Bucolica* anspielt, und daraus dürfen wir folgern, dass wir die Stimme ›Vergils‹ vernehmen oder ein von ihm einem

Hirten in den Mund gelegtes Gedicht lesen. Nun ist dessen Inhalt einerseits die Verfluchung des verlorenen Landes (1–103), andererseits die ausführliche Bekundung des Neides auf das Land, weil dieses, wenn der Sprecher scheiden muss, Lydia festhält, die von ihm geliebte Frau (104–183). Fluchen und Artikulation von Liebesleidenschaft, was beides mit *furor* (»Raserei«) verbunden sein kann, sind schwer mit der negativen Darstellung von Äußerungen dieses Affekts in Vergils Werken und dem vereinbar, was die *Sueton-Donat-Vita* in Kapitel 11 über den Charakter des Dichters schreibt. Aber gerade der Widerspruch dürfte die Vergil-Kenner darauf aufmerksam gemacht haben, dass der reale Autor sein literarisches Spiel mit dem treibt, was wir über Vergil wissen. So könnten sie dafür gewonnen worden sein, als Mitspieler in dem Sprecher der *Dirae* einen ›Vergil‹ zu sehen, der hier einmal gegen seine sonstige Art verstößt; ich halte ihn daher für den Ich-Sagenden.

Es besteht deswegen auch kein Anlass, V. 104–183 als eigenes Gedicht *Lydia* von den eigentlichen *Dirae* zu trennen, wie es immer wieder geschah. Nicht nur verbindet der Text zwei Seiten des von Vergil ungewohnten *furor*, sondern er ist auch in seiner Gesamtheit an der Struktur eines vergilischen Opus orientiert, derjenigen der *Bucolica*. Dieses Buch konstituieren zehn Eklogen (»auserlesene Gedichte«), deren letzte den Eindruck erweckt, der Dichter, der hier von der Liebe des Elegikers Gallus zu dessen Lycoris erzählt, könnte nach Abschluss seiner Sammlung von der bukolischen zur erotischen Poesie übergehen. In den *Dirae* entsprechen den zehn Eklogen zehn Abschnitte, die jeweils durch eine Art Refrain eröffnet sind; dabei handelt es sich um ähnlich lautende Verse, die fast alle einen Battarus anreden (1, 14, 25, 30, 47, 54, 64, 71, 75 und 97). Der zehnte Abschnitt leitet zum erotischen Part über, der das Pendant zu Ekloge 10 ist, von allen zehn Abschnitten den größten Umfang hat und zwei weitere ›Refrains‹ enthält (111 und 123). Die neunfach untergliederte Verfluchung des in den Besitz des Soldaten (V. 31 und 85) übergegangenen Landes, dem Heimsuchung durch

Katastrophen wie Feuersbrunst und Überschwemmung gewünscht werden, schärft den Blick des Lesers dafür, dass mehrfach Motive der ersten neun Eklogen anklingen. Dabei fällt vor allem Abschnitt 9 (76–96) auf, weil die dort geschilderte Situation ›Vergils‹ an diejenige der in Ekloge 9 sprechenden Hirten erinnert: Ebenso wie er müssen sie ihr Land verlassen und verfluchen den neuen Eigentümer. Wenn in den *Dirae* das Fluchen in Beneiden des Landes als Lebensraum der zurückbleibenden Geliebten übergeht, wird nunmehr die typische Lage eines elegisch Liebenden gespiegelt. Denn dem Land teilt der Ich-Sprecher die Rolle eines Rivalen zu, und Lydia trägt deutlich Züge einer jungen Frau, wie wir sie von Tibull, Properz und aus Ovids *Amores* kennen. Den Wechsel von der Bukolik zur Elegie, den wir von Vergil in Ekloge 10 erwarten dürfen, hat also der ›Vergil‹ der *Dirae* vollzogen. Und in der Rückschau zeigt sich, dass die Verfluchung des Landes bereits den Neid als Eifersucht auf die ›Nebenbuhlerfunktion‹ des Landes impliziert.

Epyllion für Messalla: Ciris

Vergil wurde wie andere römische Dichter durch einen wohlhabenden, mächtigen Gönner gefördert: Maecenas (um 70 – 8 v. Chr.). Aber ihn spricht er erst zu Beginn der *Georgica* an. Wer fragt, ob schon der Verfasser der *Bucolica* sich der Gunst eines hohen Herrn erfreute, darf, wenn er Ekloge 1 allegorisch liest, Tityrus' Preis eines namentlich nicht genannten jungen Mannes, der dem Hirten Muße zum Weiden der Rinder und Spielen seiner Flöte verschafft hat, als Huldigung Vergils an einen Vorgänger des Maecenas verstehen. Doch wer ist gemeint? Heute identifiziert man den jungen Mann in der Regel mit Octavianus, dem späteren Augustus. Der reale Autor des *Catalepton* dagegen entschied sich offenkundig für M. Valerius Messalla Corvinus (64 v. Chr. – 8 n. Chr.), der Tibull und Ovid unterstützte. Ihm bezeugt der junge ›Vergil‹ in *Catalep-*

ton 12 (9) seine Verehrung, und da der »ich« sagende *poeta* der *Ciris* sein Opus im Prolog (1–100) Messalla widmet, bietet es sich an, das Kurzepos als Produkt eines *Vergilius personatus* zu begreifen. Diesen können wir uns wie den ›Vergil‹ des *Catalepton* als Anfänger in der Poesie denken, und dazu passt die Wahl der Gattung, für die der Terminus ›Epyllion‹ geprägt wurde. Denn ein solches schrieb Catull (ca. 87–55 v. Chr.), der, um die Zeit gestorben, als Vergil 15 Jahre alt war, sich als Vorbild für Werke anbot, die anonyme Literaten der frühen Kaiserzeit den Dichter vor den *Bucolica* verfassen ließen; auch das *Catalepton* ist, wie wir sehen werden, von Catull beeinflusst. Bei dessen Kurzepos handelt es sich um Text Nr. 64 seiner Gedichtsammlung, der die Hochzeit des Peleus und der Thetis, der Eltern des Achilles, beinhaltet. In einem Epyllion nimmt der Erzähler anders als der eines richtigen Epos Anteil am Geschehen, präsentiert es nicht linear, sondern in verschiedenen Brechungen und mit überraschenden Wendungen; außerdem platziert er in der Mitte eine längere Beschreibung oder eine Rede wie diejenige der von Theseus verlassenen Ariadne bei Catull.

Der *poeta* der *Ciris* stellt sich klar erkennbar in diese Gattungstradition, ja steht ihr in einem Punkt näher als Catull. Er wählt wie dessen hellenistische Vorgänger als Stoff einen nicht allzu bekannten erotischen Mythos: Scylla, Tochter des Königs Nisus von Megara, das der Kreterkönig Minos belagert, verliebt sich in ihn, schneidet ihrem Vater die ›magische‹ Locke ab, welche die Stadt uneinnehmbar sein lässt, erwirkt aber dadurch keine Gegenliebe; stattdessen wird sie, an Minos' Schiff aufgehängt, durchs Meer geschleift, doch dann in den Meeresvogel *ciris* verwandelt, den von nun an der in einen Seeadler transformierte Vater jagt. Vergil identifiziert in Ekloge 6,74–77 die Nisus-Tochter Scylla mit dem gleichnamigen Meerungeheuer der *Odyssee* Homers. Das liefert dem realen Autor der *Ciris* den Anlass, Vergil mit der Wiedergabe des Mythos von der anderen Scylla durch seinen Ich-Sprecher zu ›korrigieren‹. Daran, dass dieser die Maske des jungen Vergil trägt, mag das Zweifel wecken, aber die Fiktion musste für die gebildeten Zeitgenossen nicht in jeder Hinsicht in sich stimmig sein. An sie erging primär die Einladung zu einem literarischen Spiel, wozu gehörte, dass *Ciris* 59–61 wörtlich Ekloge 6,75–77 zitiert und u. a. dadurch signalisiert, was sie bei der Lektüre entdecken sollten: dass hier ein *Vergilius personatus* spricht, der wie sein Publikum die *Bucolica* bestens kennt. Daraus ist freilich nicht zu folgern, dass der Anonymus sich damit begnügt, Vergil zu spielen. Vielmehr gibt er seiner Version des Scylla-Mythos ein eigenes Gepräge, indem er in Anknüpfung an die Gattungstradition des Epyllions eine Struktur schafft, die das wachsame Mitdenken des Lesers auch beim Nachvollzug des Geschehens besonders fordert, und indem er die Personen mit bemerkenswerter Charakterisierungskunst psychologisierend darstellt.

Das Epyllion ist in zwei Teile gegliedert: einen kürzeren, in dem lediglich auktorial erzählt wird und der, weil er in eine Vorausschau auf das Ende mündet, als eine ›erste Fassung‹ der Geschichte begriffen werden kann (101–205), sowie eine längere ›zweite Fassung‹, die uns das Geschehen in dramatischen Szenen miterleben lässt (206–541). Auch wenn die Verse 101–205 schon das Wichtigste zur gesamten Handlung sagen, haben sie primär exponierende Funktion: Sie machen mit der von Megaras Belagerung und von dem Schutz durch die Locke bedingten Ausgangssituation bekannt, erklären Scyllas Liebe als von Amors Pfeil zur Strafe für einen Frevel gegenüber Iuno verursacht, schildern diese Liebe in all ihrem *furor*, der im Beschluss zum Abschneiden der Locke gipfelt, und prophezeien die beiden Metamorphosen. Ein zügiges Erzählen also, mit dem anschließend ein Stagnieren der Handlung über 142 Verse hin kontrastiert (207–348): Scylla wird von ihrer Amme Carme vor der Tür zu Nisus' Schlafzimmer angetroffen, und dadurch kommt es zu einer Sequenz von drei langen Figurenreden (Amme – Scylla – Amme) mit dem Ergebnis, dass Nisus von seiner Tochter zu ihrer Verheiratung mit Minos bewegt werden soll. In Carmes zweite

Rede ist das traditionelle Mittelstück des Epyllions eingelegt, hier als Mise en abyme mit umgekehrten Vorzeichen: Die Amme erinnert sich, dass ihre Tochter Britomartis, von Minos geliebt, sich ihm durch den Sturz von einem Berg entzog (294b–309). Wie die Überredung des Vaters und ein Verhexen seines Verstandes durch die Amme misslingen, berichtet der Erzähler relativ kurz (349–384), und in nur sechs Versen erfahren wir vom Abschneiden der Locke, der Eroberung Megaras sowie der Aufhängung Scyllas am Schiff, das sie dann hinter sich her zieht (385–390). Das Finale des Epyllions bildet wieder eine anschaulich vermittelte Szenerie mit dem 55 Verse umfassenden Klagemonolog Scyllas (404–458), ihrer Verwandlung durch Neptuns Ehefrau und der ihres Vaters durch Iuppiter. Die letzten vier Verse (538–541) beschreiben die Verfolgung der *ciris* durch den Seeadler mit einem wörtlichen Zitat von *Georgica* 1,406–409 und gestatten so noch einmal pointiert den Blick hinter die Maske des *Vergilius personatus*.

Der Hirte und die Mücke: Culex

Während die *Ciris* Messalla dediziert ist, redet der ›Vergil‹ des Epyllions *Culex* den Gönner an, den die meisten Vergil-Forscher mit dem jungen Mann in Ekloge 1 identifizieren: Octavianus. Er nennt ihn bei seinem ursprünglichen Namen Octavius, doch das nur, weil Octavianus nicht in einen Hexameter passt. Der »ich« sagende *poeta* der *Ciris* und der des *Culex* präsentieren ihre Werke jeweils als eine Art Provisorium, der eine mit einem Auge auf künftige Hingabe an die Philosophie Epikurs, der andere mit der Verheißung, seine Muse werde später »in ernsterem Ton« (V. 8) zu dem Widmungsadressaten sprechen, also offensichtlich ein von Göttern und Helden handelndes Epos schreiben. Über die Abfassung seines zur ›kleinen‹ Poesie gehörenden Opus, worin etwas extrem Kleines, eine Mücke, agieren soll, sagt ›Vergil‹ gleich mit dem ersten Wort: *lusimus* (»wir haben gespielt«). Damit dürfte er nicht nur andeuten wollen, dass Autoren ›kleiner‹ Poesie mit ihrem Stoff spielerisch umgehen, sondern auch, dass er sich als Schauspieler mit einer Maske begreift; er trägt ja die des realen Vergil. Sein spezieller Witz besteht darin, dass er mit seinem Epyllion, in dem die zwei Protagonisten ein Hirte und eine Mücke sind, den Dreischritt *Bucolica – Georgica – Aeneis* nachvollzieht (womit er – vielleicht unbewusst – diejenigen, die einzelne Texte der *Appendix Vergiliana* dem jungen Vergil zuschreiben, implizit darauf hinweist, dass sie sich irren). Der Dreischritt des *Culex* beginnt damit, dass wie in den *Bucolica* ein Hirte seine Ziegenherde ins Grüne treibt, hier auf den Gipfel eines hohen Berges, und sie dort weiden lässt (42–97). Teil 2 des Kurzepos schildert, wie den Hirten während seines Mittagsschlafs eine riesige Schlange bedroht – einer solchen Gefahr will sich der Sprecher von *Georgica* 3,435–439 nicht aussetzen –, ihn aber eine Mücke durch einen Stich in eine seiner beiden Pupillen rechtzeitig weckt, so dass er das Reptil erschlagen kann (98–201). Zuvor hat er jedoch auch seine Retterin getötet, diese erscheint ihm in Abschnitt 3 des *Culex* nachts im Traum und beschreibt ihm detailliert die Unterwelt, in der sie sich mittlerweile befindet, worauf er ihr ein Grabmal mit einer Inschrift errichtet (202–414); der Rekurs auf Buch 6 der *Aeneis* ist überdeutlich.

Wie man sieht, wird die Handlung eines Epyllions jetzt linear erzählt; das ist durch die Anlehnung an die chronologische Abfolge der drei Werke Vergils vorgegeben. Doch der *Culex* enthält verschiedene andere Elemente des Genres, und keiner seiner drei Geschehensabschitte spielt allein auf das Opus an, das er jeweils primär evoziert. Die *Bucolica* sind sogar schon im Prolog präsent: Dort wirkt die vorläufige Entscheidung für ›kleine‹ statt ›große‹ Poesie besonders vergilisch, weil der Dichter die Verse 1–10, 22–27 und 35f. mit den thematisch verwandten Versen 1–12 und 27–30 der ›Hirtenpoetik‹ am Anfang von Ekloge 6 durch auffallend viele Entsprechungen im Wortgebrauch vernetzt hat. Den *Bucolica*-

Abschnitt des *Culex* wiederum beendet ›Vergil‹ mit einer Passage, die von dem berühmten Finale eines *Georgica*-Buches angeregt ist: Dort lesen wir das Lob des Landlebens (2,458–540), hier das Lob des Hirtendaseins (58–97). Auch innerhalb seines *Aeneis*-Teils ruft der »ich« sagende *poeta* des *Culex* eine Verspartie des Lehrgedichts über den Landbau ins Gedächtnis und stellt dabei zugleich sein Epyllion neben das einzige Epyllion im gesamten Œuvre Vergils: den Mythos von Aristaeus, dem seine Bienen verenden und der sie durch Bugonie (»Genese aus einem Rind«) wiedergewinnt, am Ende von Buch 4 der *Georgica* (315–558). Den Verlust erleidet er zur Strafe dafür, dass, als er Eurydice vergewaltigen will, sie beim Davonlaufen durch einen Schlangenbiss getötet wird; das und wie Orpheus sie vergeblich aus dem Hades zurückzuholen versucht, lesen wir im Mittelstück des Epyllions in 75 Versen (453–527). Auch aus dem Mund von ›Vergils‹ Mücke vernehmen wir diese Geschichte, natürlich kürzer, wie es einer winzigen Erzählerin in einem Werk der ›kleinen‹ Poesie angemessen ist (268–295a). Immerhin umfasst sie im *Culex* 27 ½ Verse, wodurch die Verspartie aus den katalogartigen Ausführungen über die Hadesbüßer (231b–258a) sowie die im Elysium wohnenden griechischen Heroen und Helden der römischen Geschichte (258b–372a) herausgehoben ist. Umso klarer erkennt man das raffinierte literarische Spiel, denn wir haben ein Epyllion vor uns, das innerhalb eines Epyllions (Hadesbericht) in ein Epyllion eingefügt ist.

Typische Elemente dieser Gattung sind außer den bereits genannten Charakteristika die Unterbrechung der Narration von Handlung durch ein Stimmungsbild oder eine Beschreibung. Nachdem wir erfahren haben, dass der Hirte sich in der Mittagshitze schlafen gelegt hat, zählt ›Vergil‹ eine Reihe schattenspendender Bäume auf (123–145), und das verbindet er mit Hinweisen auf ätiologische Verwandlungsmythen, welche die Entstehung von Platane, Lotos usw. erklären. Dabei handelt es sich überwiegend um tragische Geschichten, und mit ihnen soll vermutlich ein düsterer Hintergrund für die Schlangenszene geschaffen werden, die für den Protagonisten erst einmal einen tödlichen Ausgang erwarten lässt. In dem Kurzepos fungiert sie als ›verkleinertes‹ Gegenstück zum Drachenkampf ›großer‹ Hexameterpoesie, wie ihn Ovid, *Metamorphosen* 3,28–94 bietet. Darüber jedoch, wie der Hirte die Schlange tötet, berichtet ›Vergil‹ getreu der in Ekloge 6,3–6 angesprochenen Regel, die Kämpfe von der ›kleinen‹ Poesie ausschließt, in nur 3 ½ Versen (194b–197), nachdem er kurz zuvor das Herannahen des Reptils und dessen äußere Erscheinung in 20 Versen detailliert vergegenwärtigt hat (163–182). Faszinierende Beobachtungen wie diese lassen sich in allen neun Dichtungen der *Appendix Vergiliana* machen, aber die meisten gewährt der *Culex*.

Vergil-Roman als Gedichtsequenz: Catalepton

Auch das *Catalepton* ragt innerhalb des Corpus durch eine Spezialität hervor: Es enthält von den vier oder fünf Texten, die als Opera eines *Vergilius personatus* gelesen sein wollen, die meisten Bezüge auf echte und vermeintliche Fakten der Vita Vergils, die in der frühen Kaiserzeit bekannt waren. Die Mehrzahl davon ist in der von Sueton konzipierten und durch Donat redigierten Biographie des Dichters enthalten, die man im Anhang der vorliegenden Bilingue findet. Sie weist die für Sueton typische Gliederung in drei Großteile auf. Zunächst bekommen wir das Leben Vergils chronologisch von seiner Geburt in der Nähe von Mantua bis zu seiner Übersiedelung nach Rom erzählt (1–7). Dann erfolgt eine Rubrizierung verschiedener Themen, die Sueton für seine Darstellung wohl wichtig erschienen: Aussehen und körperliche Verfassung, *sex life*, Vermögensverhältnisse, Familie, Bildung, Werke, Arbeitsmethode, Rezitationskunst (8–34). Der Schlussabschnitt berichtet wieder chronologisch über die letzten Jahre bis zum Tod in Brundisium sowie über die Maßnahmen, die zur postumen *Aeneis*-Edition führten, und endet mit Bemerkungen über Vergils Kritiker (35–46). Die *Sueton-Donat-Vita* weckt auf Schritt und Tritt den begründeten Verdacht, dass sie nicht mit den historischen Tatsachen übereinstimmt. Dies gilt für fast alles darin über Vergils Leben Gesagte. Aber das, was davon in das *Catalepton* einfloss, ist zusammen mit dem, was dessen realer Autor aus anderen biographischen Quellen schöpfte, nicht als Dokumentation mit historischem Anspruch ausgewertet, sondern zu einem fiktionalen Vergil-Roman umgeformt. Dessen Handlung wird durch eine Sequenz von 17 Gedichten konstituiert. Da die mit Reflexen der frühen Zeit ›Vergils‹ in ländlicher Umgebung beginnende ›Geschichte‹ in eine Bitte des Ich-Erzählers an Venus um Inspiration für die *Aeneis* mündet, die Textreihe mithin nur die poetische Karriere nachzeichnet, ist die Zahl von 17 Gedichten vielleicht kein Zufall. Denn Vergil veröffentlichte ein Eklogenbuch, vier Bücher *Georgica* und zwölf Bücher *Aeneis*, also insgesamt 17 Bücher.

Der reale Autor des *Catalepton* fingiert, dass Vergil vor den *Bucolica* eine Sammlung kurzer Gedichte verfasste, die sich an der Gruppe der von Catull in verschiedenen Metren geschriebenen Gedichte 1–60 orientierte. Diese wiederum bildeten ursprünglich sehr wahrscheinlich ein Buch, das Catull meinen dürfte, wenn er in 1,1 von seinem als Geschenk für Cornelius Nepos bestimmten *lepidus libellus* (»zierliches Büchlein«) spricht; für einen solchen steht auch das Wort *Catalepton.* ›Vergil‹ verwendet nicht den bei Catull besonders häufigen Hendecasyllabus (»Elfsilber«), stattdessen mehrfach elegische Distichen (1, 4 [1], 6 [3], 7 [4], 10 [7], 11 [8], 12 [9], 14 [11], 17 [14]), die man beim ›Vorgänger‹ nur in Sektion 3 von dessen Sammlung findet, den zunächst vermutlich als Buch 3 publizierten Gedichten 65–116. Gemeinsam mit dem Catull-Corpus hat das *Catalepton* Priapeen (3), reine jambische Trimeter (2, 9 [6], 13 [10], 15 [12]), Hinkjamben (5 [2], 8 [5]), gemeinsam mit Horaz alternierende jambische Trimeter und Dimeter (16 [13]). In den bisherigen Ausgaben wurden die drei von Priapus gesprochenen Gedichte, die in der handschriftlichen Überlieferung eindeutig zum *Catalepton* gerechnet werden, von den übrigen 15 Texten abgetrennt, weshalb die Editoren das Gedichtbuch mit Nr. 4 als Nr. 1 beginnen lassen. Das übernimmt die vorliegende Bilingue berechtigterweise nicht, nennt aber die für Nr. 4–18 gebräuchliche Zählung jeweils in Klammern. Die drei Priapus-Gedichte hängen nicht nur überlieferungsgeschichtlich, sondern auch inhaltlich mit den an sie anschließenden 13 zusammen, da sie die erste von vier Lebensphasen ›Vergils‹ repräsentieren; auf diese verteilen sich die Nr. 1–16 (13) wie folgt:

[1] Jugendzeit in der Nähe von Mantua (1–3);
[2] Besuch der Rhetorenschule in einer Stadt (4 [1]–8 [5]);
[3] Besuch der epikureischen Vorlesungen Siros (9 [6]–11 [8]);
[4] Verfassen von Poesie unter dem Patronat Messallas (12 [9]–16 [13]).

Nr. 17 (14) über das auf die *Aeneis* bezogene Gebet an Venus enthält das Versprechen der Weihung einer marmornen Amor-Statue und schlägt damit einen Bogen zurück zu den Versen des »ich« sagenden Priapus, dessen Standbild aus Holz geschnitzt ist.

Die Gedichte 1–17 (14), die, linear gelesen, den Vergil-Roman ergeben, integrieren einzelne als Fakten geltende Ereignisse der Vita des Dichters, z. B. die Konfiskation des Landgutes (11 [8]) und den freundschaftlichen Umgang mit Personen wie Tucca und Varius (4 [1] bzw. 10 [7]), in einen poetischen Diskurs, der erotische, skoptische, politische und poetologische Thematik variiert. Wie in anderen römischen Gedichtbüchern sind die Texteinheiten durch Wortbezüge und motivische Assoziationen miteinander verknüpft, z. B. Nr. 3 und 4 (1), für die wir uns als Hintergrund ›Vergils‹ Überwechseln vom Land in die Stadt vorzustellen haben: Am Ende von 3 fordert Priapus, der Garten und Weinberg bewacht, junge Männer dazu auf, sich »der üblen Diebstähle« zu enthalten; er verweist sie auf den Nachbargarten, worin ein nachlässiger Priapus stehe, drängt sie mithin fortzugehen. Zu Beginn von 4 (1) erfahren wir, dass eine (namentlich nicht genannte) Frau (wieder?) kam, der Ich-Sprecher ›Vergil‹ sie jedoch nicht sehen darf, da sie hinter der Türschwelle ihres Mannes eingesperrt ist. Von einem Garten, zu dem Priapus den Zutritt verwehrt hat, sind wir Leser zu einem unzugänglichen Haus gelangt. Davor dürfen wir nun ›Vergil‹ als *exclusus amator* (»ausgeschlossenen Liebhaber«) imaginieren, also vor einem Gebäude in der Stadt. Ein Gedichtende kann auch eine Erwartung wecken, die durch das nachfolgende Gedicht enttäuscht wird. So verkündet ›Vergil‹ in 8 (5),11–14, er wolle künftig nur gelegentlich und dann mit Anstand Verse schreiben, aber 9 (6) ist wie schon 4 (1) und 7 (4) wieder erotischer Natur. Wie in den *Dirae* spricht im *Catalepton* ein *poeta*, der nicht den laut *Sueton-Donat-Vita* 11 in Neapel gängigen ›Spitznamen‹ Vergils verdienen würde: Parthenias (»der Jungfräuliche«). Doch gerade ein solcher Widerspruch zwischen dem, was die biographische Überlieferung über den Dichter zu wissen glaubte – man denke auch an das neben »Vergilius« gebräuchliche »Virgilius«, das u. a. an *virgo* (»Jungfrau«) anklingt –, und der Selbstdarstellung eines *Vergilius personatus* dürfte ein Werk wie das *Catalepton* für die Zeitgenossen besonders reizvoll gemacht haben.

Von der Landwirtschaft zur Naturwissenschaft? Aetna

Der »ich« sagende *poeta* des Lehrgedichts *Aetna*, der die Ursachen für die Ausbrüche des Vulkans aufzuzeigen versucht, lehnt in seinem Prolog (1–93) mythologische Erklärungen – er referiert sie ausführlich – als Lügen ab. Im ersten von drei Hauptteilen seiner Abhandlung legt er dann dar, dass Winde in den Hohlräumen, welche die Erde berge, Erdbeben hervorriefen (94–176). In den Winden, durch die in Hohlräumen ohne Öffnung zur Erdoberfläche heftiger Druck erzeugt werde, sieht der *poeta* im zweiten Großabschnitt auch die Auslöser der Ätna-Eruptionen, wobei er nun erörtert, wie sie entstehen können (177–384). Ohne zu thematisieren, wie das mit dem Vulkanismus verbundene Feuer zustande kommt, wendet er sich im dritten Hauptteil den verschiedenen Brennstoffen zu, die sich am Ätna finden, und gelangt dabei zu dem Ergebnis, dass der *lapis molaris* – »Lavastein« dürfte die richtige Übertragung sein – allein das Feuer nähre (385–567). Als Alternative zu Geschichten, denen zufolge z. B. der Riese Enceladus »unter dem gewaltigen Gewicht des Berges brodelt und aus seinem Rachen frech Feuer speit« (72f.), klingt das alles wie exakte Naturwissenschaft. Doch das uns modern anmutende Forscherethos des *poeta* verbindet sich mit religiöser Ehrfurcht vor den Wirkungskräften, die er analysiert, und so setzt er an die Stelle der Angst vor den Göttern und Giganten des Mythos die Bewunderung des Vulkanismus als einer göttlichen Macht. Das kommt vor allem im Epilog der *Aetna* deutlich zum Ausdruck: Hier erklärt der »ich« sagende Dichter zunächst, man solle nicht zu Sehenswürdigkeiten reisen und diese staunend betrachten – seine Beispiele dafür sind u. a. die Ruinen Trojas als Zeugen einstigen Heldentums –, sondern den Ätna als »gewaltiges Werk der Künstlerin Natur« anschauen (568–602), und dann vertieft er seine Vulkanismus-Theologie durch eine fromme Legende: Bei einer Eruption des Berges hätten zwei Brüder statt ihrer Besitztümer ihre greisen Eltern gerettet, und angesichts eines solchen Liebesdienstes seien die Flammen des Ätna vor den jungen Männern zurückgewichen (603–645).

Wie wir sahen, war laut Sueton/Donat Vergil als Autor der *Aetna* umstritten. Was könnte aber diejenigen, die das Opus für vergilisch bzw. für das Produkt eines *Vergilius personatus* hielten, dazu veranlasst haben? Immerhin weist gleich der Anfang eine auffallende Ähnlichkeit zum Anfang der *Georgica* auf:

Aetna mihi ruptique cavis fornacibus ignes
et quae *tam fortes volvant incendia causae,*

quid *fremat imperium,* quid *raucos torqueat aestus,*
carmen erit. (*Aetna* 1–4a).

(Der Ätna, das aus tiefen Öfen ausgebrochene Feuer, / und welche so mächtigen Ursachen Flammenmeere fließen lassen, / was sich gegen Herrschaft murrend auflehnt, was dröhnende Gluten herumschleudert, / wird mein Lied sein.)

Quid *faciat laetas segetes,* quo *sidere terram*
vertere, Maecenas, ulmisque adiungere vites
conveniat, quae *cura boum, qui cultus habendo*
sit pecori, apibus quanta *experientia parcis,*
hinc canere incipiam. (*Georgica* 1,1–5a)

(Was die Saaten üppig macht, unter welchem Gestirn die Erde, / Maecenas, man pflügen soll und an Ulmen die Reben / binden, wie Rinder man wartet, wie Kleinvieh zu halten und wie zu / pflegen ist, welche Erfahrung die sparsamen Bienen erfordern, / fange zu künden ich an.)

Die Intertextualität kann durchaus den Eindruck erwecken, ein *Vergilius personatus* beginne ein neues Lehrgedicht. Der Ich-Sprecher der *Georgica* wünscht sich sogar einmal von den Musen, sie belehrten ihn über die Sternenwelt, Sonnen- und Mondfinsternis, Erdbeben und andere kosmische Phänomene (2,475–482), und daran erinnert es, wenn der Ich-Sprecher der *Aetna* in einem Exkurs über den Wert der Beschäftigung mit Naturwissenschaft unter den Forschungsgebieten auch einige der bei Vergil genannten aufzählt (224–281). Zwar möchte in den *Georgica* der Sprecher, falls sich sein Intellekt der Tätigkeit eines Naturwissenschaftlers nicht gewachsen zeigt, in der Welt der Bauern bleiben, zumal nicht nur der glücklich sei, der die Ursachen der Dinge erkennen konnte – damit meint er zweifellos den Lehrdichter Lukrez –, sondern auch der, welcher die ländlichen Götter kennt. Aber religiös ist ja auch der Sprecher der *Aetna*, zumindest insofern, als er den Flammen des Vulkans zutraut, sie hätten zwei Brüder als Retter ihrer Eltern verschont, also für ihre Tat belohnt. Bedenkt man nun, dass die *Georgica* mit einem Mythos enden, in dem ein Sohn dafür belohnt wird, dass er einem Gebot seiner Mutter folgt – Aristaeus, der nach Anweisung Cyrenes durch die Bugonie seine Bienen ›zurückbekommt‹ –, ist auch eine gewisse Verwandtschaft zwischen dem Finale des älteren und dem des jüngeren Gedichts sichtbar. Hinzukommt, dass eine der berühmtesten Szenen der *Aeneis*, die Rettung des Anchises durch seinen Sohn Aeneas aus dem brennenden Troja (2,634ff.), sich mit der Legende von den beiden Brüdern motivisch eng berührt.

Die Interpreten der *Aetna* weisen darauf hin, dass der Sprecher in V. 260–269 die bäuerliche Arbeit negativ beurteilt, da sie aus kleinlichem Besitzstreben geleistet werde, und schließen daher die Möglichkeit aus, ein Leser des Lehrgedichts könne dieses mit dem Verfasser der *Georgica* in Verbindung bringen. Das ist ein gewichtiges Argument gegen die Annahme, ein *Vergilius personatus* erkläre hier die Eruptionen des Ätna. Aber wer weiß schon, wie weit in der frühen Kaiserzeit Dichter, welche sich hinter der Maske eines Klassikers versteckten, bei ihrem Spiel mit dem gingen, was im kulturellen Gedächtnis ihres Publikums gespeichert war. Ganz undenkbar ist m. E. nicht, dass der anonyme Autor der *Aetna* einen Vergil fingieren will, der nach der Abfassung der *Georgica* sich doch noch von den Musen naturwissenschaftlich belehren lässt, das Thema Vulkanismus wählt und sich von der Welt der Bauern abkehrt. Wie die Betrachtung von *Dirae* und *Catalepton* ergab, gehörte es offenkundig zum literarischen Spiel, dass ein *Vergilius personatus* sich als Mensch und Dichter betont anders repräsentieren kann, als man es von Vergil kannte oder zu kennen vermeinte. Gerade das Wahrnehmen der Diskrepanz zwischen vorauszusetzender Realität und Fiktion könnten die Zeitgenossen als besonders unterhaltsam empfunden haben.

Ein neuer goldener Knabe: Quid hoc novi est?

Wann in der Spätantike oder im Mittelalter jemand das Priapus-Gedicht, das man nach seinem Incipit *Quid hoc novi est?* zitiert, erstmals als Gedicht Vergils ansah und deshalb in eine Vergil-Handschrift von der Art des Murbacher Codex aufnahm, weiß niemand. Die Zuordnung dürfte erfolgt sein, weil drei Priapus-Gedichte das *Catalepton* eröffnen und Nr. 2 wie *Quid hoc novi est?* in reinen jambischen Trimetern gedichtet ist. Ansonsten besteht ein großer Unterschied zwischen diesem Text einerseits und jener Trias andererseits: Im Gegensatz zu ihr ist *Quid hoc novi est?* obszön, und das in höchstem Maße. Der Sprecher beschwert sich zunächst bei Priapus, weil er, der fromme Verehrer des Gottes mit dem riesigen Phallus, bei einem Knaben impotent war, und wünscht ihm denkbar Schlechtes an den Hals (1–18). Dann wendet er sich an seinen Penis und droht ihm mit drastischer Bestrafung, will am Schluss aber darauf unter der Bedingung verzichten, dass ihm nach der Rückkehr des »goldenen Knaben« durch eine dauerhafte Erektion Liebeslust bis zur Erschöpfung beschert wird (19–45). Eher abwegig scheint natürlich der Gedanke, den Sprecher mit Vergil, der laut Sueton/Donat 11 als der »Jungfräuliche« bezeichnet wurde, zu identifizieren, auch wenn die Vita behauptet, der Dichter sei »der Lust an Knaben zu sehr geneigt« gewesen und habe besonders einen Cebes und einen Alexander geliebt (*Sueton-Donat-Vita* 9). Immerhin finden wir einen Knaben auch im Zentrum des in Spätantike und Mittelalter wohl berühmtesten und wirkungsmächtigsten Vergil-Textes, der Ekloge 4, die prophezeit, mit der Geburt eines namentlich nicht genannten *puer* werde ein Goldenes Zeitalter anbrechen. Es ist der umwerfend komischen Frivolität des Autors von *Quid hoc novi est?* durchaus zuzutrauen, dass er zwischen den Zeilen sagen möchte, es werde, wenn der *puer aureus* wiederkommt, für den Sprecher eine *aetas aurea* seines *sex life* beginnen. Ob der reale Autor, falls dies zutreffen sollte, auch von uns erwartet, dass wir die Stimme eines *Vergilius personatus* hören, sei dahingestellt.

Freudenhauswerbung mit gelehrten Anspielungen: Copa

Vielleicht wurde *Quid hoc novi est?* erst vor dem *Catalepton* und damit vor den drei Priapus-Texten, dann aber irgendwann als eine Art erotisches Pendant dort platziert, wo das jambische Gedicht im Murbacher Codex stand: vor der *Copa*. Denn das elegische Gedicht stellt, so positioniert, dem von einem vorübergehend Impotenten geliebten Knaben eine Schankwirtin gegenüber, die müde Wanderer in ihre Taverne einlädt und ihnen Wein, Weib und Gesang verheißt. Außerdem erwähnt die *copa* in ihrer Werberede, die von Vers 5 bis zum vorletzten Pentameter reicht und auf die einer der Angesprochenen im letzten Distichon antwortet (37f.), als Wächter ihres Schuppens einen Priapus »mit seinem mächtigen Glied« (23f.). Einem solchen huldigt einmal, ihm die Vergoldung (!) seines Phallus gelobend, ein Bewohner der vergilischen Hirtenlandschaft (*Eklogen* 7,33–36), und dort, so mag sich irgendjemand irgendwann in der Spätantike gedacht haben, sei auch eine mit dem hölzernen Gott ausgestattete Schenke gewesen; man könne also den Text, der offenbar wie manches Epigramm in einer Anthologie anonym überliefert war – das darf auch für *Quid hoc novi est?* angenommen werden –, dem augusteischen Dichter zuschreiben. Hinzu kommt, dass die Rede der *copa*, die aus einer anschaulichen Schilderung ihres Gartens (5–24) und der Aufforderung zum Betreten der Schenke (25–36) besteht, auffallend reich an intertextuellen Bezügen zu Vergil-Stellen ist, überwiegend zu *Bucolica*-Versen. Allerdings evoziert die Schankwirtin auch mehrfach Properz-Verse, weshalb unwahrscheinlich ist, dass der unbekannte Autor als *Vergilius personatus* gelesen werden möchte. Seine Intention dürfte vielmehr sein, dass wir die von ihm ›zitierten‹ Vergil- und

Properz-Passagen ›mitlesen‹ und so aus ihnen Anregungen für die Interpretation der *Copa* beziehen. Ein Beispiel sei hier betrachtet, der Bezug von V. 29f. auf Properz 4,8,37f.:

> *si sapis,* aestivo *recubans nunc prolue* vitro,
> *seu vis crystalli ferre novos calices.*
>
> (Wenn du klug bist, entspann dich und trink jetzt aus einem Sommerglas, / es sei denn, du willst neue Trinkgefäße aus Kristall bringen.)

> *Lygdamus ad cyathos,* vitri*que* aestiva *supellex*
> *et Methymnaei Graeca saliva meri.*
>
> (Da waren Lygdamus bei den Schöpfbechern, sommerliches Glasgeschirr / und der griechische Geschmack des ungemischten methymnäischen Weins.)

Mit wenigen Strichen ruft der *Copa*-Dichter die Szene in das kulturelle Gedächtnis, in welcher der elegisch liebende *poeta* bei Properz hinter dem Rücken seiner Geliebten Cynthia eine *ménage à trois* mit zwei Prostituierten veranstaltet. Auch dort ist der Schauplatz ein Garten, und das legt den Schluss nahe, dass es vor allem sexuelle Vergnügungen sind, zu denen die Schankwirtin ihre Gäste anlockt. Nachdem sie ständig auf Vergil und Properz angespielt hat, bringt der Sprecher des letzten Distichons einen dritten augusteischen Dichter in Erinnerung: Horaz. Aus seinem berühmtem *carpe diem* (*Oden* 1,11,8), das gleichfalls in einem erotischen Kontext steht, und seinen häufigen Mahnungen im Sinne des *memento mori* wird eine heiter-besinnliche Schlusspointe, die das Gedicht in die Nähe eines Epigramms rückt: An die *copa*, die mittlerweile als Bordellwirtin erkennbar ist, ergeht die Aufforderung, Wein und Würfel bereitzustellen, und aus den beiden Horaz-Motiven leitet der Sprecher von V. 37f. ab, dass, wer sich Sorgen mache, zugrunde gehen möge, da der Tod am Ohr zupfend und vor seinem Kommen warnend sagt: *vivite!* (»lebt!«). Eigentlich sollte man die *Appendix Vergiliana* immer linear am Stück lesen, weil man dann die Variabilität der neun Dichtungen besonders gut würdigen kann und im vorliegenden Falle die Überraschung, die der epigrammatische Schluss einer Elegie bereitet, erst recht goutiert. Außerdem folgt auf die *Copa* das *Moretum* sehr passend, weil es ebenso eine Gartenbeschreibung enthält und auch dort andeutungsweise von Sex die Rede ist.

Plattnase und Mistfink: Moretum

Das *Moretum* dürfte innerhalb der *Appendix Vergiliana* der bekannteste Text sein, da Freunde des lebendigen Lateins es wie Fausts Famulus Wagner als ein »groß Ergetzen« empfinden, sich »in den Geist der Zeiten zu versetzen«: Sie bereiten sich bei ihren Treffen nach dem aus V. 85–116 zu entnehmenden Rezept ein »Kräuterkäsegericht« (*moretum*) zu. Bevor in dem Hexameter-Gedicht, bei dem es sich wieder um ein Epyllion handelt, ein armer Bauer namens Simulus (»Plattnase«) sich nach dem Aufstehen bei Tagesanbruch vier von ihm für das *moretum* verwendete Ingredienzen (Knoblauch, Petersilie, Raute und Koriander) aus seinem Garten holt, entfacht er aus noch glimmender Glut das Herdfeuer, nimmt Weizen aus der Vorratskammer und bäckt für sein Frühstück ein Brot, zu dem ihm das nach der Rückkehr aus dem Garten zusammengemixte Kräuterkäsegericht als Zukost dient. Dabei hat er Hilfe durch Scybale (von griech. *skýbalon* »Mist, Exkremente«), eine körperlich wenig attraktive Afrikanerin. Daraus, dass im letzten Vers der ersten von zwei die Gartenszene rahmenden Szenen im Haus (1–84; 90–120) am Ende einer Aufzählung von Gartenpflanzen »Rucola, der die säumige Venus zurückruft« (84), also ein Aphrodisiacum genannt wird, darf man folgern: Die Sklavin ist »Plattnases«

(ihn offenbar nicht ausreichend stimulierende) Sexpartnerin. Eine solche fehlt dem korykischen alten Mann, dessen Garten Vergil in einem Exkurs der *Georgica* beschreibt (4,116–148). Auch dort lesen wir einen Pflanzenkatalog, an den der des *Moretum* zweimal wörtlich anklingt (72 ~ 4,130; 76f. ~ 4,121f.). Da der auf den Landbau konzentrierte Lehrdichter zum Thema Garten nur vorübergehend abschweift und weitere Ausführungen dazu späteren Poeten überlässt (4,147f.), erscheint denkbar, dass der reale Autor des *Moretum* dies als Aufforderung zu seiner Version der Geschichte von einem Gartenbesitzer las und dabei bedachte, dass es »nicht gut« ist, »dass der Mensch allein sei«, und ihm deshalb »eine Gehilfin« machte, »die um ihn sei.« Die motivische Verwandtschaft des *Moretum* mit *Georgica* 4,116–148 könnte den Anlass dazu gegeben haben, dass irgendwann in der Spätantike oder im Frühmittelalter jemand das Epyllion für ein Opus des *Georgica*-Dichters hielt und in einen Vergil-Codex aufnahm. Es stand zuvor vielleicht, wie möglicherweise auch das Priapeum *Quid hoc novi est?* und die *Copa*, ohne Verfassername in einer Sammelhandschrift.

Dass der Autor des *Moretum* sich als *Vergilius personatus* präsentieren wollte, können wir höchstwahrscheinlich ausschließen. Die Interpreten haben plausible Argumente dafür vorgebracht, dass das Epyllion ins frühe 1. Jh. n. Chr. zu datieren ist; es hätte also von Sueton/Donat und Servius jeweils zusammen mit den außer *Bucolica*, *Georgica* und *Aeneis* als vergilisch geltenden Werken genannt werden können. Immerhin hat es mit *Ciris* und *Culex* gemeinsam, dass es intertextuelle Bezüge zu Werken Ovids herstellt, in diesem Falle zu zwei jeweils motivverwandten Erzählungen in den *Fasti* und den *Metamorphosen*: derjenigen von Hyrieus in dem Kalender-Gedicht (5,493–544) und derjenigen von Philemon und Baucis in dem Hexameter-Opus (8,618–724). Beide Male bekommen wir Einblick in die bescheidene Hütte eines armen Mannes und ihr einfaches Inventar, beide Male wird kurz das erneute Entfachen eines fast verglühten Feuers geschildert. Was freilich im *Moretum* fehlt, ist das Motiv, das in beiden ovidischen Geschichten eine richtige Handlung konstituiert: der Besuch von Iuppiter und Mercurius. Ob der literarisch gebildete Leser darauf wartet, dass es auch an der Tür des Simulus klopft, oder ob er nur an das von Ovid liebevoll charakterisierte Paar Philemon und Baucis denkt – die Vorstellung, dass der oberste Gott und sein Bote bei »Plattnase« und »Mistfink« einkehren, ist, auch ohne dass dies geschieht, schon komisch genug; vor allem ist es der Gedanke, dass die vier Knoblauchköpfe (V. 87), die Simulus für sein *moretum* verwendet – nachweislich zu viel des Guten! – den zwei Unsterblichen die Lust an der Vergabe einer göttlichen Belohnung für die ihnen erwiesene Gastfreundschaft genommen hätte. Wie gesagt, das Kräuterkäsegericht schmeckt zumindest heute Leuten, die »So-lebten-die-alten-Römer« spielen. Das ist eine außergewöhnliche Form von Nachleben eines antiken Textes. Es gibt aber noch eine weitere: Das Versende *e pluribus unus* (von Farben in V. 102: »aus mehreren eine«) steht geschrieben auf dem Dienstsiegel der USA, dem des Präsidenten (u. a. auf der Außenseite des Flugzeugs »Air Force One«) sowie dem 1-Dollar-Schein und allen US-Münzen in der Variante *e pluribus unum* (»one out of many«), die sich einst auf die einzelnen Staaten bezog.

Würdigung und letzte Worte eines Lebemanns: Maecenas

Für die Elegie *Maecenas*, einen Nachruf auf den gerade verstorbenen reichen Etrusker, wird allgemein vorausgesetzt, dass kein *Vergilius personatus* sprechen könne, weil der Dichter im Todesjahr des Patrons, 8 v. Chr., bereits seit etwa einem Dezennium nicht mehr lebte. Das ist – wie so oft in der Latinistik – ausschließlich historistisch gedacht, und man kann dem entgegenhalten, dass z. B. der Autor des *Culex*, der offensichtlich die Maske des jungen Vergil von etwa 44 v. Chr. trägt, unbekümmert aus Werken des 43 v. Chr. geborenen Ovid ›zitiert‹. Es ist nicht oft genug zu betonen, dass wir es bei dieser Textsorte mit einem literarischen Spiel zu tun haben. Gleichwohl sollten wir – wieder wegen der fehlenden Bezeugung durch Sueton/Donat und Servius – den *Maecenas*, der vermutlich in der frühen Kaiserzeit entstand, zu den im Murbacher Katalog genannten *Vergiliana* zählen, die erst im 5./6. Jh. oder im Mittelalter als solche angesehen wurden. Die Platzierung ans Ende der Sammlung hinter *Quid hoc novi est?*, *Copa* und *Moretum* könnte sowohl darauf zurückzuführen sein, dass es sich hier gleichfalls um einen späten ›Eindringling‹ handelt, als auch auf das Bemühen um Juxtaposition von motivisch Verwandtem: Waren das Priapus-Poem und die relativ kurze Elegie deutlich erotische Dichtungen und das Epyllion zumindest zwischen den Zeilen eine solche – es sei noch auf den Mörser, ein »hohles Rund« (V. 95) hingewiesen, den Simulus »zwischen seine haarigen Schenkel« klemmt und in dem er mit dem »Stößel« herumstampft (98f.) –, so wird Maecenas nicht als Förderer von Literaten und kaum als mächtiger Politiker gewürdigt, sondern als Poet und Lebemann dargestellt. Der Sprecher des Nachrufs betont zwar, dass der Tote Mitkämpfer des Octavianus (V. 12) und Wächter der Stadt (V. 14) gewesen sei, thematisiert dann aber weniger Taten wie den militärischen Beitrag zur Schlacht bei Actium 31 v. Chr. (45f.) als das genussfrohe, luxuriöse Dasein eines orientalischen Weichlings, dessen Maecenas sich erfreut habe, und versucht ihn dafür zu rechtfertigen.

Der Nachruf rückt den Verstorbenen damit in die Nähe der Ich-Sagenden in den erotischen Elegien Tibulls, Properzens und Ovids, die sich unter betontem Verzicht auf eine politische oder militärische Karriere ganz der Liebe zu der von ihnen begehrten Frau hingeben. An die Texte dieser Dichter erinnert der *Maecenas* auch insofern, als die Elegie zu einem großen Teil aus Mythen besteht. Indem der Sprecher sie mit Bezug auf den Toten erzählt, ersetzt er eine direkte Schilderung von dessen *way of life* durch Anspielungen auf das, was man allgemein wusste: Bacchus ›vertritt‹ offensichtlich den Gourmet Maecenas, der gern guten Wein trinkt, Hercules als weiblich gekleideter Sklave der Lyderkönigin Omphale den Pantoffelhelden seiner Frau Terentia, Iuppiters päderastische Beziehung zu Ganymedes diejenige des Maecenas zu Bathyllus (57–92). Ins fast schon Groteske steigert sich die mythische Überhöhung des Toten mit dem Wunsch des »ich« sagenden *poeta*, Maecenas hätte wie Aeson durch die Zauberkräuter Medeas verjüngt werden und statt des Tithonus ein ewiges Leben an der Seite Auroras führen sollen (107–112; 121–128). Nach der Bitte des Sprechers an die Erde, sie möge dem Toten leicht sein (141b–144), vernehmen wir noch dessen letzte Worte auf dem Sterbebett (145–178); ihr Schwerpunkt liegt darauf, dass er wünscht, mit Augustus über das Grab hinaus verbunden zu sein. Seit dem Erscheinen von Scaligers Ausgabe der *Appendix Vergiliana* sondern die Editoren die Rede vom übrigen Text ab und unterscheiden zwei *Elegiae in Maecenatem*. Abgesehen davon, dass der Überlieferungsbefund dies nicht vorgibt – alle Codices präsentieren die 178 Verse als eine einzige Elegie unter dem Titel *Maecenas* –, bilden doch Nachruf und Abschiedsworte des Sterbenden eine überzeugende Einheit, und was Maecenas am Ende sagt, lenkt den Blick des Lesers über den Tod des Redenden hinaus auf die Regierungszeit des Augustus bis zu dessen Lebensende und anschließender Vergöttlichung sowie auf den Nachfolger Tiberius. Damit wird auch ein Bogen zu V. 1 zurückgeschlagen, in dem der Sprecher darauf anspielt, dass Drusus, der jüngere Bruder des Tiberius, nicht lange vor Maecenas starb (9 v. Chr.).

Wer las auch den »Anhang«?

Fragen wir nach den mittelalterlichen und neuzeitlichen Rezipienten der neun Dichtungen, die, bevor Scaliger sie unter dem Titel *Appendix Vergiliana* edierte, schon im Bibliothekskatalog des Klosters Murbach als eine Art Anhang zu *Bucolica*, *Georgica* und *Aeneis* verzeichnet sind, bietet uns die Forschungsliteratur viel zur

Textgeschichte, sehr wenig dagegen zur Rezeption. Der verlorene Murbacher Codex darf als Archetypus aller aus dem Mittelalter vom 9. bis zum 15. Jh. erhaltenen Handschriften gelten, es befindet sich aber keine darunter, die alle neun Dichtungen vereint. Hier die Abhängigkeit der einzelnen Manuskripte voneinander darzustellen – sie verteilen sich auf fünf zusammengehörige Gruppen, welche die Kodikologie ›Familien‹ nennt –, würde den Rahmen einer Einführung sprengen. Es sei aber als kurioses Beispiel für das Sprichwort *habent sua fata libelli* (»Bücher haben ihre Schicksale«) wenigstens das Fatum eines *libellus* kurz referiert, der, nur als Bruchstück auf uns gekommen, heute in Graz im Steiermärkischen Landesarchiv aufbewahrt wird (Fragmentum Graeciense 1812). Aus dem 9. Jh. stammend, enthält das Fragment die für uns ältesten Textzeugen von *Ciris*, *Catalepton*, *Quid hoc novi est?*, *Copa* und *Moretum*. Sie stehen in schöner karolingischer Minuskelschrift auf einem Pergament-Doppelblatt, das um 1750 aus einem Vergil-Codex herausgetrennt und als schmucker Einband für ein Meisterbuch der Bäcker- und Müllergilde in Schladming diente; erst 1953 gelang die Rettung und Sichtung dessen, was noch zu entziffern war, durch die Wissenschaft. Insgesamt gilt für die handschriftliche Überlieferung der neun Texte, dass der Wortlaut zahlreicher Verse sehr unsicher, ja nicht selten zweifellos falsch tradiert ist, weshalb Editoren in solchen Fällen das vermutlich Richtige zu rekonstruieren versuchen. Dabei vorgenommene Textänderungen, die Konjekturen, gingen auch in die vorliegende Bilingue ein, doch manchmal scheint die Überlieferung so ›unheilbar‹, dass eine Markierung durch †, die sogenannte Crux desperationis, vorgezogen wurde.

Da, wie gesagt, die Rezeption der *Appendix Vergiliana* der systematischen Untersuchung harrt, muss ich mich mit Hinweisen begnügen, die ich den in Abschnitt 13 der Literaturhinweise aufgelisteten Titeln verdanke und denen ich am Ende nur zwei hinzufüge. Zu den frühesten mittelalterlichen Rezipienten gehören Walahfrid Strabo (808/09–849), von dem das Kloster Murbach vielleicht den verlorenen Vergil-Codex erhielt (Zogg 2018, 32f.), und Notker Balbulus (ca. 840–912), der aus Horaz, *Oden* 1,4,13f. und *Copa* 38b folgendes elegisches Distichon zusammensetzte (Zogg ebd. 42):

> *Pallida mors aequo pulsans pede sive tabernas*
> *aut regum turres 'vivite' ait, 'venio'.*
>
> (Der bleiche Tod schlägt mit dem Fuß gleichermaßen an die Hütten der Armen / und die Türme der Könige und sagt: »Lebt! Ich komme.«)

Bisher wurde erst ein einziger mittelalterlicher Leser aufgespürt, der Texte der *Appendix Vergiliana* für unecht erklärte: Vincent de Beauvais (ca. 1190–1264), welcher in seinem *Speculum maius* unter Berufung darauf, dass die Grabinschrift Vergils (s. *Sueton-Donat-Vita* 36) nur *Bucolica, Georgica* und *Aeneis* nennt, *Culex* und *Aetna* als apokryphe Werke bezeichnet (Zogg ebd. 40). Marcus Hieronymus Vida (1485–1566) wiederum schreibt in seiner *Ars poetica* von 1517, ein junger Dichter werde schon in der Lage sein, *culicis numeris fera dicere fata* (»das grausame Schicksal der Mücke in Metren zu künden«), hat also offenbar keine Vorbehalte gegen das Epyllion (Burrow 2008, 2). Möglicherweise las der Humanist den Text in Sebastian Brants (1457–1521) Vergil-Ausgabe von 1502, in welcher der *Culex* durch einen der berühmten Holzschnitte illustriert ist (Blatt bb viii^{r}). Von diesen Holzschnitten sind diejenigen beeinflusst, die den *Shepheardes Calender* Edmund Spensers (1552–1599) von 1579 schmücken. Der englische Dichter, der den *Culex* 1591 zu einem Poem mit dem Titel *Virgils Gnat* umformte (Burrow ebd. 8), ließ sich zudem durch die *Ciris* und die in das Epyllion eingelegte Britomartis-Geschichte (294b–309) zu seiner in Buch 3 der *Faerie Queene* (1590) erzählten Geschichte von Britomart und Arthegall anregen (Burrow ebd. 12–15).

Spenser war jedoch nicht der erste Poet, der einen der zur *Appendix Vergiliana* gehörenden Texte in volkssprachlichen Versen bearbeitete. Bereits 34 Jahre vorher hatte Hans Sachs (1494–1576) den Abschnitt des *Culex*, in dem der Hirte von der Mücke geweckt wird und die Schlange erschlägt, sowie den Schluss des Epyllions am 15. April 1556 in einem Meisterlied in der Klagweise Christoff Lochners bearbeitet. Als Vorlage diente ihm die Prosawiedergabe desselben Abschnitts durch Sebastian Brant in Nr. 79 von dessen *Additiones* zu Heinrich Steinhöwels *Esopus* (erstmals Ulm 1476/77) in der Übersetzung des Johannes Adelphus (ca. 1485–1523). Dieser verdeutscht *culex* mit *schnöck*, was Schnake bedeutet und bei Sachs als *schneck* erscheint. Das lässt eher an eine Schnecke denken, aber sollte der Dichter gedacht haben, dass auch eine solche stechen kann? Ich zitiere wegen des Epilogs, den Sachs der Geschichte in Anlehnung an den Prätext hinzufügt, die dritte Strophe (Sämtliche Fabeln und Schwänke, hg. von Edmund Goetze und Karl Drescher, Bd. 6, Halle a. S. 1913, 226f.):

Der hirt erkent das trew gemuet / in guet
Vnd macht ein grab
Mit seinem stab
Vnd pegrueb diesen schnecken,
Sprach: »Dw hast durch den dode dein / mir mein
Leben eret.«
Aufs grabe thet
Stecken sein hirten stecken.
Dardurch vermant
Vns mit verstant
Doctor Sebastianus Prant,
Das man gutat alzeit
Vergelt mit danckparkeit
Trewlich an als [ohne alles] *erschrecken.*

Auf dem langen Weg, den der *Culex* vom 1. bis ins 16. Jh. zurückgelegt hat, ist er aus einem literarischen Spiel zu einem Moralexempel geworden. Man wüsste nicht nur zu gerne, welcher geniale Witzbold sich 1500 Jahre vor Sachs hinter der Maske Vergils versteckte, sondern auch, was er zu einer so biederen Deutung seines Textes, der sicherlich nur für die geistreiche Unterhaltung der Leser gedacht war, gesagt hätte. 1524, 32 Jahre bevor Sachs sein Meisterlied *Der hirt mit dem trewen schnecken* schrieb, setzte sein Nürnberger Mitbürger Albrecht Dürer (1470–1528) unter das Kupferstichporträt des Humanisten Willibald Pirckheimer (1470–1530), seines Freundes, den Pentameter *vivitur ingenio, cetera mortis erunt* (»vom Geist lebt man, das Übrige wird dem Tod gehören«), der aus dem *Maecenas* stammt (V. 38). Möge der vorliegende Band dazu beitragen, dass die neun *ingenia*, welche die Texte der *Appendix Vergiliana* hervorbrachten, künftig noch mehr leben als bisher.

TEXTE UND ÜBERSETZUNGEN

DIRAE

Battare, cycneas repetamus carmine voces:

divisas iterum sedes et rura canamus,
rura, quibus diras indiximus, impia vota.
ante lupos rapient haedi, vituli ante leones,
delphini fugient pisces, aquilae ante columbas,
et conversa retro rerum discordia gliscet –
multa prius fient, quam non mea libera avena:
montibus et silvis dicam tua facta, Lycurge.
impia Trinacriae sterilescant gaudia vobis,
nec fecunda (senis nostri felicia rura!)
semina parturiant segetes, non pascua colles,
non arbusta novas fruges, non pampinus uvas,
ipsae non silvae frondes, non flumina montes.

rursus et hoc iterum repetamus, Battare, carmen:

effetas Cereris sulcis condatis avenas,
pallida flavescant aestu sitientia prata,
immatura cadant ramis pendentia mala,
desint et silvis frondes et fontibus umor,
nec desit nostris devotum carmen avenis.
haec Veneris vario florentia serta decore,
purpureo campos quae pingunt verna colore
(hinc aurae dulces, hinc suavis spiritus agri),
mutent pestiferos aestus et taetra venena:
dulcia non oculis, non auribus ulla ferantur.

FLÜCHE

Battarus, lass uns in unserem Lied die Stimmen der Schwäne wiederholen:

Lass uns noch einmal die verteilten Wohnsitze und Landgüter besingen,
die Landgüter, gegen die wir Flüche ausgesprochen haben, verderbliche Verwünschungen.
Eher werden junge Ziegenböcke Wölfe reißen, eher Kälber Löwen,
werden Delphine vor Fischen fliehen, eher Adler vor Tauben,
und wird die Ordnung der Dinge sich allmählich zurück in ihr Gegenteil verkehren –
vieles wird eher geschehen, bevor meine Hirtenflöte unfrei wird:
Den Bergen und Wäldern will ich von deinen Taten künden, Lycurgus!
Die frevlerisch erworbenen Freuden Trinakrias sollen euch verdorren,
und nicht sollen fruchtbare (die fruchtbringenden Landgüter unseres alten Herrn!)
Samen Saaten hervorbringen, keine Weiden die Hügel,
nicht Obstbäume neue Früchte, nicht Weinranken Trauben,
nicht Wälder selbst Blätter, keine Flüsse die Berge.

Von neuem lass uns auch dieses Lied abermals wiederholen, Battarus:

Kraftlose Haferhalme der Ceres sollt ihr in den Ackerfurchen bergen,
blass und bleich sollen die Wiesen in der Hitze vor Durst werden,
unreif sollen die Äpfel, die an den Ästen hängen, herabfallen,
auch den Wäldern sollen die Blätter und den Quellen die Flüssigkeit fehlen,
nicht aber soll unserer Hirtenflöte der Fluchgesang fehlen.
Diese in buntem Schmuck blühenden Kränze der Venus,
die im Frühling die Felder mit hellglänzender Farbe verzieren
(von ihnen strömen süße Düfte, von ihnen der milde Geruch des Feldes),
sollen sich in unheilvolle Glut und in widerliches Gift verwandeln:
Nichts Angenehmes für die Augen, nichts für die Ohren soll herumwehen!

sic precor, et nostris superent haec carmina votis:

lusibus et multum nostris cantata libellis,
optima silvarum, formosis densa virectis,
tondemus virides umbras, nec laeta comantis
iactabis mollis ramos inflantibus auris,

nec mihi saepe meum resonabit, Battare, carmen,

militis impia cum succedet dextera ferro
formosaeque cadent umbrae, formosior illis
ipsa cades, veteris domini felicia ligna –
nequiquam: nostris potius devota libellis
ignibus aetheriis flagrabis. Iuppiter (ipse
Iuppiter hanc aluit), cinis haec tibi fiat oportet.
Thraecis tum Boreae spirent immania vires,
Eurus agat mixtam fulva caligine nubem,
Africus immineat nimbis minitantibus imbrem,
cum tu, cyaneo resplendens aethere, silva,
non iterum dices, crebro quae, Lydia, dixti:
vicinae flammae rapiant ex ordine vitis,
pascantur segetes, diffusis ignibus aura
transvolet, arboribus coniungat et ardor aristas:
pertica qua nostros metata est impia agellos,
qua nostri fines olim, cinis omnia fiat.

sic precor, et nostris superent haec carmina votis:

undae, quae vestris pulsatis litora lymphis,
litora, quae dulcis auras diffunditis agris,
accipite has voces: migret Neptunus in arva

So flehe ich, und diese Lieder mögen meine Gebete noch überdauern:

Dir, der du in meinen verspielten Schriften oft besungen wurdest,
bester der Wälder, dicht belaubt und voller schöner grüner Plätze,
mähen wir das schattige Grün ab, und nicht mehr wirst du üppig belaubte
biegsame Äste hin und her schwingen, wenn sanfte Winde wehen,

und nicht mehr wird der Wald mir von meinem Lied oft widerhallen, Battarus,

wenn die frevelhafte rechte Hand des Soldaten sich mit der Axt nähern wird
und deine schönen Schattenspender fallen werden und du, noch schöner als jene,
selbst fallen wirst, des ehemaligen Herrn beglückendes Holz –
doch vergebens: Nein, vielmehr wirst du, verflucht in meinen Schriften,
in hoch auflodernden Feuern brennen. Iuppiter (selbst
hat Iuppiter diesen Wald genährt), für dich muss er zu Asche werden.
Dann sollen die Kräfte des thrakischen Boreas heftig wehen,
der Eurus soll eine mit gelbbrauner Finsternis vermischte Wolke herantreiben,
der Africus soll mit Wolken herannahen, die Regen androhen,
wenn du, mein Wald, vor dem dunklen Himmel erstrahlen und
nicht noch einmal sagen wirst, was du, Lydia, immer wieder sagtest:
Flammen sollen aus der Nähe die Weinreben der Reihe nach ergreifen,
sollen die Saaten abweiden, die Feuer sollen sich ausbreiten, der Gluthauch soll
hinübereilen, und die Hitze die Ähren mit den Bäumen verbinden:
So weit wie der frevelhafte Messstab unsere Äckerchen vermessen hat,
so weit wie sich einst unser Land erstreckte, zu Asche soll alles werden.

So flehe ich, und diese Lieder mögen meine Gebete noch überdauern:

Ihr Fluten, die ihr mit eurem Wasser an die Ufer schlagt,
ihr Ufer, die ihr auf den Äckern eure süß duftende Luft verströmt,
erhört diese meine Worte: Neptun soll auf die Felder ziehen

fluctibus et spissa campos perfundat harena:
qua Vulcanus agros pastus Iovis ignibus arcet,
barbara dicatur Libycae soror altera Syrtis.

tristius hoc, memini, revocasti, Battare, carmen:

nigro multa mari dicunt portenta natare,
monstra repentinis terrentia saepe figuris,
cum subito emersere furenti corpora ponto:
haec agat infesto Neptunus caeca tridenti
atrum convertens aestum maris undique ventis
et fuscum cinerem canis exhauriat undis.
dicantur mea rura ferum mare (nauta caveto!),
rura, quibus diras indiximus, impia vota.
si minus haec, Neptune, tuas infundimus auris,

Battare, fluminibus tu nostros trade dolores:

nam tibi sunt fontes, tibi semper flumina amica.
nil est, quod perdam ulterius: merito omnia Ditis.
flectite currentis lymphas, vaga flumina, retro
flectite et adversis rursum diffundite campis;
incurrant amnes passim rimantibus undis
nec nostros servire sinant erronibus agros.

dulcius hoc, memini, revocasti, Battare, carmen:

mit seinen Wogen und die Ebenen mit dichtem Sand überschwemmen:
Dort, wo Vulcanus, genährt mit Iuppiters Feuern, die Äcker einschließt,
soll man von einer wilden Syrte sprechen, einer weiteren Schwester der afrikanischen.

Nach diesem traurigeren Lied, erinnere ich mich, hast du, Battarus, erneut verlangt:

Man sagt, im dunklen Meer schwimmen viele Ungeheuer,
Scheusale, die einen durch unerwartete Gestalten oft in Schrecken versetzen,
wenn sie mit einem Mal ihre Körper aus dem tobenden Meer strecken:
Diese sonst verborgenen Scheusale soll Neptun mit feindseligem Dreizack hertreiben,
indem er die schwarze Flut des Meeres von allen Seiten mit Winden umlenkt,
und die dunkle Asche mit den grauen Wellen fortschaffen.
Meine Landgüter soll man ein wildes Meer nennen (Seemann, hüte dich!),
die Landgüter, gegen die wir Flüche ausgesprochen haben, verderbliche Verwünschungen.
Wenn wir dies nicht in deine Ohren dringen lassen können, Neptun,

dann teile du, Battarus, unsere Schmerzen den Flüssen mit:

Denn dir sind die Quellen, dir die Flüsse immer wohlgesinnt.
Es gibt nichts mehr, was ich noch vernichten könnte: Alles ist zu Recht Dis geweiht.
Lenkt eure fließenden Wasser um, ihr unsteten Flüsse, zurück
lenkt sie und lasst sie rückwärts auf die Felder, die ihnen im Weg stehen, strömen;
die Ströme sollen überall mit aufwühlenden Wellen heranstürmen
und noch nicht einmal zulassen, dass unsere Felder den Landstreichern dienen.

Nach diesem süßeren Lied, erinnere ich mich, hast du, Battarus, erneut verlangt:

emanent subito sicca tellure paludes,
et metat hic iuncos, spicas ubi legimus olim:
occupet arguti grylli cava garrula rana.

tristius hoc rursum dicit mea fistula carmen:

praecipitent altis fumantes montibus imbres
et late teneant diffuso gurgite campos,
qui dominis infesta minantes stagna relinquant.
cum delapsa meos agros pervenerit unda,
piscetur nostris in finibus advena arator,
advena, civili qui semper crimine crevit.
o male devoti, praetorum crimina, agelli,
tuque inimica tui semper Discordia civis,
exsul ego, indemnatus, egens mea rura reliqui,
miles ut accipiat funesti praemia belli?
hinc ego de tumulo mea rura novissima visam,
hinc ibo in silvas: obstabunt iam mihi colles,
obstabunt montes, campos audire licebit:
'dulcia rura, valete, et Lydia, dulcior illis
et casti fontes et, felix nomen, agelli.'
tardius, a, miserae descendite monte, capellae,
(mollia non iterum carpetis pabula nota)
tuque resiste, pater: en prima novissima nobis.
intueor campos: longum manet esse sine illis.
rura, valete iterum tuque, optima Lydia, salve.

Aus der trockenen Erde sollen mit einem Mal Sümpfe hervortreten,
und dieser Mann soll Binsen pflücken, wo wir einst Getreideähren ernteten:
Die Höhlen der helltönenden Grille soll der schwatzhafte Frosch in Besitz nehmen.

Erneut lässt meine Hirtenflöte dieses traurigere Lied ertönen:

Herabstürzen sollen dampfende Regengüsse aus den hohen Bergen
und in einem ausgedehnten Strudel die Felder überall bedecken;
sie sollen ihren Herren feindlich drohend Tümpel übriglassen.
Sobald diese Welle herabgestürzt und auf meine Äcker gelangt ist,
soll der fremde Pflüger auf unserem Land fischen,
der Ankömmling, der in einem Bürgerkrieg stets reicher wird.
Oh, ihr übel verfluchten Äckerchen, ihr Schandflecke der Prätoren,
und du, Discordia, die du gegenüber deinen Bürgern immer feindlich gesinnt bist,
habe ich Vertriebener, nicht Verurteilter, verarmt meine Ländereien verlassen,
damit ein Soldat seine Belohnung für einen todbringenden Krieg erhalten kann?
Von hier vom Hügel aus werde ich meine Ländereien zum letzten Mal betrachten,
von hier aus werde ich in die Wälder gehen: Bald werden mir Hügel im Weg stehen,
Berge werden mir im Weg stehen, dennoch werden die Felder hören:
»Ihr süßen Ländereien, lebt wohl, und du, Lydia, die du noch süßer als jene bist,
und ihr, reine Quellen, und ihr, ein beglückendes Wort, meine Äckerchen!«
Ah! Steigt langsamer den Hügel hinunter, meine armen Ziegen
(euer gewohntes weiches Futter werdet ihr nie wieder abrupfen),
und du, Vater, bleib stehen: Schau, alles ist uns durcheinander geraten!
Ich betrachte die Felder: Mir bleibt eine lange Zeit, ohne sie zu leben.
Ländereien, lebt wohl, erneut, und du, beste Lydia, leb wohl.

sive eris – et si non: mecum morieris, utrumque.

extremum carmen revocemus, Battare, avena:

dulcia amara prius fient et mollia dura,
candida nigra oculi cernent et dextera laeva,
migrabunt casus aliena in corpora rerum,
quam tua de nostris emigret cura medullis.
quamvis ignis eris, quamvis aqua, semper amabo,
gaudia semper enim tua me meminisse licebit:

invideo vobis, agri formosaque prata,
hoc formosa magis, mea quod formosa puella
est vobis (tacite nostrum suspirat amorem);
vos nunc illa videt, vobis mea Lydia ludit,
vos nunc alloquitur, vos nunc arridet ocellis,
et mea submissa meditatur carmina voce,
cantat et interea, mihi quae cantabat in aurem.

invideo vobis, agri: discetis amare.

o fortunati nimium multumque beati,
in quibus illa pedis nivei vestigia ponet
aut roseis viridem digitis decerpserit uvam
(dulci namque tumet nondum vitecula Baccho)
aut inter varios, Veneris stipendia, flores
membra reclinarit teneramque illiserit herbam
et secreta meos furtim narrabit amores.
gaudebunt silvae, gaudebunt mollia prata
et gelidi fontes, aviumque silentia fient,
tardabunt rivi: labentes currite, lymphae,

Ob du bei mir sein wirst oder nicht: Mit mir wirst du sterben – in beiden Fällen.

Lass uns nach dem letzten Lied, Battarus, auf der Flöte erneut verlangen:

Eher wird das Süße bitter werden und das Weiche hart,
eher werden die Augen Weißes schwarz, das Rechte links sehen,
eher die Eigenschaften in ihnen fremde Körper übergehen,
als dass meine Gefühle für dich aus meinem Innersten fortgehen.
Auch wenn du Feuer, auch wenn du Wasser sein wirst, werde ich dich immer lieben,
denn immer werde ich mich an die Freuden mit dir erinnern können:

Ich beneide euch, ihr Felder und ihr schönen Wiesen,
die ihr dadurch noch schöner seid, weil mein schönes Mädchen
euch gehört (heimlich sehnt sie sich nach unserer Liebe);
euch sieht sie nun, mit euch vertreibt sich meine Lydia die Zeit,
euch spricht sie nun an, euch lächelt sie nun mit ihren Augen zu,
und sie übt mit leiser Stimme meine Lieder ein,
singt auch einstweilen, was sie mir ins Ohr zu singen pflegte.

Ich beneide euch, ihr Felder: Ihr werdet lernen zu lieben.

Oh ihr allzu Glücklichen und überaus Gesegneten,
auf denen jene ihre schneeweißen Füße absetzen
oder mit ihren rosenroten Fingern grüne Trauben abpflücken wird
(denn das Weinstöckchen strotzt noch nicht von süßem Bacchus)
oder zwischen bunten Blumen, den Gaben an Venus,
ihre Glieder hinstrecken, das zarte Gras niederdrücken
und in Abgeschiedenheit verstohlen von unserer Liebe erzählen wird.
Freuen werden sich die Wälder, freuen werden sich die weichen Wiesen
und die kühlen Quellen, die Vögel werden verstummen
und die Bäche langsamer werden: Fließt sanft weiter, ihr Wasser,

dum mea iucundas exponat cura querelas.

invideo vobis, agri: mea gaudia habetis,

et vobis nunc est, mea quae fuit ante voluptas.
at male tabescunt morientia membra dolore,
et calor infuso decedit frigore mortis,
quod mea non mecum domina est: non ulla puella
doctior in terris fuit aut formosior, ac, si
fabula non vana est, tauro Iove digna vel auro
(Iuppiter, avertas aurem!) mea sola puella est.
felix taure, pater magni gregis et decus, a te
vaccula non umquam secreta cubilia captans
frustra te patitur silvis mugire dolorem.
et pater haedorum felix semperque beate,
sive petis montes praeruptos saxa pererrans
sive tibi silvis nova pabula fastidire
sive libet campis: tecum tua laeta capella est.
et mas quicumque est, illi sua femina iuncta
interpellatos numquam ploravit amores.
cur non et nobis facilis, natura, fuisti?
cur ego crudelem patior tam saepe dolorem?
sidera per viridem redeunt cum pallida mundum
inque vicem Phoebi currens atque aureus orbis,
Luna, tuus tecum est: cur non est et mea mecum?
Luna, dolor nosti quid sit: miserere dolentis!
Phoebe, recens in te laurus celebravit amorem
et, quae pompa deum (nam silvis fama locuta est:

während meine Liebste ihre süßen Klagen vorträgt.

Ich beneide euch, ihr Felder: Ihr besitzt meine Freuden,

und euch gehört jetzt die, die zuvor meine Lust war.
Doch meine Glieder siechen übel dahin und sterben vor Liebesschmerz,
und die Lebenswärme entweicht mir, nachdem sich Todeskälte ausgebreitet hat,
weil meine Herrin nicht bei mir ist: Kein Mädchen
auf Erden war gebildeter oder schöner, und sie allein ist, wenn
der Mythos nicht lügt, Iuppiters in Gestalt von Stier oder Goldregen
(Iuppiter, wende deine Ohren bitte ab!) würdig, mein Mädchen.
Du glücklicher Stier, Vater und Zierde einer großen Herde, kein einziges Mal
muss deine Jungkuh Schlafplätze fern von dir aufsuchen und
ertragen, dass du vergeblich deinen Liebesschmerz in die Wälder brüllst.
Und du, glücklicher und immer zufriedener Vater der Böckchen,
sei es, dass du steile Berge erklimmst und Felsen durchirrst,
sei es, dass du frisches Futter in Wäldern
oder auf Feldern verschmähen magst: In deiner Nähe ist deine wohlgenährte Ziege.
Und was es an Männchen sonst noch gibt, mit ihm ist sein Weibchen immer vereint und
musste niemals laut beklagen, dass seine Liebe unterbrochen wurde.
Warum, Natur, warst du nicht auch zu uns gütig?
Warum muss ich so oft grausamen Schmerz ertragen?
Immer, wenn die blassen Gestirne am bleichen Himmel wiederkehren
und auch die goldene Scheibe, die sich mit Phoebus in ihrem Lauf abwechselt,
ist der deine bei dir, Luna: Warum ist nicht auch die meine bei mir?
Luna, du weißt, was Schmerz ist: Hab Mitleid mit einem, der Schmerz empfindet!
Phoebus, erst seit Kurzem zeigt die Lorbeerstaude ihre Liebe zu dir offen,
und die ganze Reihe der Götter (denn in die Wälder ist die Sage vorgedrungen:

omnia vos estis!), secum sua gaudia gestat
aut inspersa videt mundo; quae dicere longum est.
aurea quin etiam cum saecula volvebantur,
condicio similis fuerat mortalibus illis.
haec quoque praetereo: notum Minoidos astrum
quaeque virum virgo sicut captiva secuta est.
laedere, caelicolae, potuit vos nostra quid aetas,
condicio nobis vitae quo durior esset?
ausus ego primus castos violare pudores
sacratamque meae vittam temptare puellae?
immatura mea cogor nece solvere fata?
istius atque utinam facti mea culpa magistra
prima foret! letum vita mihi dulcius esset.
non mea, non ullo moreretur tempore fama,
dulcia cum Veneris furatus gaudia primus
dicerer atque ex me dulcis foret orta voluptas.
nunc mihi non tantum tribuerunt impia fata,
auctor ut occulti noster foret error amoris:
Iuppiter ante, sui semper mendacia factus,
cum Iunone, prius coniunx quam dictus uterque est,
gaudia libavit dulcem furatus amorem.
et moechum tenera gavisa est laedere in herba
purpureos flores, quos insuper accumbebant,
bracchia formoso supponens Cypria collo:
tum, credo, fuerat Mavors distentus in armis,
nam certe Vulcanus opus faciebat, et illi
tristi turpabat malas fuligine barba.
non Aurora novos etiam ploravit amores
atque rubens oculos roseo celavit amictu?

Ihr könnt alles!) hat ihre Freuden bei sich
oder sieht sie als Sterne am Himmel verteilt; diese aufzuzählen, wäre zu langwierig.
Ja, als das Goldene Zeitalter dahinglitt,
war die Lage sogar für die Sterblichen ähnlich wie für jene.
Auch dies will ich übergehen: Man kennt das Sternbild der Minos-Tochter
und auch die Jungfrau, die wie eine Gefangene einem Mann gefolgt ist.
Womit, ihr Himmelsbewohner, konnte unser Zeitalter euch so verärgern,
dass die Lage für uns so viel härter ist?
Habe ich es etwa als erster gewagt, die reine Unschuld meines Mädchens zu verletzen
und ihre heilige Kopfbinde in Versuchung zu führen?
Werde ich durch meinen Tod gezwungen, mein Leben zu früh zu beenden?
Und wäre doch für eine solche Tat mein Vergehen
der erste Lehrmeister! Dann wäre der Tod für mich süßer als das Leben.
Nicht, zu keiner Zeit würde mein Ruhm sterben,
wenn ich als Erster gelten würde, der sich die Freuden der Venus erschlichen hat,
und die süße Wollust durch mich entstanden wäre.
Nun hat mir aber ein verderbliches Schicksal nicht so viel vergönnt,
dass mein Fehltritt zum Urheber heimlicher Liebe würde:
Denn schon früher hat Iuppiter, der sich immer zu einem Trugbild seiner selbst machen konnte,
mit Iuno, bevor die beiden »Eheleute« genannt wurden,
Freuden genossen, indem er sich süße Liebe erschlich.
Auch sie erfreute sich daran, dass ihr Liebhaber im zarten Gras
die hellglänzenden Blumen, auf die sie sich legten, zerdrückte,
Cypria, und sie legte ihre Arme unter den schönen Nacken:
Damals war, glaube ich, Mars mit Waffen beschäftigt,
denn sicherlich fertigte Vulcanus ein Werk an, und ihm
färbte sein Bart die Wangen mit hässlichem Ruß schmutzig.
Hat etwa nicht auch Aurora über ihren neuen Liebhaber geweint
und ihre Augen errötend in ihrem rosenfarbigen Gewand verborgen?

talia caelicolae. numquid minus aurea proles?
ergo quod deus atque heros, cur non minor aetas?
infelix ego, non illo qui tempore natus,
quo facilis natura fuit! sors o mea laeva
nascendi miserumque genus, quo sera libido est!
tantam fata meae carnis fecere rapinam,
ut maneam, quod vix oculis cognoscere possis.

So die Himmelsbewohner. Die goldene Nachkommenschaft etwa in geringerem Maße?
Was also Götter und Heroen taten, warum sollte das nicht das geringere Zeitalter tun?
Unglückselig bin ich, weil ich nicht in jener Zeit geboren wurde,
in der die Natur gütig war! Oh, mein unheilvolles Geburtsschicksal
und meine elende Generation, in der es für die Lust zu spät ist!
Einen so großen Raub an meinem Körper hat das Schicksal gemacht,
dass von mir nur noch etwas bleibt, was du mit den Augen kaum erkennen könntest.

Übersetzung: Kai Rupprecht

CIRIS

Etsi me vario iactatum laudis amore
irritaque expertum fallacis praemia vulgi
Cecropius suavis exspirans hortulus auras
florentis viridi sophiae complectitur umbra,
ut mens quiret eo dignum sibi quaerere carmen
(longe aliud studium inque alios accincta labores
altius ad magni suspexit sidera mundi
et placitum paucis ausa est ascendere collem):
non tamen absistam coeptum detexere munus,
in quo iure meas utinam requiescere Musas
et leviter blandum liceat deponere amorem.
  Quod si, mirificum genus o Messalla ...
mirificum saecli – modo sit tibi velle libido –,
si mihi iam summas sapientia tangeret arces
quattuor antiquis heredibus addita consors,
unde hominum errores longe lateque per orbem
despicere atque humilis possem contemnere curas,
non ego te talem venerarer munere tali,
non equidem (quamvis interdum ludere nobis
et gracilem molli liceat pede claudere versum):
sed magno intexens, si fas est dicere, peplo,
qualis Erectheis olim portatur Athenis,
debita cum castae solvuntur vota Minervae

CIRIS

Auch wenn mich, den einst vielfältige Ruhmsucht trieb
und der ich den wertlosen Lohn des trügerischen Volkes zu spüren bekam,
nun der athenische Garten, süßen Hauch verströmend,
im grünen Schatten seiner blühenden Weisheit umarmt,
so dass mein Sinn sich zu eigenem Nutzen ein dementsprechendes Lied suchen könnte
(zu einem weit anderen Studium und weit anderen Mühen rüstete er sich,
blickte höher zu den Gestirnen des gewaltigen Himmels
und wagte, einen nur wenigen gefälligen Hügel zu besteigen):
Dennoch werde ich nicht davon ablassen, mein begonnenes Werk fertig zu spinnen,
in dem meine Musen hoffentlich mit Recht zur Ruhe finden
und ohne Beschwerde ihr verlockendes Streben von sich legen dürfen.
Wenn nun, mein Messalla, herausragender Sprössling […],
herausragender unseres ganzen Zeitalters – sofern du nur Lust hast, es zu wollen –,
wenn meine Weisheit schon den höchsten Gipfel berührte,
als Teilhaberin den vier großen alten Weisheitserben zugesellt,
von wo aus ich weit und breit auf die Irrtümer der Menschen auf der ganzen Welt
herabblicken und ihre niedrigen Sorgen verachten könnte,
dann würde ich einen solchen Mann wie dich nicht mit einem solchen Geschenk verehren,
wahrlich nicht (obwohl es uns doch mitunter zu spielen
und einen schlanken Vers in einen weichen Versfuß zu kleiden erlaubt wäre):
Sondern ich würde dich, wenn man so sagen darf, in ein gewaltiges Gewand einweben,
wie es gelegentlich durch das Athen des Erechtheus getragen wird,
wenn der keuschen Minerva das ihr geschuldete Festtagsversprechen eingelöst wird

tardaque confecto redeunt quinquennia lustro,
cum levis alterno zephyrus concrebuit euro
et prono gravidum provexit pondere currum –
felix illa dies, felix et dicitur annus,
felices, qui talem annum videre diemque –,
ergo Palladiae texuntur in ordine pugnae,
magna Giganteis ornantur pepla tropaeis,
horrida sanguineo pinguntur proelia cocco,
additur aurata deiectus cuspide Typhon,
qui prius Ossaeis consternens aethera saxis
Emathio celsum duplicabat vertice Olympum –
tale deae velum sollemni tempore portant:
tali te vellem, iuvenum doctissime, ritu
purpureos inter soles et candida lunae
sidera, caeruleis orbem pulsantia bigis,
naturae rerum magnis intexere chartis,
aeternum ut sophiae coniunctum carmine nomen
nostra tuum senibus loqueretur pagina saeclis.
Sed quoniam ad tantas nunc primum nascimur artes,
nunc primum teneros firmamus robore nervos:
haec tamen interea, quae possumus, in quibus aevi
prima rudimenta et iuvenes exegimus annos,
accipe dona meo multum vigilata labore,
promissa atque diu, iam tandem …:
impia prodigiis ut quondam †exterruit amplis†
Scylla novos avium sublimis in aere coetus
auxerit et tenui conscendens aethera penna

und die langsam einherziehenden Jahrfünfte zu Ende gehen und wiederkehren,
wenn ein sanfter Westwind sich wechselweise mit dem Südost vereinigt hat
und den schweren Festwagen mit vorwärtsdrängendem Gewicht hat vorrücken lassen –
als glücklich wird jener Tag, als glücklich auch das Jahr gepriesen,
als glücklich auch die, die ein solches Jahr und einen solchen Tag gesehen haben –,
wie also die Schlachten der Pallas der Reihe nach eingewoben werden,
das große Gewand durch den Sieg im Gigantenkampf geschmückt wird,
schaurige Kämpfe mit blutrotem Purpur nachgezeichnet werden,
Typhon, von vergoldeter Lanze niedergestreckt, hinzugegeben wird,
der zuvor den Äther mit den Felsen des Ossa bedeckte
und den ragenden Olymp mit einem aufgesetzten thessalischen Gipfel verdoppelte –
ein solches Kleid bringt man der Göttin zur Festzeit als Gabe dar:
Auf solch feierliche Art wollte ich dich, hochgelehrter Jüngling,
inmitten der purpurfarbenen Sonne und des glänzenden Mondgestirns,
das mit seinem himmelblauen Zweispänner seine Kreisbahn befährt,
in meine gewaltige Darstellung der Weltnatur einweben,
auf dass dein ewiglich mit meinem Weisheitsgedicht verbundener Name
von meiner Buchseite den vergreisenden Jahrhunderten zugeraunt würde.
Aber da ich erst jetzt gerade zu so bedeutender Wissenschaft geboren werde,
erst jetzt gerade meine zarten Kräfte festige und stärke:
Nimm doch vorläufig diese Gabe, die ich nun zustande bringe, mit welcher ich
die erste Ausbildungszeit meines Lebens und meine jugendlichen Jahre verbracht habe,
entgegen, eine Gabe, für die ich viel schlaflosen Eifer aufwandte
und die ich dir schon lange versprochen und jetzt endlich [...]:
Wie einst, vom monströsen Wirken [...],
die gottlose Scylla die ihr unbekannten Vögelschwärme hoch in der Luft
vermehrt, mit ihren zarten Schwingen den Äther bestiegen hat und

caeruleis sua tecta super volitaverit alis,
hanc pro purpureo poenam scelerata capillo,
pro patria solvens excisa et funditus urbe.
  Complures illam magni, Messalla, poetae
(nam verum fateamur: amat Polyhymnia verum)
longe alia perhibent mutatam membra figura
Scyllaeum monstro saxum infestasse voraci;
illam esse, aerumnis quam saepe legamus Ulixi
candida succinctam latrantibus inguina monstris
Dulichias vexasse rates et gurgite in alto
deprensos nautas canibus lacerasse marinis.
sed neque Maeoniae patiuntur credere chartae,
nec †malus† istorum dubiis erroribus auctor.
namque alias alii vulgo finxere puellas
quae Colophoniaco Scyllae addicantur Homero.
ipse Crataein ait matrem; sed sive Crataeis,
sive illam monstro generavit Echidna biformi,
sive est neutra parens atque hoc in carmine toto
inguinis est vitium et Veneris descripta libido,
sive etiam iactis speciem mutata venenis
infelix virgo (quid enim commiserat illa?
ipse pater timidam sola complexus harena
coniugium castae violaverat Amphitrites) –
at tamen exegit longo post tempore poenas,
ut, cum cura †tuae† veheretur coniugis alto,
ipsa trucem multo misceret sanguine pontum;
seu vero, ut perhibent, forma cum vinceret omnis
et cupidos quaestu passim popularet amantes,
piscibus †et† canibusque malis vallata repente
horribilis circum vidit se existere formas
(heu quotiens mirata novos expalluit artus,

mit himmelblauen Flügeln über ihrem Palast aufgeflogen ist;
diese Strafe zahlte die Frevelhafte für das purpurfarbene Haar
und für ihre von Grund auf zerstörte Heimatstadt.
Mehrere große Dichter, mein Messalla, behaupten, dass ebenjene
(denn wir wollen die Wahrheit gestehen: Polyhymnia liebt die Wahrheit)
ihre Glieder zu einer völlig anderen Gestalt geändert und
als ein gefräßiges Monster den Scylla-Felsen bedrohlich gemacht habe;
es sei ebenjene, von der wir oft in den Irrfahrten des Ulixes lesen,
sie habe, ihre schneeweißen Hüften von bellenden Ungeheuern umgeben,
die Schiffe des Dulichiers übel zugerichtet und im tiefen Strudel
mit ihren Meereshunden die von ihr gepackten Seeleute zerfetzt.
Aber daran zu glauben erlauben weder die Schriften des mäonischen Dichters,
noch gibt es sonst einen […] Gewährsmann für deren fragwürdige Irrtümer.
Denn sie haben in ihren Veröffentlichungen immer neue Mädchen erfunden,
die dann als Scyllen dem kolophonischen Homer zugeschrieben werden sollen.
Er selbst bezeichnet Crataeis als ihre Mutter; aber mag es Crataeis sein,
oder mag auch Echidna jene in ihrer zweifachen Monstergestalt geboren haben,
oder mag keine der beiden ihre Mutter sein und in diesem ganzen Gedicht
eine Geschlechtskrankheit aufgrund sexueller Lust beschrieben sein,
oder mag auch das unglückliche Mädchen seine Gestalt durch ausgelegtes Gift
verändert haben (was hätte jene nämlich verbrochen?
Der Meeresvater selbst hatte doch die Angstvolle am einsamen Strand umfasst
und so seine Ehe mit der keuschen Amphitrite verletzt) –
aber dennoch übte sie nach langer Zeit Rache für ihre Verwandlung,
und zwar so, dass sie, als der Geliebte der […] Gemahlin auf hoher See fuhr,
selbst ihrerseits das grimmige Meer mit reichlich Blut durchsetzte;
oder aber mag sie, wie man behauptet, da sie alle anderen an Schönheit übertraf
und ihre gierigen Liebhaber durch Geldforderungen weithin ausplünderte,
[…] plötzlich von üblen Fischen und Hunden gegürtet gewesen sein
und schreckliche Ungeheuer um sich entstehen gesehen haben
(ach, wie oft sie in Verwunderung über ihre neuen Glieder erblasste,

ipsa suos quotiens heu pertimuit latratus!),
ausa quod est mulier numen fraudare deorum
et dictam Veneri †notorum vertere poenam†,
quam mala multiplici iuvenum consaepta caterva
†dixerat† atque animo meretrix iactata ferarum
(infamem tali merito rumore fuisse
docta Palaephatia testatur voce Pachynus) –
quidquid et ut quisque est tali de clade locutus,
somnia sint: potius liceat notescere cirin
atque unam ex multis Scyllam †non esse† puellis.
Quare, quae cantus meditanti mittere †cocos†
magna mihi cupido tribuistis praemia, divae
Pierides, quarum castos altaria postis
munere saepe meo inficiunt foribusque hyacinthi
deponunt flores aut suave rubens narcissus
aut crocus alterna coniungens lilia caltha
sparsaque liminibus flaccet rosa, nunc age, divae,
praecipue nostro nunc aspirate labori
atque novum aeterno praetexite honore volumen.
Sunt Pandioniis vicinae sedibus urbes
Actaeos inter colles et candida Thesei
purpureis late ridentia litora conchis,
quarum non ulli fama concedere digna
stat Megara, Alcathoi quondam murata labore,
Alcathoi Phoebique; deus namque affuit illi,
unde etiam citharae voces imitatus acutas

ach, wie oft sie selbst über ihr eigenes Bellen erschrak!),
weil sie es wagte, als Frau die hochwaltenden Götter zu betrügen
und ihre der Venus versprochene [...],
welche die üble Dirne, von vielfacher Schar junger Männer umgeben
und von einem Wüten wie dem wilder Tiere geschüttelt [...]
(dass sie sich einen solchen Ruf erworben und so berüchtigt gewesen sei,
bekundet das gelehrte Sizilien mit einer dem Palaiphatos gleichen Stimme) –
was immer und wie auch immer ein jeder über eine solche Katastrophe gesprochen hat,
das seien für uns Träume: Besser sei es uns gestattet, dass die Meeresvogelversion
bekannt wird und dass wir so diese eine Scylla von den vielen Mädchen [...].
Deshalb, ihr göttlichen Pieriden, die ihr mir, wenn ich [...] dichterischen Gesang übte,
in meinem Verlangen gewaltigen Lohn habt zukommen lassen,
deren keusche Tempelpforten von meinen Altären
oft durch Opfergaben geschwärzt werden und an deren Türen meine Hyazinthen
ihre Blüten sinken lassen oder meine von süßem Rot erfüllten Narzissen
oder der Krokus, der Lilien wechselweise mit Ringelblumen zusammenfügt,
und an deren Schwellen verstreut meine Rosen welken – auf jetzt, ihr Göttinnen,
seid besonders jetzt meiner Anstrengung zugeneigt
und zeichnet das neu entstehende Werk mit ewigem Ruhm aus!
Es gibt einige Städte, die dem Wohnsitz des Pandion benachbart sind,
zwischen den Hügeln Attikas und dem schneeweißen Strand des Theseus,
der weithin strahlt von purpurfarbenen Muscheln,
als eine von diesen steht auch Megara, an Ruhm keiner von ihnen
nachzustehen würdig, einstmals ummauert durch die Arbeit des Alcathous,
des Alcathous und des Phoebus; denn der Gott war ihm zur Seite,
weshalb auch ein bestimmter Mauerstein oftmals, den hellen Klang der Kithara nachahmend,

saepe lapis recrepat Cyllenia murmura pulsus
et veterem sonitu Phoebi testatur honorem.
    Hanc urbem, ante alios qui tum florebat in armis,
fecerat infestam populator remige Minos,
hospitio quod se Nisi Polyidos avito
Carpathium fugiens et flumina Caeratea
texerat. hunc bello repetens Gortynius heros
Attica Cretaea sternebat rura sagitta.
    Sed neque tum cives neque tum rex ipse veretur
infesto ad muros volitantis agmine turmas
deicere et indomitas virtute retundere mentes,
responsum quoniam satis est meminisse deorum.
nam capite ab summo regis, mirabile dictu,
candida caesarie florebant tempora cana,
et roseus medio surgebat vertice crinis.
cuius quam servata diu natura fuisset,
tam patriam incolumem Nisi regnumque futurum
concordes stabili firmarunt numine Parcae.
ergo omnis caro residebat cura capillo,
aurea sollemni comptum quem fibula ritu
Cecropiae tereti nectebat dente cicadae.
    Nec vero haec urbis custodia vana fuisset
(nec fuerat), ni Scylla novo correpta furore,
Scylla, patris miseri patriaeque inventa sepulcrum,
o nimium cupidis Minoa inhiasset ocellis.
sed malus ille puer, quem nec sua flectere mater
iratum potuit, quem nec pater atque avus idem

das von Cyllenius erfundene Säuseln ertönen lässt, wenn er angestoßen wird,
und durch das Geräusch die früher von Phoebus erwiesene Ehre bekundet.
Diese Stadt hatte Minos, der damals vor anderen in kriegerischer Stärke erblühte,
zu seinem Feind gemacht, sie mit seinen Ruderleuten verheerend,
weil unter der ererbten Gastfreundschaft des Nisus sich Polyidus
geschützt hatte, von Karpathos und dem Fluss Kairatos flüchtend.
Diesen Polyidus verlangte der Held von Gortyn im Kampf zurück
und bedeckte daher die Felder Attikas mit kretischen Pfeilen.
Aber weder die Bürger von Megara noch der König selbst fürchteten sich damals,
die im feindlichen Verband gegen die Mauern stürmenden Truppen
niederzuwerfen und die vor Tapferkeit unbezwingbaren Gemüter zurückzustoßen,
da es ihnen reichte, sich an die Orakelauskunft der Götter zu erinnern.
Denn ganz oben am Haupte des Königs – erstaunlich zu erzählen –
erblühten seine weißen Schläfen von grauem Haupthaar,
und ein rosenfarbiges Haar erhob sich mitten auf dem Scheitel des Kopfes.
Solange dessen Wuchs gewahrt blieb,
so lange werde die Heimat und das Reich des Nisus unversehrt bleiben,
versicherten die Parzen einträchtig in ihrer verlässlichen göttlichen Kraft.
Also ruhte jegliche Sorge auf dem kostbaren Haar,
welches, in gebührender Weise frisiert, eine goldene Spange
in den länglichen Zahnverschluss einer athenischen »Grille« einfügte.
Aber diese sorgfältige Bewachung der Stadt wäre nicht unsinnig gewesen
(wie sie es ja auch bislang nicht gewesen war), wenn nicht Scylla, gepackt von neuartigem Irrsinn,
Scylla, als Grab ihres unglücklichen Vaters und ihrer Heimat ausgewiesen,
mit (oje!) allzu begierigen Augen auf Minos gestarrt hätte.
Aber der bekannte üble Knabe, den in seinem Zorn nicht einmal seine eigene Mutter
aufhalten konnte, den auch nicht derjenige, der zugleich sein Vater und Großvater war,

Iuppiter (ille etiam Poenos domitare leones
et validas docuit vires mansuescere tigris,
ille simul divos homines – sed dicere magnum est),
idem tum tristis acuebat parvulus iras
Iunonis magnae, cuius periura puella
olim (sed meminere diu periuria divae)
non ulli licitam violaverat inscia sedem,
dum sacris operata deae lascivit et extra
procedit longe matrum comitumque catervam,
suspensam gaudens in corpore ludere vestem
et tumidos agitante sinus aquilone relaxans.
necdum etiam castos gustaverat ignis honores,
necdum sollemni lympha perfusa sacerdos
pallentis foliis caput exornarat olivae,
cum lapsa e manibus fugit pila, quoque ea lapsa est,
procurrit virgo. quod uti ne prodita ludo
aureolam gracili solvisses corpore pallam!
omnia, quae retinere gradum cursusque morari
possent, o tecum vellem †tua† semper haberes!
non, numquam violata manu sacraria divae
iurando, infelix, nequiquam periurasses.
etsi quis nocuisse tibi periuria credat,
causa pia est: timuit fratri te ostendere Iuno.
at levis ille deus, cui semper ad ulciscendum

Iuppiter (der bekannte Knabe zügelte sogar nordafrikanische Löwen
und lehrte gewaltige Tigerweibchen, ihre Kräfte zu besänftigen,
er kann gleichermaßen Götter und Menschen – aber das auszuführen dauert zu lange),
gerade derselbe kleine Kerl verschärfte damals noch den betrüblichen Zorn
der gewaltigen Iuno, deren niemandem zugänglichen Tempelbezirk
einstmals (aber Göttinnen erinnern sich lange an Meineide)
das meineidige Mädchen verletzt hatte, ohne es zu merken,
während es beim Dienst im Heiligtum der Göttin umhertollte und sich bis weit
abseits der restlichen Schar älterer Frauen und ihrer Begleiterinnen vorwagte,
voller Freude über das Spiel des vom Wind emporgehobenen Kleides an ihrem Körper
und ihren vom Wehen des Nordwinds aufgeblähten Gewandbausch treiben lassend.
Und noch nicht hatte das Opferfeuer seine frommen Ehrengaben empfangen,
noch nicht hatte die Priesterin, gereinigt durch das heilige Wasser,
ihr Haupt mit den Blättern des blassen Olivenbaums geschmückt,
als plötzlich ein Ball den Händen Scyllas entgleitend davonrollte, und das Mädchen dorthin,
wohin dieser glitt, vorstürmte. Wenn du doch nicht, im Eifer deines Spieles verraten,
das güldene Gewand von deinem schlanken Körper abgelöst hättest.
Ich wünschte, dass du alles, was deinen Schritt zurückhalten und deinen Lauf hemmen
könnte, stets […] bei dir behieltest!
Nicht hättest du mit dem Schwur, niemals das Allerheiligste der Göttin mit der Hand
verletzt zu haben, du Unglückliche, einen nutzlosen Meineid geschworen.
Auch wenn irgendeiner glauben mag, dieser Meineid hätte dir geschadet,
so ist doch deine Sache schuldlos: Iuno selbst scheute es, dich bei ihrem Bruder zu melden.
Aber jener fliegende Gott, der immer hinter jeglichem Ausspruch eine

quaeritur ex omni verborum iniuria dicto,
aurea fulgenti depromens tela pharetra
(heu nimium certa et nimium terrentia visu)
virginis in tenera defixit acumina mente.
    Quae simul ac venis hausit sitientibus ignem
et validum penitus concepit in ossa furorem,
saeva velut gelidis Edonum Bistonis oris
ictave barbarico Cybeles antistita buxo,
infelix virgo tota bacchatur in urbe,
non storace Idaeo fragrantis vincta capillos,
coccina non teneris pedibus Sicyonia servans,
non niveo retinens bacata monilia collo.
multum illi incerto trepidant vestigia cursu:
saepe petit patrios ascendere perdita muros
aeriasque facit causam sibi visere turris;
saepe etiam tristis volvens in nocte querelas
sedibus ex altis †caeli† speculatur amorem
castraque prospectat crebris lucentia flammis.
nulla colum novit, carum non respicit aurum,
non arguta sonant tenui psalteria chorda,
non Libyco molles plauduntur pectine telae.
nullus in ore rubor: ubi enim rubor, obstat amori.
atque ubi nulla malis reperit solacia tantis
tabidulamque videt labi per viscera mortem,
quo vocat ire dolor, subigunt quo tendere fata,
fertur et horribili praeceps impellitur oestro,

Verbalinjurie sucht, die er rächend verfolgen kann,
holte seine goldenen Pfeile aus dem glänzenden Köcher hervor
(o weh, allzu zielsichere, die schon durch ihren Anblick allzu großen Schrecken erregen!)
und versenkte deren Spitzen im zarten Gemüt des Mädchens.
Nachdem dieses in seine dürstenden Adern das Feuer aufgesogen
und die gewaltige Raserei tief in ihr Mark aufgenommen hatte,
tobte das unselige Mädchen wie eine wilde Bistonin in den kalten Gefilden der Edoner
oder wie eine Cybele-Priesterin, die von der barbarischen Flöte erregt ist,
in der ganzen Stadt umher,
nicht ihre duftenden Haare vom Storax-Strauch aus dem Ida-Gebirge umwunden,
nicht die purpurnen sikyonischen Schuhe an ihren zarten Füßen bewahrend,
nicht das perlenbesetzte Halsband an ihrem weißen Hals behaltend.
Vielfach zittern jener die Füße in ihrem unsicheren Lauf:
Oftmals strebt sie verloren danach, die Mauern der Burg ihres Vaters zu erklimmen,
und macht es zu ihrer Sache, den himmelhohen Turm zu besuchen;
oftmals lässt sie auch ihre traurigen Klagen in der Nacht verströmen,
hält von dem hohen Sitz aus Ausschau nach ihrer […] Liebe
und blickt auf das von zahlreichen Wachtfeuern leuchtende Lager hin.
Sie kennt keinerlei Spinnwerk mehr, sie schaut nicht mehr auf das ihr sonst teure Goldgeschmeide,
nicht ertönt ihre hellklingende Kithara durch die feine Saite,
nicht wird weiches Gewebe klatschend am libyschen Webstuhl hergestellt.
Keine rote Farbe ist in ihrem Gesicht: Denn wo rote Farbe ist, leistet diese der Liebe Widerstand.
Und sobald sie findet, dass es keinen Trost für ihr gewaltiges Leiden gibt,
und den allmählich verzehrenden Tod durch ihr Inneres gleiten sieht,
eilt sie dorthin, wohin sie ihr Schmerz gehen heißt, wohin sie ihr Geschick zu streben zwingt,
und wird durch einen schauderhaften Stachel kopfüber getrieben,

ut patris (a, demens!) crinem de vertice sacrum
furtive arguto detonsum mitteret hosti
(namque haec condicio miserae proponitur una) –
sive illa ignorans (quis non bonus omnia malit
credere quam tanti sceleris damnare puellam?) –
heu tamen infelix: quid enim imprudentia prodest?
    Nise pater, cui direpta crudeliter urbe
vix erit una super sedes in turribus altis,
fessus ubi exstructo possis considere nido,
tum quoque avis metuere: dabit tibi filia poenas.
gaudete, o celeres, subnixae nubibus altis,
quae mare, quae viridis silvas lucosque sonantis
incolitis, gaudete, vagae, gaudete, volucres,
vosque adeo, humanos mutatae corporis artus,
vos o crudeles fatorum lege puellae
Dauliades, gaudete: venit carissima vobis
cognatos augens reges numerumque suorum
ciris et ipse pater. vos o pulcherrima quondam
corpora, caeruleas praeverrite in aethere nubes,
qua novus ad superum sedes haliaeetos et qua
candida concessos ascendat ciris honores.
    Iamque adeo dulci devinctus lumina somno
Nisus erat, vigilumque procul custodia primis
excubias foribus studio iactabat inani,

auf dass sie das heilige Haar (ah, die Wahnsinnige!) vom Scheitel ihres Vaters abschere
und heimlich dem erwiesenen Feind zusende
(denn dies steht der unseligen Frau als einzige Bedingung vor Augen) –
oder sei es, dass sie noch nicht daran denkt (welcher Anständige möchte nicht lieber alles
annehmen, als ein Mädchen einer so großen Untat schuldig zu sprechen?) –
ach, dennoch Unglückliche: Was nützt es ihr nämlich, noch nichts davon zu wissen?
Vater Nisus, du, dem, wenn einst deine Stadt grausam geplündert ist,
kaum ein einziger Platz hoch droben im Turm übrigbleiben wird,
wo du erschöpft ein Nest bauen und dich niederlassen kannst,
selbst dann wirst du noch als Vogel gefürchtet werden: Deine Tochter wird dir Strafe zahlen.
Freuet euch, o ihr schnellen Vögel, euch auf die hohen Wolken stützend,
die ihr das Meer, die ihr die grünen Wälder und die rauschenden Haine
bewohnt, freuet euch, freuet euch, ihr umherschweifenden Vögel,
und besonders ihr, deren menschliche Körperglieder verwandelt wurden,
o ihr daulischen Mädchen, deren Grausamkeit durch das Gesetz des Schicksals bestimmt war,
freuet euch: Es kommt als hochgeschätzter Ankömmling zu euch,
den Kreis der euch verwandten Könige und die Zahl ihrer Verwandten vergrößernd,
ein Meeresvogel und dessen Vater selbst. Ihr, o einstmals wunderschöne
Körper, glättet schon einmal die himmelblauen Wolken im Äther,
damit auf diesem Wege der neugeschaffene Seeadler zu den Sitzen der Himmlischen
und der schneeweiße Meeresvogel zu dem zugestandenen Ehrenplatz aufsteigen kann.
Und schon längst waren die Augen des Nisus von süßem Schlaf gefesselt,
und seine aufmerksamen Türhüter prahlten fern am vorderen Eingang des Palastes
in nichtigem Diensteifer über ihre Wachsamkeit,

cum furtim tacito descendens Scylla cubili
auribus arrectis nocturna silentia temptat 210
et pressis tenuem singultibus aera captat. 211
caeruleas sua furta prius testatur ad umbras; 215
tum suspensa levans digitis vestigia primis 212
egreditur ferroque manus armata bidenti 213
avolat: at demptae subita in formidine vires. 214
nam qua se ad patrium tendebat semita limen, 216
vestibulo in thalami paulum remoratur et alte 217
suspicit ad celsi nictantia sidera mundi,
non accepta piis promittens munera divis.
    Quam simul Ogygii Phoenicis filia Carme
pergere sensit anus (sonitum nam fecerat illi
marmoreo aeratus stridens in limine cardo),
corripit extemplo fessam languore puellam,
et simul 'o nobis sacrum caput' inquit 'alumna,
non tibi nequiquam viridis per viscera pallor
aegroto tenuis suffudit sanguine venas,
nec levis, hoc faceres, (neque enim pote) cura subegit –
aut fallor: quod ut o potius, Rhamnusia, fallar!
nam qua te causa nec dulcis pocula Bacchi
nec gravidos Cereris dicam contingere fetus,
qua causa ad patrium solam vigilare cubile,
tempore quo fessas mortalia pectora curas,
quo rapidos etiam requiescunt flumina cursus?
dic age nunc miserae saltem (quod saepe petenti
iurabas nihil esse mihi), cur maesta parentis
formosos circum virgo remorere capillos!
ei mihi, ne furor ille tuos invaserit artus,
ille Arabae Myrrhae quondam qui cepit ocellos,

da stieg Scylla heimlich aus ihrem stillen Schlafzimmer herab,
210 spitzte ihre Ohren, erprobte das Schweigen der Nacht,
211 unterdrückte ihr Schlucken und schnappte nach der dünnen Luft.
215 Zunächst bekundete sie ihr heimliches Vorhaben vor den finsteren Schatten;
212 dann hob sie ihre Füße auf Zehenspitzen empor,
213 trat heraus und eilte, ihre Hände durch ein Eisen mit zwei Klingen bewaffnet,
214 davon: Doch in plötzlicher Furcht schwanden ihre Kräfte.
216 Denn dort, wo sich der Gang zur Schwelle des Vaters erstreckte,
217 zögert sie einen Moment am Eingang des Gemachs und blickte weit empor
zu den flackernden Gestirnen des hohen Himmels,
den gerechten Göttern unwillkommene Gaben für deren Hilfe versprechend.
220 Sobald Carme, die greise Tochter des ogygischen Phoenix, diese
ihres Weges eilen hörte (denn die an der marmornen Schwelle quietschende
Türangel aus Metall hatte bei ihrem Austritt ein Geräusch verursacht),
schilt sie sofort das in seinem Zaudern erschlaffte Mädchen
und spricht sogleich: »O mein Zögling, mir geheiligtes Haupt,
225 nicht ohne Grund hat also grünliche Blässe an deinem ganzen Körper
deine zarten Adern mit krankem Blut unterlaufen lassen,
und keine leichte Liebesglut (das wäre nämlich unmöglich) hat dich getrieben, dies zu tun –
oder aber ich irre: So möchte ich denn lieber, o Rhamnusia, irren!
Denn aus welchem Grund soll ich sagen, dass du weder süße Becher des Bacchus
230 noch reife Früchte der Ceres berührst,
aus welchem Grund, dass du einsam am Schlafzimmer deines Vaters wachst
zu einer Zeit, wo sterbliche Herzen ihre ermüdenden Sorgen
und wo Flüsse auch ihre reißenden Wasserläufe ruhen lassen?
Auf, sag wenigstens jetzt mir Unglücklichen (oftmals schworst du mir, wenn ich fragte,
235 es sei gar nichts), warum du, jammervolles Mädchen,
dich um die schönen Haare deines Vaters bekümmerst!
Weh mir, hoffentlich ist nicht jener Wahnsinn in deine Glieder gedrungen,
jener, der einstmals die liebenden Augen der Araberin Myrrha befiel,

ut scelere infando (quod nec sinat Adrastea)
laedere utrumque uno studeas errore parentem!
quod si alio quovis animi iactaris amore
(nam te iactari, non est Amathusia nostri
tam rudis, ut nullo possim cognoscere signo),
si concessus amor noto te macerat igni:
per tibi Dictynnae praesentia numina iuro,
prima deum, quae (dulce!) mihi te donat alumnam,
omnia me potius digna atque indigna laborum,
filia, visuram, quam te tam tristibus istis
sordibus et senio patiar tabescere tali.'
   Haec loquitur, mollique ut se nudavit amictu,
frigidulam iniecta circumdat veste puellam,
quae prius in tenui steterat succincta crocota.
dulcia deinde genis rorantibus oscula figens
persequitur miserae causas exquirere tabis.
nec tamen ante ullas patitur sibi reddere voces,
marmoreum tremebunda pedem quam rettulit intra.
illa autem 'quid ... me' inquit, 'nutricula, torques?
quid tantum properas nostros novisse furores?
non ego consueto mortalibus uror amore,
nec mihi notorum deflectunt lumina vultus,
nec genitor cordi est: ultro namque odimus omnis.
nil amat hic animus, nutrix, quod oportet amari,

so dass du in frevelhaftem Verbrechen (was Adrastea nicht ungestraft lassen möge!)
deine beiden Eltern in einem einzigen Akt der Verirrung zu verletzen strebst.
Wenn du nun also von jeder beliebigen anderen Liebe deines Herzens umhergetrieben wirst
(denn Amathusia ist nicht so ohne Einfluss auf mich, dass ich
dein Umhergetriebensein an keinem Zeichen erkennen könnte),
wenn eine erlaubte Liebe dich von einem allbekannten Liebesfeuer abmagern lässt:
Ich schwöre dir bei der mir gegenwärtigen Macht der Dictynna,
der ersten unter den Gottheiten, die (wie angenehm!) mir dich zum Zögling schenkt,
dass ich eher alle würdigen und unwürdigen Mühen,
meine Tochter, auf mich nehmen werde, als dass ich dich in diesem so traurigen
und schmutzigen Verfall dahinsiechen ließe.«
So sprach sie, und sobald sie sich ihres weichen Umhangs entledigt hatte,
umgab sie das fröstelnde Mädchen durch das über diese geworfene Gewand,
vorher hatte diese nur in ihrem dünnen Nachtkleid aufgeschürzt dagestanden.
Darauf drückte sie süße Küsse auf die tränenden Augen des Mädchens
und fuhr fort, die Gründe für dessen elendes Dahinsiechen auszuforschen.
Und doch gestattet sie dem Mädchen nicht, ihr vorher auch nur ein Wort zu erwidern,
bevor sie ihren marmorweißen Fuß zitternd wieder ins Gemach gesetzt hatte.
Dann aber sprach jene: »Was quälst du mich […], meine liebe Amme?
Warum beeilst du dich so, mein Rasen in Erfahrung zu bringen?
Ich brenne nicht von einer bei den Menschen üblich gewordenen Liebe,
und nicht ziehen die Gesichtszüge von mir bekannten Menschen meine Augen auf sich,
und auch mein Vater liegt mir nicht am Herzen: Denn ich hasse sie durchweg alle.
Mein Herz liebt nichts, meine Amme, was es sich zu lieben gehört,

in quo, falsa tamen, lateat pietatis imago:
sed media ex acie, mediis ex hostibus – eheu,
quid dicam quove aegra malum hoc exordiar ore?
dicam equidem, quoniam tu nunc non dicere, nutrix,
non sinis: extremum hoc munus morientis habeto –
ille (vides), nostris qui moenibus assidet hostis,
quem pater ipse deum sceptri donavit honore,
cui Parcae tribuere nec ullo vulnere laedi,
(dicendum est: frustra circumvehor omnia verbis)
ille mea, ille idem oppugnat praecordia Minos.
quod per te divum crebros obtestor amores
perque tuum memori sanctum mihi pectus alumnae,
ut me, si servare potes, nec perdere malis;
sin autem optatae spes est incisa salutis,
nec mihi, quam merui, invideas, nutricula, mortem.
nam nisi te nobis malus o malus, optima Carme,
ante in conspectum casusve deusve tulisset,
aut ferro hoc' (aperit ferrum, quod veste latebat)
'purpureum patris dempsissem vertice crinem
aut mihi praesenti peperissem vulnere letum.'

Vix haec ediderat, cum clade exterrita tristi
incomptos multo deturpat pulvere crinis
et graviter questu Carme complorat anili:
'o mihi nunc iterum crudelis reddite Minos,
o iterum nostrae Minos inimice senectae:

worin sich, wenn vielleicht auch trügerisch, nur ein Anschein von gütiger Zuneigung verbärge:
Sondern mitten aus dem Heer, mitten aus der Feindesschar – ach weh,
was soll ich sagen oder mit welchen Worten soll ich Arme von diesem Leid zu sprechen beginnen?
Ich will es freilich aussprechen, da du, Amme, mir jetzt nicht gestattest,
nicht zu sprechen: Nimm dies als letzte Gabe einer Sterbenden –
jener (du siehst ihn), der als Feind unsere Stadtmauern belagert,
den der Vater der Götter persönlich mit der Ehrengabe des Zepters beschenkt hat,
dem die Parzen es gaben, durch keinerlei Wunde verletzt zu werden,
(ich muss es aussprechen: Vergeblich umschiffe ich alles mit meinen Worten),
jener, jener selbige Minos bestürmt auch meine Brust.
Daher beschwöre ich dich bei den häufigen Liebesverhältnissen der Götter
und bei deiner Brust, die mir als dankbarem Zögling heilig ist,
dass du mich, wenn du mich zu retten vermagst, auch nicht lieber verderben wollest;
wenn aber die Hoffnung auf die ersehnte Rettung zerschnitten ist,
dann neide mir auch nicht, meine liebe Amme, den Tod, den ich verdient habe.
Denn wenn nicht ein böser, o böser Zufall oder Gott
dich, beste Carme, zuvor in mein Angesicht geführt hätte,
dann hätte ich entweder mit diesem Schwert« (sie entblößt das Schwert, das unter ihrem Gewand verborgen war)
»das purpurne Haar vom Scheitel meines Vaters abgeschnitten
oder mit einer sofortigen Wunde mir den Tod versetzt.«
Kaum hatte sie dies ausgesprochen, als Carme, von der traurigen Katastrophe erschreckt,
ihre ungekämmten Haare mit reichlich Staub entstellte
und in greisenhafter Klage heftig aufheulte:
»O grausamer Minos, der du mir nun erneut zurückgegeben bist,
o Minos, der du nun erneut meinem Greisenalter feindlich bist:

†semper aut† olim natae te propter eundem
†aut† Amor insanae luctum portavit alumnae.
tene ego tam longe rapta atque avecta nequivi,
tam grave servitium, tam duros passa labores,
effugere, o bis iam exitium crudele meorum?
iam iam nec nobis aequo senioribus ullum,
vivere uti cupiam, vivit genus. ut quid ego amens
te erepta, o Britomarti, mihi spes una sepulcri,
te, Britomarti, diem potui producere vitae?
atque utinam celeri nec tantum grata Dianae
venatus esses virgo sectata virorum:
Cnosia nec Partho contendens spicula cornu
Dictaeas ageres ad gramina nota capellas;
numquam tam obnixe fugiens Minois amores
praeceps aerii specula de montis iisses,
unde alii fugisse ferunt et numen Aphaeae
virginis assignant, alii, quo notior esses,
Dictynnam dixere tuo de nomine Lunam.
sint haec vera velim: mihi certe, nata, peristi;
numquam ego te summo volitantem vertice montis
Hyrcanos inter comites agmenque ferarum
conspiciam nec te redeuntem amplexa tenebo.
verum haec tum non sic gravia atque indigna fuere,
tum, mea alumna, tui cum spes integra manebat
et vox ista meas nondum violaverat auris.

Hat denn immer nur deinetwegen der Liebesgott, […] einstmals meiner Tochter,
so auch […] meinem in Wahnsinn verfallenen Zögling Trauer gebracht?
Vor dir also vermochte ich nicht zu entkommen, obwohl so weit verschleppt und fortgeschafft,
obwohl ich so lange Sklaverei, so harte Mühen ertrug,
o du, der du nunmehr schon zum zweiten Mal ein grausiges Verderben für die Meinen bist?
Schon lebt auch mir, die ich schon älter bin, als es gut ist, keinerlei Verwandtschaft mehr,
die mir noch ein Verlangen nach Leben gäbe. Wozu also vermochte ich Irre
nach deinem Verlust, o Britomartis, die du für mich die einzige Hoffnung auf ein Grab warst,
nach deinem Verlust, Britomartis, noch meine Lebenszeit fortzuführen?
Und wenn du doch nicht der schnellen Diana so lieb gewesen
und den Jagden der Männer als Mädchen gefolgt wärest:
Dann würdest du auch nicht kretische Pfeile mit einem parthischen Bogen spannen,
sondern vielmehr Ziegen vom Dikte-Berg zu ihren gewohnten Weiden treiben;
niemals wärst du dann, so hartnäckig vor der Liebe des Minos fliehend,
kopfüber vom Gipfel des himmelhohen Berges gesprungen,
woher die einen meinen, dass du geflohen wärest, und dir die Gottheit
›Virgo Aphaea‹ zuteilen, andere, damit du umso bekannter seiest,
nach deinem Namen die Luna Dictynna benannten.
Ich möchte wohl gern, dass dies wahr sei: Für mich jedenfalls bist du gestorben, meine Tochter;
niemals werde ich dich, vom höchsten Berggipfel stürmend,
im Kreise deiner hyrkanischen Begleiter und eines Rudels wilder Tiere
sehen noch dich bei deiner Rückkehr in meinen Armen halten.
Jedoch war all dies damals noch nicht so schwer und so unerträglich,
damals, als, mein Zögling, die Hoffnung auf dich ungemindert blieb
und diese deine Offenbarung noch nicht meine Ohren verletzt hatte.

tene etiam fortuna mihi crudelis ademit,
tene, o sola meae vivendi causa senectae?
saepe tuo dulci nequiquam capta lepore,
cum premeret natura, mori me velle negavi,
ut tibi Corycio glomerarem flammea luto.
quo nunc me, infelix, aut quo me fata reservant?
an nescis, qua lege patris de vertice summo
edita candentis praetexat purpura canos,
quae tenui patriae spes sit suspensa capillo?
si nescis, aliquam possum sperare salutem,
inscia quandoquidem scelus es conata nefandum.
sin est, quod metuo, per te, mea alumna, tuumque
expertum multis miserae mihi rebus amorem
parcere, saeva, precor, per †flumina elithie†,
ne tantum in facinus tam nulla mente feraris.
non ego te incepto (fieri quod non pote) conor
flectere amore, nec est cum dis contendere nostrum:
sed patris incolumi potius denubere regno
atque aliquos tamen esse velis tibi, alumna, penates;
hoc unum exilio docta atque experta monebo.
quod si non ulla poteris ratione parentem
flectere (sed poteris: quid enim non unica possis?),
tum potius tamen ista, aliquo cum iure licebit,

Auch dich hat mir also nun ein grausiges Geschick geraubt,
dich, o die du allein noch der Lebensgrund für mein Greisenalter warst?
Oftmals habe ich, durch deine süße Anmut vergeblich bezaubert,
als die Natur mich zum Tod drängte, erwidert, ich wolle nicht sterben,
um dir noch aus korykischem Gilbkraut einen Brautschleier zu weben.
Wozu hältst du mich jetzt noch, du Unglückliche, oder wozu hält mich das Geschick am Leben?
Oder weißt du nicht, nach welchem Schicksalsgesetz das zuoberst aus dem Scheitel des Vaters
sprießende Purpur die glänzend grauen Haare überstrahlt
und welche Hoffnung für dein Vaterland an dem dünnen Haar hängt?
Wenn du dies nicht weißt, vermag ich noch einige Rettung zu erhoffen,
da du ja dann unwissend das frevelhafte Verbrechen versucht hast.
Wenn es aber so ist, wie ich fürchte, dann bitte ich bei dir, mein Zögling, und deiner
an vielen Dingen von mir Unglücklichen erkannten Liebe
und bei […], Abstand zu nehmen, du Grausame,
damit du nicht so ganz ohne Verstand in ein so gewaltiges Verbrechen getrieben wirst.
Ich versuche gar nicht, dich von der aufgekeimten Liebe abzubringen
(was auch gar nicht möglich ist), und nicht ist es meine Absicht, mit Göttern zu wettstreiten:
Aber mögest du dich doch lieber, ohne das Reich deines Vaters zu beschädigen, verheiraten
wollen, mein Zögling, und den Fortbestand irgendeiner Familie für dich wünschen;
diesen einen Rat will ich dir geben, durch meine Verschleppung belehrt und erfahren.
Wenn du aber auf gar keine vernünftige Weise den Vater wirst umstimmen
können (aber du wirst können: Was nämlich würdest du als einzige Tochter nicht können?),
so bringe doch lieber erst dann, wenn es mit irgendeinem Recht möglich sein wird,

cum furti causam tempusque doloris habebis,
tum potius conata tua atque incepta referto,
meque deosque tibi comites, mea alumna, futuros
polliceor: nihil est, quod texitur ordine, longum.'
His ubi sollicitos animi relevaverat aestus
vocibus et blanda pectus spe mulserat aegrum,
paulatim tremebunda genis obducere vestem
virginis et placidam tenebris captare quietem,
inverso bibulum restinguens lumen olivo,
incipit ad crebrosque insani pectoris ictus
ferre manum, assiduis mulcens praecordia palmis.
noctem illam sic maesta super morientis alumnae
frigidulos cubito subnixa pependit ocellos.
Postera lux ubi laeta diem mortalibus almum
et gelida venientem ignem quatiebat ab Oeta,
quem pavidae alternis fugitant optantque puellae
(Hesperium vitant, optant ardescere Eoum),
praeceptis paret virgo nutricis et omnis
undique conquirit nubendi sedula causas.
temptantur patriae summissis vocibus aures,
laudanturque bonae pacis bona: nullus inepte
virginis insolitae sermo novus errat in ore.
nunc tremere instantis belli certamina dicit

wenn du Anlass zu heimlichem Vorgehen und schmerzliche Gelegenheit haben wirst,
lieber erst dann diesen deinen Versuch und dein Beginnen erneut zur Anwendung,
und ich verspreche, dass ich und die Götter dann, mein Zögling, deine Freunde
sein werden; nichts, was der Ordnung nach eingefädelt wird, dauert zu lange.«
Sobald sie mit diesen Worten die sorgenvolle Liebesglut im Herzen des Mädchens
gelindert und mit einer verlockenden Hoffnung ihr leidendes Gemüt gestreichelt hatte,
zog sie allmählich zitternd ihr Gewand über die Augen
des Mädchens und suchte nach friedlicher Ruhe in der Finsternis,
das durstige Kerzenlicht durch Hineinleiten von Öl verlöschend,
und sie begann ihre Hand zu den häufigen Schlägen des wahnsinnig liebenden Herzens
zu führen, die Brust des Mädchens unablässig mit ihren Händen streichelnd.
So hing sie jene ganze Nacht traurig über den fröstelnden Augen
ihres beinahe sterbenden Zöglings, sich auf ihren Ellenbogen aufstützend.
Sobald der nächste Morgen hellstrahlend den nährenden Tag über die Sterblichen
ausgeschüttet hatte mit dem Feuer, das vom kalten Oita-Gebirge kommt,
welches ängstliche junge Mädchen abwechselnd fliehen und herbeisehnen
(sie vermeiden den Abendstern, wünschen sich aber die Glut des Morgensterns),
da gehorchte das Mädchen den Anweisungen seiner Amme und suchte sich
voller Eifer von allen Seiten alle möglichen Vorwände zum Heiraten zusammen.
Die Ohren ihres Vaters werden mit demütigen Bitten bestürmt,
es wird des heilsamen Friedens Heilkraft gelobt: Kein solch ungewohntes Argument
verirrt sich töricht im Munde des im Reden ungeübten Mädchens.
Bald sagt sie, sie zittere vor den Kämpfen des drohenden Krieges

communemque timere deum; nunc regis amicis
(namque ipsi verita est) torvum flet maesta parentem,
cum Iove communis qui nolit habere nepotes.
nunc etiam conficta dolo mendacia turpi
invenit et divum terret formidine civis;
nunc alia ex aliis (nec desunt) omina quaerit;
quin etiam castos ausa est corrumpere vates,
ut, cum caesa pio cecidisset victima ferro,
essent, qui generum Minoa auctoribus extis
iungere et ancipitis suaderent tollere pugnas.
  At nutrix patula componens sulpura testa
narcissum casiamque herbas incendit olentis,
terque novena ligans triplici diversa colore
fila 'ter in gremium mecum' inquit 'despue, virgo,
despue ter, virgo: numero deus impare gaudet.'
inde mago geminata Iovi fert sedula sacra,
sacra nec Idaeis anubus nec cognita Grais;
pergit Amyclaeo spargens altaria thallo
regis Iolciacis animum defigere votis.
  Verum ubi nulla movet stabilem fallacia Nisum,
nec possunt homines nec possunt flectere divi
(tanta est in parvo fiducia crine cavendi),
rursus ad inceptum sociam se adiungit alumnae, 381
tam longo quod iam captat succurrere amori, 383

und fürchte den unparteiischen Kriegsgott; bald klagt sie vor den Freunden des Königs
(denn vor ihm selbst scheute sie sich) traurig über den sturen Groll ihres Vaters,
der es ablehne, mit Iuppiter gemeinsame Enkel zu haben.
Bald auch erfindet sie in schändlicher List zurechtgebildete Trügereien
und erschreckt ihre Mitbürger mit der Furcht vor den Göttern;
bald sucht sie neue und wieder neue Vorzeichen (an ihnen fehlt es nicht);
ja sie wagte es sogar, unbescholtene Seher zu bestechen,
auf dass es, immer wenn ein Opfertier vom priesterlichen Schwert geschlachtet gefallen ist,
nicht an Leuten mangele, die unter Berufung auf die Eingeweide empfehlen,
Minos als Schwiegersohn aufzunehmen und den ungewissen Kampf zu beenden.
Aber die Amme legt Schwefel auf eine offene Schale,
setzt Narzissen und Zimt, duftende Kräuter, in Brand,
bindet dreimal neun Fäden, unterschiedlich in dreifacher Färbung,
zusammen und sagt: »Spucke mit mir dreimal in den eigenen Schoß, Mädchen,
spucke dreimal, Mädchen: Der Gott freut sich über die ungerade Zahl.«
Darauf bringt sie dem Iuppiter der Magie eifrig wiederholte Opfer dar,
Opfer, die weder alten Frauen vom Ida-Gebirge noch solchen aus Griechenland bekannt sind;
sie umwindet einen Altar mit Zweigen aus Amyklai und versucht fortgesetzt,
den Verstand des Königs mit Zaubersprüchen aus Iolkos zu behexen.
Als aber keinerlei Betrug die Standfestigkeit des Nisus erschüttert
und weder Menschen noch Götter ihn umstimmen können
(ein so gewaltiges Vertrauen auf vorsorgenden Schutz liegt in dem kleinen Haar),
381 da schließt sich die Amme wieder als Verbündete dem Plan ihres Zöglings an,
383 weil sie nun der schon so lange bestehenden Liebe zu Hilfe zu eilen trachtet,

nec minus ipsa tamen revehi quod moenia Cretae
gaudeat: et cineri patria est iucunda sepulto.
  Ergo iterum capiti Scylla est inimica paterno 386
purpureumque parat rursus tondere capillum. 382
tum coma Sidonio florens deciditur ostro, 387
tum capitur Megara et divum responsa probantur,
tum suspensa novo ritu de navibus altis
per mare caeruleum trahitur Niseia virgo.
  Complures illam nymphae mirantur in undis,
miratur pater Oceanus et candida Tethys
et cupidas secum rapiens Galatea sorores,
illa etiam, iunctis magnum quae piscibus aequor
et glauco bipedum curru metitur equorum,
Leucothea parvusque dea cum matre Palaemon,
illi etiam alternas sortiti vivere luces,
cara Iovis suboles, magnum Iovis incrementum,
Tyndaridae niveos mirantur virginis artus.
  Has adeo voces atque haec lamenta per auras
fluctibus in mediis questu volvebat inani,
ad caelum infelix ardentia lumina tendens,
lumina, nam teneras arcebant vincula palmas:
'supprimite o paulum tardati flamina venti,
dum queror et divos, quamquam nil testibus illis
profeci, extrema moriens tamen alloquor hora.
vos ego, vos adeo, venti, testabor, et aurae,

und doch auch nicht weniger, weil sie selbst zu den Mauern Kretas zurückzufahren
sich freuen würde: Sogar für die Asche eines bestatteten Toten ist die Heimat angenehm.
386 Also zeigt sich Scylla erneut dem Haupte ihres Vaters feindlich
382 und strebt wieder danach, das purpurne Haar abzuschneiden.
387 Dann wird das in sidonischem Purpur erblühende Haar abgeschnitten,
dann wird Megara eingenommen, und die Orakelauskünfte der Götter bestätigen sich,
dann wird die junge Tochter des Nisus in neuartiger Manner an dem ragenden Schiffskörper
aufgehängt und durch das himmelblaue Meer gezogen.
Mehrere Nymphen staunen über sie in den Wogen,
es staunt Vater Oceanus und die leuchtend helle Tethys
und Galatea, die ihre neugierigen Schwestern mit sich schleppt,
und auch jene, die die gewaltige See mit ihrem Fischgespann
und dem graublauen Wagen zweifüßiger Seepferde durchmisst,
Leucothea und der kleine Palaemon mit seiner vergöttlichten Mutter,
und auch jene beiden, die durch Los den wechselweisen Ablauf ihrer Lebenstage festgelegt haben,
die geschätzte Nachkommenschaft Iuppiters, ein gewaltiger Zuwachs für Iuppiter,
die Tyndariden, staunen über die schneeweißen Glieder des Mädchens.
So ließ sie folgende Klagerede mitten in den Meeresfluten
in eitlem Jammern durch den Luftraum tönen,
unglücklich ihre brennenden Augen zum Himmel richtend,
nur ihre Augen, denn Fesseln hielten ja ihre zarten Hände fest:
»O ihr Winde, unterdrückt, für kurze Zeit gehemmt, euer Blasen,
solange ich klage und die Götter, obwohl ich mit ihnen als Zeugen nichts
erreicht habe, dennoch in meiner letzten Stunde sterbend anrede.
Euch, ihr Winde, euch fürwahr und die Luftströme, werde ich als Zeugen anrufen,

vos, olim humana si qui de gente volatis;
cernitis? illa ego sum cognato sanguine vobis
Scylla (quod o salva liceat te dicere, Procne),
illa ego sum Nisi pollentis filia quondam,
certatim ex omni petiit quam Graecia regno,
qua curvus terras amplectitur Hellespontus;
illa ego sum, Minos, sacrato foedere coniunx
dicta tibi: tamen haec, etsi non accipis, audi.
vinctane tam magni tranabo gurgitis undas,
vincta tot assiduas pendebo ex ordine luces?
non equidem me alio possum contendere dignam
supplicio, quae sic patriam carosque penates
hostibus immitique addixi ignara tyranno.
verum istaec, Minos, illos, scelerate, putavi,
si nostra ante aliqui nudasset foedera casus,
facturos, quorum direptis moenibus urbis
(o ego crudelis!) flamma delubra petivi:
te vero victore prius vel sidera cursus
mutatura suos quam te mihi talia captae
facturum metui. iam iam scelus omnia vicit.
tene ego plus patrio dilexi perdita regno,
tene ego? nec mirum: vultu decepta puella
ut vidi, ut perii, ut me malus abstulit error.
non equidem ex isto speravi corpore posse
tale malum nasci, formae vel sidere falli.

euch, die ihr etwa von einstmals menschlichem Geschlecht nun in der Luft fliegt:
Seht ihr mich? Ich bin die bekannte Scylla aus einem euch verwandten Geschlecht
(möge ich dies deiner unbeschadet sagen dürfen, o Procne),
ich bin die bekannte Tochter des einstmals mächtigen Nisus,
um deren Hand wetteifernd Griechenland aus jeglichem Königreich anhielt,
wo immer der gekrümmte Hellespont das Land einschließt;
ebenjene bin ich, Minos, dir als Gattin in geheiligtem Bunde
zugesagt: Wenn du dies auch nicht annimmst, so vernimm es doch.
Gefesselt werde ich also die Wogen des so gewaltigen Ozeans durchschwimmen,
gefesselt werde ich so viele Tage unablässig und ununterbrochen am Schiff hängen?
Freilich kann ich nicht behaupten, dass ich eine andere Strafe verdient habe,
die ich so mein Vaterland und mein geschätztes Vaterhaus
den Feinden und einem gnadenlosen Tyrannen unwissend ausgeliefert habe.
Aber dies, frevelhafter Minos, habe ich geglaubt, dass mir,
falls irgendein Zufall unseren Liebesbund zuvor enthüllt hätte,
nur jene antun werden, deren Stadtmauern ich geplündert und deren Tempel ich
(o, ich Grausame!) mit feindlichem Feuer angegriffen habe:
Unter dir jedoch als Sieger hätte ich eher gefürchtet, dass die Gestirne ihre
Läufe veränderten, als dass du mir als deiner Gefangenen solches
antätest. Doch schon längst hat dein Verbrechen alles andere besiegt.
Dich also habe ich Verlorene mehr als das Königreich meines Vaters geliebt,
dich also? Und kein Wunder: ich durch ein schönes Antlitz getäuschtes Mädchen –
wie habe ich dich erblickt, wie bin ich vor Liebe umgekommen, wie hat mich meine üble Verirrung fortgerissen!
Ich freilich habe nicht vermutet, dass aus deinem Körper
solches Leiden erwachsen könne oder dass ich durch das Gestirn deiner Schönheit getäuscht würde.

me non deliciis commovit regia dives,
curalio fragili aut electro lacrimoso,
me non florentes aequali corpore nymphae,
non metus impendens potuit retinere deorum.
omnia vicit amor: quid enim non vinceret ille?
non mihi iam pingui sudabunt tempora myrrha,
pronuba nec castos accendet pinus odores,
non Libys Assyrio sternetur lectulus ostro –
parva queror: ne me illa quidem communis alumna
omnibus iniecta Tellus tumulabit harena.
mene inter matres ancillarique maritas,
mene alias inter famularum munere fungi,
coniugis atque tuae, quaecumque erit illa, beatae
non licuit gravidos penso devolvere fusos?
at belli saltem captivam lege necasses.
iam tandem casus hominum, iam respice, Minos.
sit satis hoc, tantum solam vidisse malorum,
vel fato fuerit nobis haec debita pestis,
vel casu incerto, merita vel denique culpa:
omnia nam potius quam te fecisse putabo.'
    Labitur interea resoluta ab litore classis,
magna repentino sinuantur lintea coro,

Mich bewegte nicht länger unser Königspalast, reich an Luxus,
durch seine zerbrechlichen Korallen oder durch seinen tränenreichen Bernstein,
435 mich bewegten nicht die jungen Gespielinnen, die in mir gleicher Schönheit blühten,
nicht vermochte mich die über mir schwebende Furcht vor den Göttern zurückzuhalten.
All dies hat meine Liebe besiegt: Was sollte jene nämlich nicht besiegen?
Nicht mehr werden nunmehr meine Schläfen feucht sein von fett triefender Myrrhe,
nicht wird eine zur Hochzeit bestimmte Pinienfackel fromme Geruchsstoffe entzünden,
440 nicht wird ein libysches Brautbett mit assyrischem Purpur bezogen werden –
doch ich klage über Kleinigkeiten: Nicht einmal wird mich jene allgemeinmenschliche Amme,
Mutter Erde, unter ihrem Staub bedecken, den sie sonst auf alle wirft.
Also durfte ich nicht unter den kriegsgefangenen Müttern und Ehefrauen Sklavinnendienst tun
und unter den übrigen weiblichen Gefangenen das Amt von Dienerinnen versehen
445 und auch nicht die wollebeschwerten Spindeln deiner
glückseligen Gattin, wer immer jene seine mag, abwickeln?
447 Aber hättest du mich doch wenigstens als deine Gefangene nach Kriegsrecht getötet!
454 Nun blicke endlich, endlich auf das unglückliche menschliche Geschick, Minos!
455 Möge dies genug sein, dass ein einsames Mädchen soviel an Leiden erlebt hat,
mag uns dieses Verderben durch die Vorsehung geschuldet gewesen sein
oder nur durch ungewissen Zufall oder schließlich doch durch selbstverdiente Schuld:
Denn alles will ich lieber annehmen, als dass du verantwortlich gewesen seiest.«
Inzwischen gleitet die Flotte, gelöst vom Ufer, dahin,
460 die gewaltigen Segel wölben sich unter dem plötzlichen Nordwestwind,

flectitur in viridi remus sale: languida fessae
virginis in cursu moritur querimonia longo.
deserit angustis inclusum faucibus Isthmon,
Cypselidae et magni florentia regna Corinthum;
praeterit abruptas Scironis protinus arces
infestumque suis dirae testudinis exit
spelaeum multoque cruentas hospite cautes.
iamque adeo tutum longe Piraeea cernit,
et notas (eheu frustra!) respectat Athenas;
iam procul e fluctu Salaminia respicit arva
florentisque videt iam Cycladas; hinc sinus illi
Sunius, hinc statio contra patet Hermionaea.
linquitur ante alias longe gratissima Delos
Nereidum matri et Neptuno Aegaeo;
prospicit incinctam spumanti litore Cythnum,
marmoreamque Paron viridemque adlapsa Donysam
Aeginamque simul salutiferamque Seriphum. 477
Iam fessae tandem fugiunt de corpore vires, 448
et caput inflexa lentum cervice recumbit;
marmorea adductis livescunt bracchia nodis.
aequoreae pristes, immania corpora ponti,
undique conveniunt et glauco in gurgite circum
verbere caudarum atque oris minitantur hiatu. 453
fertur et incertis iactatur ad obvia ventis 478
(cumba velut magnas sequitur cum parvula classis,
Afer et hiberno bacchatur in aequore turbo) –

die Ruder regen sich in der grünlichen Salzflut: Schlaff erstirbt
die Klage des erschöpften Mädchens auf ihrer langen Fahrt.
Sie verlässt den Isthmos, der von engen Landzungen eingeschlossen ist,
und das blühende Reich des gewaltigen Cypseliden, Korinth;
465 sie passiert dann sogleich die steilen Felsgipfel des Sciron
und fährt an der ihren Landsleuten feindlichen Grotte seiner scheußlichen
Schildkröte vorbei und an den Klippen, die vom Blut vieler Passanten gefärbt sind.
Und so sieht sie bereits aus weiter Distanz den geschützten Piräus
und blickt (ach, vergeblich!) auf das ihr bekannte Athen zurück;
470 bereits fern aus den Fluten schaut sie auf die Fluren von Salamis zurück
und erblickt schon die blühenden Kykladen; auf der einen Seite öffnet sich ihr
der Meerbusen von Sunion, auf der anderen gegenüber die Haltestation in Hermione.
Dann wird Delos passiert, vor allen anderen Inseln der Mutter der Nereiden
und dem ägäischen Neptun bei weitem am liebsten;
475 sie blickt vorwärts auf Kythnos, umgeben von einem schäumenden Strandgürtel,
und auf das marmorreiche Paros und auf das grüne Donusa, in dessen Richtung gleitend,
477 ferner zugleich auf Ägina und das heilpflanzenreiche Seriphos.
448 Schon fliehen schließlich die erschlafften Kräfte aus dem Körper des Mädchens,
und ihr Haupt lagert sich matt auf der eingebogenen Schulter;
450 ihre marmorweißen Unterarme färben sich bläulich von den über sie geführten Knoten.
Von allen Seiten kommen Meeresungeheuer, gewaltige Körpermassen der See,
zusammen und drohen im bläulichen Strudel ringsum
453 mit dem Schlag ihrer Schwänze und dem Schlund ihres Maules.
478 Sie wird immer weiter getragen und stößt durch die unsteten Winde an allem, was ihr entgegenkommt, an
(wie wenn ein kleiner Kahn riesigen Schiffen folgt
480 und dann der stürmische Africus auf der winterlichen Meeresfläche tobt) –

donec tale decus formae vexarier undis
non tulit ac miseros mutavit virginis artus
caeruleo pollens coniunx Neptunia regno.
sed tamen aeternum squamis vestire puellam
infidosque inter teneram committere pisces
non statuit (nimium est avidum pecus Amphitrites):
aeriis potius sublimem sustulit alis,
esset ut in terris facti de nomine ciris,
ciris Amyclaeo formosior ansere Ledae.
hic, velut in niveo tenerae cum primitus ovo
effigies animantur et internodia membris
imperfecta novo fluitant concreta calore,
sic liquido Scyllae circumfusum aequore corpus:
semiferi incertis etiam nunc partibus artus
undique nutabant atque undique mutabantur.
oris honos primum et multis optata labella
et patulae frontis species concrescere in unum
coepere et gracili mentum producere rostro;
tum, qua se medium capitis discrimen agebat,
ecce repente, velut patrios imitatus honores,
puniceam concussit apex in vertice cristam;
at mollis varios intexens pluma colores
marmoreum volucri vestivit tegmine corpus,
lentaque perpetuas fuderunt bracchia pennas;
inde alias partes minioque infecta rubenti
crura nova macies obduxit squalida pelle
et pedibus teneris unguis affixit acutos

bis schließlich die im meerblauen Reich machtvolle Gattin Neptuns
es nicht mehr ertragen konnte, dass solch glänzende Schönheit von den Meereswogen
malträtiert werde, und die unglücklichen Glieder des Mädchens verwandelte.
Aber dennoch konnte sie sich nicht entschließen, das Mädchen für alle Zeiten
in Fischschuppen zu kleiden und das zarte Geschöpf den treulosen Fischen
anzuvertrauen (übermäßig gierig ist das Meeresvieh Amphitrites):
Lieber hob sie sie auf luftigen Flügeln hoch empor,
damit sie auf Erden ein Meeresvogel sei, dessen Name ihrer Tat entspricht,
ein Meeresvogel, der noch schöner ist als der Schwan der Leda aus Amyklai.
Und dann geschah es, wie wenn zarte Strukturen in einem schneeweißen Ei
erstmals belebt werden und die unfertigen Verknüpfungen zwischen
den Gliedern noch wabern, zusammengewachsen in Neues schaffender Hitze,
ebenso mit dem von der strömenden Meeresfläche umflossenen Körper Scyllas:
Ihre halbverwilderten Glieder schwankten immer noch allseitig
in einem ungewissen Geburtsprozess und wurden ihrerseits allseitig verändert.
Zuerst begannen die Schönheit ihres Gesichtes, ihre von vielen ersehnten Lippen
und die Gesichtszüge ihres Vorderkopfes zu einer einzigen Masse
zusammenzuwachsen und das Kinn zu einem schmalen Schnabel vorzuwölben;
dann, siehe, schüttelte die Spitze ihres Hauptes plötzlich, da wo sich der mittlere Abschnitt
des Kopfes befand, einen purpurfarbenen Kamm auf ihrem Scheitel hin und her,
als ahme sie den ehrenvollen Kopfschmuck des Vaters nach;
aber ein weiches Flaumgefieder, welches verschiedene Farbtöne miteinander verwob,
bekleidete den marmorgleichen Körper mit einem flugfähigen Überzug,
und die biegsamen Unterarme ließen ein dauerhaftes Federkleid sprießen;
dann überzog die übrigen Körperteile und die mit rotem Farbstoff benetzten
Schenkel eine hässliche Magerkeit mit einem neuartigen Fell
und heftete an die einstmals zarten Füße scharfe Klauen

(et tamen hoc demum miserae succurrere pacto
vix fuerat placida Neptuni coniuge dignum).
numquam illam post haec oculi videre suorum
purpureas flavo renitentem vertice vittas,
non thalamus Syrio fragrans accepit amomo,
nullae illam sedes: quid enim cum sedibus illi?
quae simul ut sese cano de gurgite velox
cum sonitu ad caelum stridentibus extulit alis
et multum late dispersit in aethera rorem,
infelix virgo nequiquam a morte recepta
incultum solis in rupibus exigit aevum,
rupibus et scopulis et litoribus desertis.
Nec tamen hoc ipsum poena sine: namque deum rex,
omnia qui imperio terrarum milia versat,
commotus talem ad superos volitare puellam,
cum pater exstinctus caeca sub nocte lateret,
illi pro pietate sua (nam saepe rubentis
sanguine taurorum supplex resperserat aras,
saepe deum largo decorarat munere sedes)
reddidit optatam mutato corpore vitam
fecitque, in terris haliaeetos ales ut esset:
quippe aquilis semper gaudet deus ille coruscus.
huic vero miserae, quoniam damnata deorum
iudicio natique et coniugis ante fuisset,
infesti apposuit odium crudele parentis.
namque ut in aetherio signorum munere praestans,

(und dennoch war es der friedlichen Gattin Neptuns kaum angemessen gewesen,
auf gerade diese Art schließlich dem unglücklichen Mädchen zu Hilfe zu kommen).
Niemals sahen die Augen ihrer Angehörigen sie später,
wie ihr die purpurnen Haarbinden am blonden Scheitel erstrahlten,
nicht empfing sie das Brautbett, duftend von syrischem Amomum,
und überhaupt kein menschlicher Wohnsitz: Was hätte sie nämlich noch mit Wohnsitzen zu schaffen?
Sobald diese sich flink vom grauen Strudel empor
unter lautem Geräusch mit klappernden Flügeln zum Himmel erhoben
und reichlich Meereswasser weithin in den Äther versprüht hatte,
verbrachte das unglückliche Mädchen, umsonst vor dem Tod gerettet,
ein unzivilisiertes Leben in den einsamen Klippen,
in den Klippen und auf Felsen und an verlassenen Stränden.
Und auch dieses Leben ist seinerseits nicht ohne Strafe: Denn der Götterkönig,
der all die tausenden von Ländern mit seinem Befehl kontrolliert,
erregte sich darüber, dass ein solches Mädchen bis zu den Himmlischen fliegen kann,
während sein Vater ausgelöscht in der finsteren Nacht der Unterwelt verschwunden war,
und so gab er jenem für seine fromme Götterverehrung (denn oft hatte er die Altäre
beim Bittopfer rot vom Blut seiner Stiere bespritzt,
oft hatte er die Tempel der Götter durch reichliche Geschenke verziert)
das ersehnte Leben in einem veränderten Körper zurück
und bewirkte, dass er auf Erden ein Seeadler sei:
Denn jener Gott der zuckenden Blitze freut sich immer über Adler.
Das unglückliche Mädchen jedoch konfrontierte er, da es zuvor durch das Urteil der Götter
und besonders seines Sohnes und seiner Gattin verurteilt war,
mit dem grausigen Hass seines feindlich gesonnenen Vaters.
Denn wie, im ätherischen Wirkkreis der Gestirne herausragend

unum quem duplici stellarunt sidere divi,
Scorpios alternis clarum fugat Oriona,
sic inter sese tristis haliaeetos iras
et ciris memori servant ad saecula fato.
quacumque illa levem fugiens secat aethera pennis,
ecce inimicus atrox magno stridore per auras
insequitur Nisus; qua se fert Nisus ad auras,
illa levem fugiens raptim secat aethera pennis.

– das einzige Zeichen, welches die Götter durch ein doppeltes Sternbild dargestellt haben –,
der Skorpion abwechselnd den berühmten Orion vertreibt und von diesem vertrieben wird,
so bewahren der Seeadler und der Meeresvogel ihren grimmigen Zorn untereinander
für alle Jahrhunderte in Gestalt eines nachtragenden Verwandlungsgeschicks.
Wo auch immer der Meeresvogel fliehend den leichten Äther mit seinen Schwingen durchschneidet,
da (sieh nur!) verfolgt ihn Nisus als trotziger Feind mit lautem Getöse
durch die Lüfte; wo sich aber Nisus in die Lüfte hebt,
da durchschneidet der Meeresvogel fliehend den leichten Äther in reißender Geschwindigkeit mit seinen Schwingen.

Übersetzung: Thomas Gärtner

CULEX

Lusimus, Octavi, gracili modulante Thalia
atque ut araneoli tenuem formavimus orsum.
lusimus: haec propter culicis sint carmina docta,
omnis et historiae per ludum consonet ordo
notitiaeque ducum voces. licet invidus adsit:
quisquis erit culpare iocos musamque paratus,
pondere vel culicis levior famaque feretur.
posterius graviore sono tibi musa loquetur
nostra, dabunt cum securos mihi tempora fructus,
ut tibi digna tuo poliantur carmina sensu.
Latonae magnique Iovis decus, aurea proles,
Phoebus erit nostri princeps et carminis auctor
et recinente lyra fautor, sive educat illum
Arna Chimaeraeo Xanthi perfusa liquore
seu decus Asteriae seu qua Parnasia rupes
hinc atque hinc patula praepandit cornua fronte
Castaliaeque sonans liquido pede labitur unda.
quare, Pierii laticis decus, ite, sorores
Naides, et celebrate deum ludente chorea.
et tu, sancta Pales, ad quam ventura recurrunt
agrestum bona fetura – sit cura tenentis
aerios nemorum cultus silvasque virentes:
te cultrice vagus saltus feror inter et antra.
Et tu, cui meritis oritur fiducia chartis,
Octavi venerande, meis adlabere coeptis,
sancte puer, tibi namque canit non pagina bellum
triste Iovis ponitque …
Phlegra, Giganteo sparsa est quae sanguine tellus,
nec Centaureos Lapithas compellit in enses.

MÜCKE

Gespielt haben wir, Octavius, die zarte Thalia schlug den Takt,
und wir schufen wie Spinnchen einen feinen Anfang.
Gespielt haben wir: Und daher sollen diese Verse über die Mücke gelehrt sein,
und ihr Aufbau soll im Spiel vollends im Einklang stehen mit der Geschichte
und die Worte mit unserer Kenntnis der Helden. Mag sich auch ein Neider finden:
Wer immer sich anschickt, unsere scherzende Muse zu tadeln,
wird fortgetragen werden, leichter sogar als die Mücke an Gewicht und Bedeutung.
Später wird unsere Muse in ernsterem Ton zu dir sprechen,
wenn die Zeit mir sichere Früchte tragen wird,
damit dir Gedichte gefeilt werden, die deines Geschmackes würdig sind.
Der Stolz der Latona und des großen Iuppiter, der goldene Sprössling,
Phoebus, wird Urheber und Stifter unseres Liedes sein
und sein Förderer mit klingender Leier. Sei es, dass ihn Arna aufzog,
umspült vom Wasser des Xanthos am Fuße der Chimaira,
oder das anmutige Asteria, sei es dort, wo der Fels des Parnass
nach beiden Seiten mit breiter Stirn seine Hörner vorstreckt
und wo das Wasser der Kastalia plätschernd dahin gleitet mit flüssigem Fuße.
Darum geht, ihr Schwestern Najaden, der piërischen Quelle
Stolz, und ehrt den Gott mit tanzendem Reigen.
Auch du, göttliche Pales, zu der auch in Zukunft
die gezüchteten Güter der Bauern zurückkehren – sorge für mich,
der ich luftige Haine bewohne und grüne Wälder:
Unter deinem Schutz werde ich rastlos durch Täler und Höhlen getragen.
Auch du, verehrungswürdiger Octavius, in den erlesene Blätter
Vertrauen zu setzen wagen, stehe meinem Vorhaben bei,
göttlicher Knabe: Denn meine Seite singt dir nicht vom bitteren
Krieg Iuppiters und stellt […]
Phlegra, das Land, das getränkt wurde vom Blut der Giganten,
und sie treibt nicht die Lapithen in die Schwerter der Kentauren;

urit Ericthonias Oriens non ignibus arces,
non perfossus Athos nec magno vincula ponto
iacta meo quaerent iam sera volumine famam,
non Hellespontus pedibus pulsatus equorum,
Graecia cum timuit venientis undique Persas –
mollia sed tenui currentia carmina versu
viribus apta suis Phoebo duce ludere gaudet.
hoc tibi, sancte puer; memorabilis et tibi certet
gloria perpetuum lucens mansura per aevum,
et tibi sede pia maneat locus, et tibi sospes
debita felices remoretur vita per annos,
grata bonis lucens. sed nos ad coepta feramur.

Igneus aetherias iam sol penetrarat in arces
candidaque aurato quatiebat lumina curru,
crinibus et roseis tenebras Aurora fugarat:
propulit e stabulis ad pabula laeta capellas
pastor et excelsi montis iuga summa petivit,
lurida qua patulos velabant gramina colles.
iam silvis dumisque vagae, iam vallibus abdunt
corpora, iamque omni celeres e parte vagantes
tondebant tenero viridantia gramina morsu.
scrupea desertas haerebant ad cava rupes,
pendula proiectis carpuntur et arbuta ramis,
densaque virgultis avide labrusca petuntur.
haec suspensa rapit carpente cacumina morsu
vel salicis lentae vel quae nova nascitur alnus,
haec teneras fruticum sentes rimatur, at illa
imminet in rivi praestantis imaginis undam.

nicht brennt der Orient die Burg des Erichthonius mit Flammen nieder;
und nicht werden der durchstoßene Athos und die über das weite Meer geworfenen
Fesseln in meiner Buchrolle verspätet Ruhm erstreben,
und auch nicht der von Pferdehufen donnernde Hellespont,
damals, als Griechenland die von allen Seiten nahenden Perser fürchtete –
sondern sie freut sich, unter Anleitung des Phoebus, im Spiel zarte Gedichte
zu ersinnen, die daherkommen in schlichtem Vers, ihren eigenen Kräften angemessen.
Dies widme ich dir, göttlicher Knabe; erinnerungswürdiger und immerwährend
strahlender Ruhm, der in Ewigkeit bleiben wird, möge für dich streiten,
dir möge ein Platz in frommen Gefilden bleiben, und dir bestimmt,
möge ein Leben in Gesundheit glückliche Jahre hindurch anhalten,
den Guten willkommen strahlend. Doch wir wollen zu unserem Vorhaben eilen.
Die feurige Sonne war schon in die Himmelsbögen vorgedrungen,
und vom goldenen Wagen schwang sie strahlendes Licht,
und Aurora hatte die Finsternis verscheucht mit rosenfarbigen Haaren,
da trieb aus den Ställen zu üppigen Weiden die Ziegen
ein Hirte und strebte zu dem Gipfel des hohen Berges,
wo blassgrünes Gras die weiten Hügel bedeckte.
Umherstreifend bargen sie ihre Körper bald in Bäumen und Sträuchern,
bald in Tälern, und bald zerstreuten sie sich schnell
und zupften ringsum grünes Gras mit zartem Biss.
Sie hingen an schroffen Abgründen, einsamen Felsen,
pflückten herabhängende Blätter des Erdbeerbaums von vorgestreckten Ästen
und suchten gierig im Gebüsch nach dicht stehendem wilden Wein.
Die eine riss mit zupfendem Biss herabhängende Triebe,
sei es der biegsamen Weide, sei es einer noch jungen Erle,
diese durchstöberte zartes Gesträuch, jene jedoch
neigte sich über das Wasser eines Flusses, der ihr Spiegelbild zeigte.

O bona pastoris – si quis non pauperis usum
mente prius docta fastidiat et probet illi
somnia luxuriae spretis incognita curis,
quae lacerant avidas inimico pectore mentes.
si non Assyrio fuerint bis lota colore
Attalicis opibus data vellera, si nitor auri
sub laqueare domus animum non angit avarum
picturaeque decus, lapidum nec fulgor in ulla
cognitus utilitate manet, nec pocula gratum
Alconis referent Boethique toreuma, nec Indi
conchea baca maris pretio est, at pectore puro
saepe super tenero prosternit gramine corpus,
florida cum tellus, gemmantis picta per herbas,
vere novat dulci distincta coloribus arva.
atque illum calamo laetum recinente palustri
otiaque invidia degentem et fraude remota
pollentemque sibi viridi cum palmite lucens
Tmolia pampineo subter coma velat amictu.
illi sunt gratae rorantes lacte capellae
et nemus et fecunda Pales et vallibus intus
semper opaca novis manantia fontibus antra.
quis magis optato queat esse beatior aevo
quam qui mente procul pura sensuque probando
non avidas agnovit opes nec tristia bella
nec funesta timet validae certamina classis
nec, spoliis dum sancta deum fulgentibus ornet
templa vel evectus finem transcendat habendi,
adversum saevis ultro caput hostibus offert?
illi falce deus colitur non arte politus,
ille colit lucos, illi Panchaia tura
floribus agrestes herbae variantibus adsunt.
illi dulcis adest requies et pura voluptas,

O das Glück des Hirten – sofern man nur das Leben des Armen
nicht verachtet mit voreingenommenem Geist und ihm zugesteht,
dass er Sorgen gering achtet und ihm Träume von Luxus unbekannt sind,
die habgierige Geister quälen mit feindlichem Herzen.
Wenn seine Decken auch nicht zweifach getränkt sind mit assyrischer Farbe,
verkauft für ein attalisches Vermögen, wenn auch nicht das Glitzern des Goldes
unter der Decke des Hauses seine habgierige Seele quält
und Bilderschmuck, ihm weder der Glanz von Edelsteinen
für irgendeinen Nutzen bekannt ist, noch seine Becher anmutiges
Zierwerk eines Alkon und Boëthos zeigen und für ihn die Muschelperle
aus dem Indischen Ozean wertlos ist, so streckt er doch oft mit reinem
Herzen über weiches Gras seinen Leib hin,
wenn die blühende Erde, bunt von leuchtenden Gräsern,
im lieblichen Frühling die Flur erneuert in verschiedensten Farben.
Und ihn, der sich am Klang des Schilfrohrs aus dem Sumpf erfreut,
der die Ruhe genießt, frei von Neid und List,
und sich selbst genug ist, deckt von grünen Trieben schimmernd
ein tmolisches Dach unter einem Mantel aus Weinlaub.
Ihn erfreuen von Milch tropfende Ziegen,
der Hain und die fruchtbare Pales und in Tälern
schattige Höhlen, die von frischen Quellen stets feucht sind.
Wer könnte in noch mehr ersehnter Zeit glücklicher sein
als der, welcher mit reiner Seele und edlem Sinn
gierige Reichtümer nicht einmal von fern kennt, und der weder bittere Kriege
noch verderbliche Schlachten einer mächtigen Flotte fürchtet
und nicht, sofern er nur die heiligen Tempel der Götter mit funkelnden
Waffen schmücken oder das Maß des Besitzes weit überschreiten kann,
freiwillig sein Haupt grimmigen Feinden offen darbietet?
Von ihm wird ein kunstlos mit der Sichel geschnitzter Gott verehrt,
er hält Haine in Ehren, für ihn sind als panchaischer Weihrauch
ländliche Kräuter mit bunten Blüten da.
Für ihn ist liebliche Ruhe und reine Freude da,

libera, simplicibus curis: huic imminet, omnis
derigit huc sensus, haec cura est subdita cordi,
quolibet ut requie victu contentus abundet
iucundoque liget languentia corpora somno.
o pecudes, o Panes et o gratissima tempe,
frigus Hamadryadum, quarum non divite cultu
aemulus Ascraeo pastor sibi quisque poetae
securam placido traducit pectore vitam.

Talibus in studiis baculo dum nixus apricas
pastor agit curas et dum non arte canora
compacta solitum modulatur harundine carmen,
tendit inevectus radios Hyperionis ardor
lucidaque aetherio ponit discrimina mundo,
qua iacit oceanum flammas in utrumque rapaces.
et iam compellente vagae pastore capellae
ima susurrantis repetebant ad vada lymphae,
quae subter viridem residebant caerula muscum.
iam medias operum partes evectus erat sol,
cum densas pastor pecudes cogebat in umbras.
ut procul aspexit luco residere virenti,
Delia diva, tuo, quo quondam victa furore
venit Nyctelium fugiens Cadmeis Agave,
infandas scelerata manus et caede cruenta,
quae gelidis bacchata iugis requievit in antro
posterius poenam nati de morte datura –
hic etiam viridi ludentes Panes in herba
et Satyri Dryadesque chorus egere puellae
Naiadum coetu. non tantum Oeagrius Hebrum
restantem tenuit ripis silvasque canendo
quantum te, pernix, remorantem, diva, chorea
multa tuo laetae fundentes gaudia vultu.
ipsa loci natura domum resonante susurro

frei, mit einfachen Sorgen: Hiernach trachtet er, all
seine Sinne richtet er hierauf, diese Sorge ist in seinem Herzen verborgen,
dass er, mit jeglicher Speise zufrieden, Ruhe in reichem Maße genieße
und die müden Glieder binde mit erquickendem Schlaf.
O Herden, o Hirtengötter, o liebliches Tal,
kühler Ort für die Hamadryaden, in deren Verehrung ohne Reichtum
jeder Hirte als Nachahmer des askräischen Dichters
mit friedlichem Gemüt ein sorgloses Leben führt.
Während der Hirte in derartigen Gedanken, auf seinen Stock gestützt,
sonnigen Sorgen nachhängt, und während er mit nicht wohlklingender Kunst
das gewohnte Lied spielt auf zusammengeknüpftem Rohr,
steigt der glühende Hyperion auf, verbreitet seine Strahlen
und zeichnet den Himmelsbogen mit strahlender Linie,
dort, wo er in beide Ozeane reißende Flammen wirft.
Und schon suchten, zusammengetrieben von dem Hirten, die zerstreuten Ziegen
das unten seichte Wasser eines säuselnden Baches wieder auf,
das dunkel dalag unter grünem Moos.
Die Sonne hatte bereits die Mitte ihres Tagewerks überschritten,
als der Hirte die Tiere in dichtem Schatten versammelte.
Sobald er sie aus einiger Entfernung im grünen Hain lagern sah,
in deinem, delische Göttin, wohin einst, von Raserei übermannt,
auf der Flucht vor Nyctelius die Cadmus-Tochter Agave kam
– die schrecklichen Hände durch Frevel befleckt und von Mord blutig –,
die eiskalte Berge rasend durchirrt hatte, in der Höhle ausruhte
und später für den Tod ihres Sohnes büßen würde –
hier spielten auch Hirtengötter im grünen Gras,
und Satyrn und Dryadenmädchen führten Reigen
in Begleitung der Najaden auf. So sehr hielt nicht der Sohn des Oeagrus
den Hebrus in seinen Ufern und die Wälder in seinem Bann durch Singen,
wie dich, flinke Göttin, diese durch ihren Reigen aufhielten,
die heiter viel Freude über deine Miene verbreiteten.
Denen gab unter klingendem Säuseln die Natur des Ortes selbst

quis dabat et dulci fessas refovebat in umbra.
nam primum prona surgebant valle patentes
aeriae platanus, inter quas impia lotos,
impia, quae socios Ithaci maerentis abegit,
hospita dum nimia tenuit dulcedine captos.
at, quibus insigni curru proiectus equorum
ambustus Phaethon luctu mutaverat artus,
Heliades, teneris implexae bracchia truncis,
candida fundebant tentis velamina ramis.
posterius cui Demophoon aeterna reliquit
perfidiam lamentandi mala – perfide multis,
perfide Demophoon et nunc deflende puellis.
quam comitabantur, fatalia carmina, quercus,
quercus ante datae Cereris quam semina vitae:
illas Triptolemi mutavit sulcus aristis.
hic magnum Argoae navi decus edita pinus
proceras decorat silvas hirsuta per artus
ac petit aeriis contingere montibus astra.
ilicis et nigrae species nec laeta cupressus
umbrosaeque manent fagus hederaeque ligantes
bracchia, fraternos plangat ne populus ictus,
ipsaeque excedunt ad summa cacumina lentae
pinguntque aureolos viridi pallore corymbos.
quis aderat veteris myrtus non nescia fati.
at volucres patulis residentes dulcia ramis
carmina per varios edunt resonantia cantus.
his suberat gelidis manans e fontibus unda,
quae levibus placidum rivis sonat acta liquorem.
et quaqua geminas avium vox obstrepit aures,
hac querulae referunt voces quis nantia limo

ein Zuhause und belebte die Müden in lieblichem Schatten neu.
Denn in abschüssigem Tal erhoben sich zunächst freistehende
luftige Platanen, unter ihnen ruchloser Lotos,
ruchloser, der die Gefährten des Ithakers zu dessen Kummer pflichtvergessen
machte,
während er sie gastfreundlich gefangen hielt durch übermäßige Süße.
Doch auch sie, denen, vom blitzenden Wagen der Pferde hinabgeworfen,
der verbrannte Phaëthon die Glieder in Trauer verwandelt hatte,
die Heliaden, breiteten, die Arme mit den zarten Stämmen verschlungen,
von ausgestreckten Ästen ihr strahlend weißes Gewand aus.
Hierauf jene, der Demophoon das Übel hinterließ,
auf ewig seine Treulosigkeit zu beweinen – vielen treuloser,
treuloser Demophoon, auch heute noch von Mädchen zu beklagen.
Ihr zur Seite standen Eichen – Schicksal kündende Sprüche –,
Eichen, früher geschenkt als die Lebenssamen der Ceres:
Die Furche des Triptolemus verwandelte diese in Ähren.
Hier zierte, als große Zier für das Argo-Schiff hervorgebracht, die struppige
Fichte mit ihren Gliedern die hochragenden Wälder
und strebte danach, auf himmelhohen Bergen die Sterne zu berühren.
Auch die Gestalt der dunklen Steineiche und die niemals frohe Zypresse
befanden sich dort, Schatten spendende Rotbuchen und Efeu, der der Pappel
die Arme fesselt, damit sie nicht die Blitze beklagt, die den Bruder trafen,
und er selbst drang geschmeidig vor in die höchsten Wipfel
und färbte die gelbgoldenen Dolden mit blassem Grün.
Bei diesen war auch die Myrte, ihres früheren Schicksals eingedenk.
Aber Vögel, auf weiten Zweigen sitzend,
brachten liebliche Lieder hervor, die in verschiedenen Weisen ertönten.
Unter ihnen war aus eiskalten Quellen fließendes Wasser,
das, in zarten Bächen strömend, einen sanften Klang von Flüssigkeit ertönen
ließ.
Und wo immer Vogelstimmen beiden Ohren entgegenschallten,
dort klangen die klagenden Stimmen derer zurück, denen das Wasser die im
Schlamm

corpora lympha fovet; sonitus alit aeris echo,
argutis et cuncta fremunt ardore cicadis.
at circa passim fessae cubuere capellae
excelsis subter dumis, quos leniter adflans
aura susurrantis poscit confundere venti.

Pastor, ut ad fontem densa requievit in umbra,
mitem concepit proiectus membra soporem,
anxius insidiis nullis, sed lentus in herbis
securo pressos somno mandaverat artus.
stratus humi dulcem capiebat corde quietem,
ni Fors incertos iussisset ducere casus.
nam solitum volvens ad tempus tractibus isdem
immanis vario maculatus corpore serpens,
mersus ut in limo magno subsideret aestu,
obvia vibranti carpens, gravis aere, lingua
squamosos late torquebat motibus orbes.
tollebant aurae venientis ad omnia visus.
iam magis atque magis corpus revolubile volvens –
attollit nitidis pectus fulgoribus et se
sublimi cervice caput, cui crista superne
edita purpureo lucens maculatur amictu
aspectusque micat flammarum lumine torvo –
metabat sese circum loca, cum videt ingens
adversum recubare ducem gregis. acrior instat
lumina diffundens intendere et obvia torvus
saepius arripiens infringere, quod sua quisquam
ad vada venisset. naturae comparat arma:
ardet mente, furit stridoribus, intonat ore,
flexibus eversis torquentur corporis orbes,

schwimmenden Körper erquickt. Der Widerhall der Luft verstärkte die Klänge,
und in der Hitze dröhnte alles von zirpenden Grillen.
Aber ringsum lagerten weithin die müden Ziegen
unter hoch gewachsenen Büschen, die der Hauch des säuselnden Windes
zart wehend durcheinander zu bringen verlangte.
Als der Hirte am Ufer der Quelle in dichtem Schatten ruhte,
empfing er, die Glieder ausgestreckt, sanften Schlaf
und fürchtete keinen Hinterhalt, sondern hatte träge seine ins Gras
gedrückten Gliedmaßen sorglosem Schlummer übergeben.
Am Boden liegend hätte er in seinem Herzen süße Ruhe aufgenommen,
wenn ihm nicht Fors befohlen hätte, ein unsicheres Los zu ziehen.
Denn zu gewohnter Zeit und in gewohnten Bewegungen schlängelte sich
eine riesige, bunt gefleckte Schlange,
um wegen der großen Hitze im Schlamm unterzutauchen und dort zu bleiben,
riss, von Gift stinkend, mit vibrierender Zunge fort, was ihr im Weg war,
und schlug in weiten Bewegungen schuppige Kreise.
Zu allen Seiten ließen Windstöße die Blicke der Herankommenden sich erheben.
Schon weiter und weiter den sich im Kreis drehenden Leib vorwärts schlängelnd –
es erhebt sich die Brust mit schimmerndem Glanz und
auf emporragendem Hals der Kopf, auf dem oben der hohe
Kamm leuchtend von einem purpurroten Mantel befleckt wird,
und ihr Blick funkelt von wildem Flammenlicht –
durchmaß sie ihre Umgebung, als die Gewaltige plötzlich sich gegenüber
dem Führer der Herde ruhen sieht. Heftiger drängt sie nun,
aufmerksam die Augen schweifen zu lassen und wild das, was ihr im Weg ist,
öfter an sich zu reißen und zu zermalmen, weil jemand
zu ihrem Gewässer gekommen ist. Sie rüstet die von der Natur ihr gegebenen Waffen:
Sie brennt in ihrem Sinn, wütet unter Zischen, brüllt mit dem Maul;
in auf und ab gehenden Windungen drehen sich die Kreise des Leibes;

manant sanguineae per tractus undique guttae,
spiritibus rumpit fauces. cui cuncta parantur,
parvulus hunc prior umoris conterret alumnus
et mortem vitare monet per acumina. namque,
qua diducta genas pandebant lumina gemmis,
hac senioris erat naturae pupula telo
icta levi, cum prosiluit furibundus et illum
obtritum morti misit, cui dissitus omnis
spiritus et cessit sensus. tum torva tenentem
lumina respexit serpentem comminus. inde
impiger, exanimis, vix compos mente refugit
et validum dextra detraxit ab arbore truncum –
qui casus sociarit opem numenve deorum
prodere sit dubium, valuit sed vincere talis
horrida squamosi volventia membra draconis –
atque reluctantis crebris foedeque petentis
ictibus ossa ferit, cingunt qua tempora cristam.
et quod erat tardus somni languore remoto
nec prius aspiciens timor obcaecaverat artus,
hoc minus implicuit dira formidine mentem.
quem postquam vidit caesum languescere, sedit.

Iam quatit et biiuges oriens Erebeis equos nox
et piger aurata procedit Vesper ab Oeta,
cum grege compulso pastor duplicantibus umbris
vadit et in fessos requiem dare comparat artus.
cuius ut intravit levior per corpora somnus
languidaque effuso requierunt membra sopore,
effigies ad eum culicis devenit et illi
tristis ab eventu cecinit convicia mortis.

während sie sich vorwärts bewegt, fließen überall blutige Tropfen,
sie lässt ihren Schlund bersten von den Ausdünstungen. Ihn, gegen den alles
in Gang gesetzt wird, erschreckt zuvor ein winziger Zögling des Wassers
und mahnt durch seinen Stich, dem Tod zu entgehen. Denn
wo die Augen beim Öffnen die Lider für den Augenstern aufzutun pflegten,
dort war die Pupille des Alten von der zarten Waffe
der Natur getroffen worden, als dieser wütend aufsprang und ihn
zerquetscht in den Tod schickte; diesem wurde die ganze
Seele zerstreut, und seine Sinne schwanden. Da sah sich der Hirte
der Schlange, die wilde Augen auf ihn gerichtet hielt, gegenüber. Darauf
wich er beherzt und starr vor Schreck, kaum seiner Sinne mächtig, zurück
und riss mit der Rechten einen gewaltigen Ast vom Baum –
welcher Zufall oder welches göttliche Walten ihm Hilfe brachte,
ist wohl schwer zu sagen, doch zu besiegen vermochte er die sich schrecklich
windenden Glieder einer solch schuppigen Schlange –,
und mit häufigen Schlägen traf er die Knochen der sich wehrenden und grausig
nach ihm schnappenden dort, wo die Schläfen den Kamm umschließen.
Und weil er langsam war nach dem Weichen der Trägheit des Schlafes
und die Angst, die vorher nichts sah, seine Glieder blind gemacht hatte,
fesselte er umso weniger sein Herz mit grausamem Schrecken.
Nachdem er gesehen hatte, dass sie durch die Schläge erschlaffte, setzte er sich.
Schon treibt aufgehend die Nacht, die Erebus-Tochter, ihre zweispännigen Pferde an,
und träge steigt vom goldglänzenden Oita Vesper auf,
als der Hirte nach dem Zusammentreiben der Herde, da die Schatten länger geworden sind,
zurückwandert und sich anschickt, den müden Gliedern Ruhe zu gönnen.
Sobald leichterer Schlummer in seinen Körper eingedrungen war,
und die matten Glieder von Schlaf durchströmt ruhten,
da kam die Gestalt der Mücke zu ihm und sang ihm
traurig Beschimpfungen, die vom Ereignis ihres Todes ausgingen.

'Quis' inquit 'meritis ad quae delatus acerbas
cogor adire vices? tua dum mihi carior ipsa
vita fuit vita, rapior per inania ventis.
tu lentus refoves iucunda membra quiete
ereptus taetris e cladibus, at mea manes
viscera Lethaeas cogunt transnare per undas.
praeda Charonis agor. viden ut flagrantia taedis
limina collucent infestis omnia templis?
obvia Tisiphone, serpentibus undique compta,
et flammas et saeva quatit mihi verbera poenae.
Cerberus et – diris flagrant latratibus ora! –,
anguibus hinc atque hinc horrent cui colla reflexis
sanguineique micant ardorem luminis orbes.
heu, quid ab officio digressa est gratia, cum te
restitui superis leti iam limine ab ipso?
praemia sunt pietatis ubi, pietatis honores?
in vanas abiere vices et iure recessit
Iustitia et prior illa Fides. instantia vidi
alterius, sine respectu mea fata relinquens
ad pariles agor eventus. sit poena merenti,
poena sit exitium, modo sit dum grata voluntas,
existat par officium. feror avia carpens,
avia Cimmerios inter distantia lucos.
quem circa tristes densentur in omnia poenae:
nam victus sedet immanis serpentibus Otos,
devinctus maestus procul aspiciens Ephialten,
conati quondam cum sint inscendere mundum.
et Tityos, Latona, tuae memor anxius irae

»Durch welch große Verdienste«, sprach sie, »wurde ich wohin herabgetragen und das bittere
Los zu ertragen gezwungen? Während dein Leben mir teurer war
als das Leben selbst, werde ich von Winden durch den leeren Raum fortgerissen.
Du erquickst träge die Glieder in angenehmer Ruhe,
grausigem Unheil entrissen, doch meinen Körper
zwingen die Manen, die lethäischen Wogen zu durchschwimmen.
Als Charons Beute werde ich fortgetrieben. Siehst du, wie alle Schwellen
von Fackeln lodern und in den Gefahr androhenden Tempeln leuchten?
Tisiphone kommt mir entgegen, das Haar überall mit Schlangen geordnet,
und schwingt wild ihre Fackeln und Peitschen mir zur Bestrafung.
Da ist auch Cerberus – von grausigem Bellen brennt sein Maul! –,
dem der Hals ringsum starrt von gewundenen Schlangen
und die blutigen Augenkreise Glanz hervorblitzen lassen.
Ach, warum ist die Dankbarkeit gewichen von meinem Dienst, als ich dich
direkt von der Schwelle des Todes für die Oberirdischen rettete?
Wo ist der Lohn für Pflichterfüllung, wo die Ehre für Pflichterfüllung?
Zu nichtigen Gegenleistungen sind sie verkommen und zu Recht zogen sich
Iustitia und vorher Fides zurück. Ich sah das drohende Unglück
eines anderen, ohne Zögern vergaß ich mein eigenes
und werde nun in das gleiche Schicksal getrieben. Verdient möge die Strafe mich treffen,
Strafe möge der Tod sein, solange deine Gesinnung nur dankbar ist,
gleiche Pflicht besteht. Ich werde fortgetragen, entlegene Gegenden durchfliegend,
entlegene Gegenden, die sich fern zwischen den kimmerischen Wäldern erstrecken.
Um mich herum drängen sich auf allen Seiten bittere Strafen:
Denn dort sitzt von Schlangen besiegt der riesige Otos,
betrachtet gefesselt und traurig aus der Ferne Ephialtes,
weil sie einst versuchten, gemeinsam den Himmel zu erklimmen;
und Tityos, deines Zornes, Latona, ängstlich eingedenk

– implacabilis ira nimis – iacet alitis esca.
terreor, a, tantis insistere, terreor, umbris!
ad Stygias revocatus aquas vix ultimus amni
restat nectareas divum qui prodidit escas,
gutturis arenti revolutus in omnia sensu.
quid, saxum procul adverso qui monte revolvit,
contempsisse dolor quem numina vincit acerbans
otia quaerentem frustra sibi? ite, puellae,
ite, quibus taedas accendit tristis Erinys:
sicut Hymen praefata dedit conubia mortis.
. . .
atque alias alio densas super agmine turmas,
impietate fera vecordem Colchida matrem,
anxia sollicitis meditantem vulnera natis.
iam Pandionias miserandas prole puellas,
quarum vox Ityn edit Ityn, quo Bistonius rex
orbus epops maeret volucres evectus in auras.
at discordantes Cadmeo semine fratres
iam truculenta ferunt infestaque lumina corpus
alter in alterius, iamque aversatus uterque,
impia germani manat quod sanguine dextra.
eheu mutandus numquam labor!
Auferor ultra
in diversa magis, distantia nomina cerno.
Elysiam tranandus agor delatus ad undam.
obvia Persephone comites heroidas urget
adversas praeferre faces. Alcestis ab omni
inviolata vacat cura, quod saeva mariti
in Chalcodoniis Admeti fata morata est.
ecce Ithaci coniunx semper decus, Icariotis,

– ein allzu unversöhnlicher Zorn! –, liegt dort als Futter für den Vogel.
Ich fürchte mich, ach, unter solchen Schatten, ich fürchte mich, zu verweilen!
Zurückgerufen zum stygischen Gewässer bleibt, kaum an der Oberfläche,
im Fluss er, der die nektarische Speise der Götter verriet,
zu allen Seiten sich drehend mit einem trockenen Gefühl in der Kehle.
Was soll ich den nennen, der in der Ferne einen Felsen den Berg hinauf wälzt,
der, wie der sich verschlimmernde Schmerz beweist, die Götter verachtete
und vergeblich Erholung für sich erfleht? Geht, Mädchen,
geht, denen die grimmige Erinnye Hochzeitsfackeln entzündete:
Die Formel sprechend wie Hymen gab sie ihnen Tod bringende Ehen.
[…]
und nach dem einen Schwarm andere dichte Scharen,
die in wilder Ruchlosigkeit rasende Mutter aus Kolchis,
die den beunruhigten Kindern Angst bereitende Wunden ersinnt;
jetzt die Töchter Pandions, beklagenswert aufgrund ihres Nachwuchses,
deren Stimme »Itys, Itys« ertönen lässt, dessen beraubt
der bistonische König als Wiedehopf trauert, aufgestiegen in die flüchtigen Lüfte.
Doch die streitenden Brüder aus dem kadmeïschen Samen
richten bald grimmige und feindliche Blicke einer
auf den Körper des anderen, wenden bald sich beide ab,
da die ruchlose Rechte vom Blut des Bruders trieft.
Wehe, eine sich niemals ändernde Qual!
Ich werde fortgerissen
in weiter entlegene Gegenden und nehme von fern Namen wahr.
Herabgetragen werde ich zum elysischen Wasser getrieben, es zu durchschwimmen.
Gegenüber drängt Persephone die sie begleitenden Heroinen,
mir feindliche Fackeln vorauszutragen. Alcestis, unversehrt,
ist frei von jeglicher Sorge, weil sie das grausame Schicksal
ihres Ehemanns Admetus am Chalkodon aufzuhalten vermochte.
Sieh da, die Gemahlin des Ithakers, sein Stolz stets, die Icariotis,

femineum concepta decus, manet et procul illam
turba ferox iuvenum telis confixa procorum.
Quid, misera Eurydice, tanto maerore recesti,
poenaque respectus et nunc manet Orpheos in te?
audax ille quidem, qui mitem Cerberon umquam
credidit aut ulli Ditis placabile numen,
nec timuit Phlegethonta furens ardentibus undis
nec maesta obtenta Ditis ferrugine regna
defossasque domos ac Tartara nocte cruenta
obsita nec faciles Ditis sine iudice sedes,
iudice, qui vitae post mortem vindicat acta.
sed fortuna valens audacem fecerat ante:
iam rapidi steterant amnes et turba ferarum
blanda voce sequax regionem insederat †orphei.
iamque imam viridi radicem moverat alte
quercus humo ... silvaeque sonorae
sponte sua cantus rapiebant cortice avara.
labentes biiuges etiam per sidera Lunae
pressit equos et tu currentis, menstrua virgo,
auditura lyram tenuisti nocte relicta.
haec eadem potuit, Ditis, te vincere, coniunx,
Eurydicen ultro ducendam reddere. non fas,
non erat in vitam ius exorabile mortis.
illa quidem nimium manes experta severos
praeceptum signabat iter nec rettulit intus
lumina nec divae corrupit munera lingua.
sed tu crudelis, crudelis tu magis, Orpheu,
oscula cara petens rupisti iussa deorum.
dignus amor venia, gratum, si Tartara nossent,
peccatum. meminisse grave est.

empfangen als Stolz aller Frauen, und fern von ihr wartet
die wilde Schar ihrer jungen Freier, von Pfeilen durchbohrt.
Warum hast du, arme Eurydice, dich in so großer Trauer zurückgezogen,
und warum lastet noch jetzt auf dir die Strafe für Orpheus’ Blick zurück?
Kühn war jener freilich, der glaubte, Cerberus sei jemals
sanft oder die Macht des Dis irgendeinem versöhnlich,
der in seiner Raserei weder den Phlegethon mit seinen flammenden Wellen fürchtete
noch das traurige Reich und die unter rötlichem Schleier vergrabenen
Häuser des Dis noch den Tartarus, der von blutiger Nacht
umhüllt ist, noch den Sitz des Dis, der unzugänglich ist ohne den Spruch des Richters,
des Richters, der nach dem Tod über die Taten des Lebens urteilt.
Doch sein gewaltiges Glück hatte zuvor ihn kühn gemacht:
Bald hatten reißende Flüsse stillgestanden, und die Schar der Tiere hatte sich,
seiner schmeichelnden Stimme folgend, in der Nähe des Orpheus niedergelassen,
bald hatten Eichen die tiefsten Wurzeln weit unten im grünen
Boden bewegt […] und die widerklingenden Wälder
von selbst den Gesang mit gieriger Rinde aufgesogen.
Auch die durch die Sterne gleitenden zweispännigen Pferde
Lunas hielt er an, auch du, allmonatlich wiederkehrende Jungfrau,
hemmtest ihren Lauf und ließest die Nacht im Stich, um der Lyra zu lauschen.
Eben diese konnte auch dich überzeugen, Gemahlin des Dis,
Eurydice freiwillig zur Heimführung zurückzugeben. Doch nicht war
das Schicksal, nicht das Gesetz des Todes hin zum Leben zu wenden.
Da sie jedenfalls allzu strenge Manen kennengelernt hatte,
hielt sie den vorgeschriebenen Weg im Auge, warf keinen Blick
hinein und verdarb nicht mit der Zunge das Geschenk der Göttin.
Doch du grausamer, du grausamerer Orpheus,
verstießt, liebe Küsse verlangend, gegen die Befehle der Götter.
Liebe verdient Nachsicht, ein angenehmes Vergehen, würde der Tartarus nur
so etwas kennen! Erinnern ist schmerzvoll.

Vos sede piorum,
vos manet heroum contra manus. hic et uterque
Aeacides: Peleus namque et Telamonia virtus
per secura patris laetantur numina, quorum
conubiis Venus et Virtus iniunxit honorem:
hunc rapuit serva, ast illum Nereis amavit.
assidet hic iuvenis sociatae gloria sortis,
alter in excessum referens a navibus ignis
Argolicis Phrygios torva feritate repulsos –
o quis non referat talis divortia belli,
quae Troiae videre viri videreque Graii,
Teucria cum magno manaret sanguine tellus
et Simois Xanthique liquor Sigeaque praeter
litora cum Troas saevi ducis Hectoris ira
truderet in classes inimica mente Pelasgas
vulnera tela neces ignes inferre paratos?
ipsa vagis – namque Ida potens feritatis et ipsa –
Ida faces altrix cupidis praebebat alumnis,
omnis ut in cineres Rhoetei litoris ora
classibus ambustis flamma lacrimante daretur.
hinc erat oppositus contra Telamonius heros
obiectoque dabat clipeo certamina, et illinc
Hector erat, Troiae summum decus, acer uterque:
fluminibus veluti fragor †est a turbine ni …
tegminibus telisque super …
eriperet reditus, alter Vulcania ferro
vulnera protectus depellere navibus instat.
hos erat Aeacides vultu laetatus honores,
Dardaniaeque alter fuso quod sanguine campis
Hectoreo victor lustravit corpore Troiam.
rursus acerba fremunt, Paris hunc quod letat et huius
alta dolis Ithaci virtus quod concidit icta.
huic gerit aversos proles Laertia vultus,

Euch erwartet im Wohnsitz der Frommen,
euch erwartet gegenüber die Schar der Heroen. Hier sind auch beide
Aeaciden: Denn Peleus und die Tapferkeit Telamons
erfreuen sich des göttlichen Schutzes ihres Vaters, sie, deren
Ehen Venus und deren Ehre Virtus stiftete:
Den einen riss eine Sklavin hin, den anderen aber liebte die Nereide.
Dort sitzen ihre durch gemeinsames Schicksal ruhmreichen Söhne,
der eine von todbringenden phrygischen Feuern berichtend, die er
von den argivischen Schiffen zurückdrängte in schrecklicher Wildheit –
o, wer würde nicht von eines solchen Krieges Wechselfällen berichten,
welche die Männer Trojas erlebten und die Griechen erlebten,
damals, als die teukrische Erde von viel Blut triefte,
auch der Simoïs und das Wasser des Xanthos, und als am sigeïschen
Strand der grimmige Heerführer Hector in seinem Zorn
mit feindlichem Herzen die Trojaner antrieb, in die pelasgischen Schiffe
bereitwillig Wunden, Waffen, Tod, Feuer zu tragen?
Selbst brachte – denn zu Wildheit fähig war auch Ida selbst –
Ida, die Mutter, ihren ausschweifenden begierigen Zöglingen Fackeln dar,
damit die Schiffe verbrannt würden und die gesamte Küste
des rhöteïschen Strandes durch tränende Fackeln in Asche gelegt werde.
Hier war feindlich entgegengestellt der telamonische Held
und lieferte ein Gefecht mit vorgehaltenem Schild, und dort
war Hector, Trojas größter Stolz, feurig sie beide:
Wie das Dröhnen in den Flüssen [...]
Mit Schilden und Waffen darüber [...]
die Heimkehr zu nehmen; der andere, vom Eisen gedeckt,
drängte darauf, vulkanische Wunden von den Schiffen abzuwehren.
Über diese Ehren hatte sich mit strahlender Miene der Aeacide gefreut,
der andere, weil er Dardaniens Felder mit Blut benetzte
und mit Hectors Körper siegreich Troja umkreiste.
Dann wieder murren sie über Bitteres, weil Paris den einen tötet und weil
des anderen stolze Tapferkeit fällt, von den Listen des Ithakers getroffen.
Ihm zeigt feindliche Miene der Sohn des Laërtes,

et iam Strymonii Rhesi victorque Dolonis
Pallade iam laetatur ovans rursusque tremescit:
iam Ciconas iamque horret atrox †lestrigone ...;
illum Scylla rapax canibus succincta Molossis,
Aetnaeusque Cyclops, illum metuenda Charybdis
pallentesque lacus et squalida Tartara terrent.
hic et Tantaleae generamen prolis Atrides
adsidet, Argivum lumen, quo flamma regente
Doris Ericthonias prostravit funditus arces.
reddidit, heu, Graiius poenas tibi, Troia, ruenti,
Hellespontiacis obiturus reddidit undis.
illa vices hominum testata est copia quondam,
ne quisquam propriae fortunae munere dives
iret inevectus caelum super: omne propinquo
frangitur invidiae telo decus. ibat in altum
vis Argea petens patriam ditataque praeda
arcis Ericthoniae. comes huic erat aura secunda
per placidum cursu pelagus; Nereis ab unda
signa dabat passim flexis super alta carinis,
cum – seu caelesti fato seu sideris ortu –
undique mutatur caeli nitor, omnia ventis,
omnia turbinibus sunt anxia; iam maris unda
sideribus certat consurgere, iamque superne
corripere et soles et sidera cuncta minatur
ac ruere in terras caeli fragor. hic modo laetans
copia nunc miseris circumdatur anxia fatis
immoriturque super fluctus et saxa Capherei,
Euboicas aut per cautes Aegaeaque late
litora, cum Phrygiae passim vaga praeda peremptae
omnis in aequoreo fluitat iam naufraga fluctu.

und er freut sich bald als Sieger über Strymons Sohn Rhesus und Dolon,
bald weil er über Pallas jubelte, und dann wieder erzittert er:
Der Wilde fürchtet sich bald vor Kikonen, bald vor Lästrygonen [...]
Ihn erschrecken die reißende Scylla, von molossischen Hunden umgürtet,
und der Kyklop vom Ätna, ihn die fürchterliche Charybdis,
die fahlen Gewässer und der schmutzige Tartarus.
Hier sitzt auch der Atride, Spross aus des Tantalus Geschlecht,
der Stolz der Argiver, unter dessen Herrschaft die dorische
Flamme die erichthonische Burg von Grund auf zerstörte.
Gebüßt haben, wehe, die Griechen dir deinen Untergang, Troja,
gebüßt, dazu bestimmt, in den Wellen des Hellesponts umzukommen.
Jenes Heer bezeugte einst die Schicksalswechsel der Menschen,
auf dass niemand, reich an Gaben des eigenen Glücks,
hinaufsteige und über den Himmel hinaus gehe: Jeder Stolz
wird durch die ihm nahe Waffe des Neides gebrochen. Aufs Meer fuhr
nach Heimat strebend die argivische Streitmacht, reich gemacht durch die Beute
der erichthonischen Burg. Ihr Begleiter war ein günstiger Wind
auf der Fahrt durch das ruhige Meer; eine Nereide gab von der Woge aus
ringsum Zeichen den über das hohe Meer gelenkten Schiffen,
als plötzlich – sei es durch himmlisches Schicksal, sei es durch den Aufgang eines Gestirns –
der Glanz des Himmels sich überall verändert, alles durch Winde,
alles durch Stürme in Unruhe ist. Bald strebt die Meereswoge,
zu den Sternen zu steigen, bald droht
von oben, alle Sonnen und Sterne zu erfassen
und auf die Erde zu stürzen, das Dröhnen des Himmels. Dieses eben noch frohe
Heer ist nun ängstlich von jammervollem Schicksal umgeben
und stirbt über den Fluten und des Kaphereus Felsen,
oder über den euböischen Klippen und weithin am ägäischen
Gestade, als des zerstörten Phrygiens ganze Beute
bereits in der Meeresflut schiffbrüchig ringsum ziellos umhertreibt.

Hic alii resident pariles virtutis honore
heroes mediisque siti sunt sedibus omnes,
omnes, Roma decus magni quos suscipit orbis.
hic Fabii Deciique, hic est et Horatia virtus,
hic et fama vetus numquam moritura Camilli,
Curtius et, mediis quem quondam sedibus Urbis
devotum bellis consumpsit gurges in unda,
Mucius et prudens ardorem corpore passus,
cui cessit Lydi timefacta potentia regis,
hic Curius clarae socius virtutis et ille
Flaminius, devota dedit qui corpora flammae.
iure igitur talis sedes pietatis honores.
. . .
Scipiadasque duces, quorum devota triumphis
moenia Romanis Libycae Carthaginis horrent.
Illi laude sua vigeant: ego Ditis opacos
cogor adire lacus, viduos a lumine Phoebi,
et vastum Phlegethonta pati, quo maxima Minos
conscelerata pia discernit vincula sede.
ergo iam causam mortis, iam dicere vitae
verberibus saevae cogunt ab iudice Poenae,
cum mihi tu sis causa mali nec conscius adsis.
sed tolerabilibus curis haec immemor audis
et tamen, ut vadis, dimittes omnia ventis.
digredior numquam rediturus: tu cole fontes
et viridis nemorum silvas et pascua laetus –
at mea diffusas rapiuntur dicta per auras.'
dixit et extrema tristis cum voce recessit.
Hunc ubi sollicitum dimisit inertia vitae
interius graviter regementem, nec tulit ultra

Hier sitzen weitere Heroen, an Ehre durch Tapferkeit
gleich, und in der Mitte der Wohnsitze wohnen alle,
alle, die Roma als Zierde des großen Erdkreises empfing.
Hier sind die Fabier und Decier, hier die Tapferkeit des Horatius
und hier Camillus, dessen alter Ruhm niemals vergehen wird,
und Curtius, den einst mitten in den Wohnsitzen der Stadt,
als einen dem Krieg Geweihten, der See in seinen Wogen verschlang,
und Mucius, der klug das Feuer mit dem Körper ertrug
und dem, in Angst versetzt, die Macht des lydischen Königs nachgab,
hier Curius, der an strahlender Tapferkeit teilhat, und jener
Flaminius, der seinen geweihten Körper der Flamme hingab.
Also sind zu Recht ihre Wohnsitze Ehrungen solcher Pflichterfüllung.
[...]
und die scipiadischen Feldherren, deren Triumphen in Rom
geweiht die Mauern des libyschen Karthago sich fürchten.
Jene mögen durch ihren Ruhm in Ansehen stehen; ich aber werde gezwungen,
mich den dunklen Gewässern des Dis zu nähern, denen das Licht des Phoebus fehlt,
und den gewaltigen Phlegethon zu erdulden, durch den Minos
der größten Frevler Fesseln vom Sitz der Frommen scheidet.
Also zwingen mich, Rechenschaft abzulegen, bald über den Tod, bald über das Leben,
unter Schlägen die wilden Poenae, auf des Richters Geheiß,
obwohl du der Grund meines Unglücks bist und mir nicht als Fürsprecher beistehst.
Zwar hörst du Vergesslicher meine Worte mit leidlicher Sorge,
doch wirst du, sobald du gegangen bist, alles den Winden übergeben.
Ich scheide, um niemals wiederzukehren: Du bewohne Quellen,
grüne Wälder der Haine und Weiden fröhlich –
meine Worte jedoch werden zerstreut und fort durch die Lüfte getragen.«
So sprach sie und verschwand traurig mit dem letzten Wort.
Als die Trägheit ihn losgelassen hatte, den Bekümmerten,
der aus des Herzens Tiefe schwer seufzte, und er nicht länger ertrug

sensibus infusum culicis de morte dolorem,
quantumcumque sibi vires tribuere seniles
– quis tamen infestum pugnans devicerat hostem –,
rivum propter aquae viridi sub fronde latentem
conformare locum capit impiger. hunc et in orbem
destinat ac ferri capulum repetivit in usum,
gramineam viridi fodiens de caespite terram.
iam memor inceptum peragens sibi cura laborem
congestum cumulavit opus, atque aggere multo
telluris tumulus formatum crevit in orbem.
quem circum lapidem levi de marmore formans
conserit, assiduae curae memor. hic et acanthos
et rosa purpureum †crescent† pudibunda ruborem
et violae omne genus. hic est et Spartica myrtus
atque hyacinthos et hic Cilici crocus editus arvo,
laurus item Phoebi surgens decus, hic rhododaphne
liliaque et roris non avia cura marini
herbaque turis opes priscis imitata Sabina
chrysanthusque hederaeque nitor pallente corymbo
et bocchus Libyae regis memor, hic amarantus
bumastusque virens et semper florida pinus.
non illinc narcissus abest, cui gloria formae
igne Cupidineo proprios exarsit in artus.
et, quoscumque novant vernantia tempora flores,
his tumulus super inseritur. tum fronte locatur
elogium, tacita firmat quod littera voce:
'parve culex, pecudum custos tibi tale merenti
funeris officium vitae pro munere reddit.'

den die Sinne erfüllenden Schmerz über den Tod der Mücke,
begann er, soweit seine altersschwachen Kräfte es ihm erlaubten
– mit diesen hatte er freilich den gefährlichen Feind bekämpft und völlig besiegt –,
nahe am fließenden Bach einen unter grünem Laub verborgenen
Platz sehr fleißig zu gestalten. Und diesen legte er kreisförmig an
und nahm wiederholt den Griff seines Eisens zur Hand,
die grasige Erde aus dem grünen Rasen herausgrabend.
Schon vollendete seine bedachtsame Sorgfalt die begonnene Arbeit,
schüttete sein zusammengetragenes Bauwerk auf, und so wuchs aus viel
Erdschutt ein Grabhügel zu einem ausgestalteten Kreis.
Um ihn herum gestaltete er leichtes Marmorgestein
und bepflanzte ihn, auf emsige Sorgfalt bedacht. Akanthus werden hier
wachsen und Rosen, voll Scham in purpurnem Rot,
und jede Art Veilchen; spartanische Myrte ist hier,
Hyazinthe und hier Krokus, hervorgebracht auf kilikischem Feld,
ebenso Lorbeer, der sich als Zierde des Phoebus erhebt, hier Oleander,
Lilien und Rosmarin, der nicht in entlegenem Gebiet angepflanzt wird,
und Wacholder, der den Vorfahren den kostbaren Weihrauch nachahmte,
Chrysanthus, strahlender Efeu mit blassgelber Dolde
und Bocchus, des libyschen Königs eingedenk, hier Amarantus,
grüner Bumastus und die immer blühende Pinie;
nicht fehlt dort Narcissus, dessen Stolz auf seine Schönheit
Cupidos Feuer für die eigenen Glieder entfachte.
Und welche Blumen auch immer die Frühlingszeit erneuernd hervorbringt,
mit ihnen wird der Grabhügel bepflanzt. Dann wird an die Stirnseite
ein Elogium gesetzt, dem die Buchstaben mit schweigender Stimme Dauer verleihen:
»Dir, kleine Mücke, die du solches verdienst, erfüllt der Hüter der Herden
des Begräbnisses Pflicht für das Geschenk seines Lebens.«

Übersetzung: Sabine Seelentag

CATALEPTON

1

Vere rosa, autumno pomis, aestate frequentor
spicis; una mihi est horrida pestis hiemps.
nam frigus metuo et vereor, ne ligneus ignem
hic deus ignavis praebeat agricolis.

2

Ego haec, ego arte fabricata rustica,
ego arida, o viator, ecce populus,
agellulum hunc, sinistra et ante quem vides,
erique villulam hortulumque pauperis
tuor malaque furis arceo manu.
mihi corolla picta vere ponitur,
mihi rubens arista sole fervido,
mihi virente dulcis uva pampino,
mihi gelante oliva cocta frigore.
meis capella delicata pascuis
in urbem adulta lacte portat ubera,
meisque pinguis agnus ex ovilibus
gravem domum remittit aere dexteram
tenella matre mugiente vaccula
deum profundit ante templa sanguinem.
proin, viator, hunc deum vereberis
manumque sursum habebis: hoc tibi expedit;
parata namque trux stat ecce mentula.
'velim pol', inquis; at pol ecce vilicus
venit, valente cui revulsa bracchio
fit ista mentula apta clava dexterae.

KLEINIGKEITEN

1

Im Frühling werde ich ständig von Rosen, im Herbst von Obst, im Sommer
von Ähren besucht; allein der Winter ist für mich eine schaurige Pest.
Denn ich fürchte die Kälte und habe Angst, der hölzerne
Gott hier könnte den faulen Bauern ihr Feuer liefern.

2

Ich hier, ich, mit bäuerlicher Kunst hergestellt,
ich trockene Pappel, Wanderer, sieh her,
beschütze dieses Äckerchen, das du links und vor dir siehst,
das Landhäuschen und das Gärtchen eines armen Besitzers,
und wehre von ihm die böse Hand des Diebes ab.
Mir wird ein bunter Kranz im Frühling aufgesetzt,
mir rotgoldene Ähren, wenn die Sonne glüht,
mir, wenn das Weinlaub grün ist, süße Trauben,
mir in eisigem Frost gereifte Oliven.
Von meinen Weiden trägt die genusssüchtige Ziege
die von Milch geschwellten Euter in die Stadt,
ein fettes Lamm aus meinem Schafstall schickt
die von Geld schwere Rechte zurück nach Hause,
und die zarte junge Kuh verströmt, während die Mutter brüllt,
vor den Tempeln der Götter ihr Blut.
Daher, Wanderer, wirst du diesen Gott verehren
und die Hände hoch halten: Das wird dir nützen;
denn bereit steht – sieh her! – der grimmige Schwanz.
»Ich möcht's aber, beim Pollux!« sagst du; doch, beim Pollux, sieh her, kommt
der Verwalter, für den, mit starkem Arm ausgerissen,
mein Schwanz eine in seine Rechte gefügte Keule wird.

3

Hunc ego, o iuvenes, locum villulamque palustrem
tectam vimine iunceo caricisque maniplis
quercus arida rustica formata arte securi
nutrior: magis et magis fit beata quotannis.
huius nam domini colunt me deumque salutant
pauperis tuguri, pater filiusque adulescens,
alter assidua colens diligentia, ut herbae,
aspera ut rubus a meo sit remota sacello,
alter parva manu ferens semper munera larga.
florido mihi ponitur picta vere corolla,
primitus tenera virens spica mollis arista,
luteae violae mihi lacteumque papaver
pallentesque cucurbitae et suave olentia mala,
uva pampinea rubens educata sub umbra.
sanguine haec etiam mihi – sed tacebitis – arma
barbatus linit hirculus cornipesque capella.
pro quis omnia honoribus nunc necesse Priapo est
praestare et domini hortulum vineamque tueri.
quare hinc, o pueri, malas abstinete rapinas:
vicinus prope dives est neglegensque Priapus.
inde sumite; semita haec deinde vos feret ipsa.

4 (1)

De qua saepe tibi – venit, sed, Tucca, videre
  non licet: occulitur limine clausa viri.
de qua saepe tibi – non venit adhuc mihi; namque
  si occulitur – longe est, tangere quod nequeas.
venerit – audivi, sed iam mihi nuntius iste
  quid prodest? illi dicite, cui rediit.

3

Diesen Platz, ihr jungen Männer, und das Landhäuschen neben dem Sumpf,
das mit Weidenbinsen und Büscheln von Riedgras gedeckt ist,
ernähre ich, ein trockener Eichklotz, geformt mit bäuerlicher Kunst
durch die Axt. Immer gesegneter wird es von Jahr zu Jahr
Denn seine Besitzer verehren und begrüßen mich als Gott
der armen Hütte, der Vater und sein heranwachsender Sohn,
der eine mit ständiger Sorgfalt Acht gebend, dass Unkraut,
dass rauer Rotdorn entfernt wird von meinem Tempelchen,
der andere mit reich spendender Hand stets kleine Gaben bringend.
Im blühenden Frühling werden mir hingelegt ein bunter Kranz,
die zuerst auf der zarten Ähre grünende weiche Spitze,
gelbe Veilchen mir und milchweißer Mohn,
gelbliche Kürbisse und süß duftende Äpfel
und rotgoldene Trauben, herangezogen unter Weinlaubschatten.
Mit Blut bestreichen mir auch – doch schweigt! – diese Waffe da
ein bärtiges Böckchen und ein hornhufiges Zicklein.
Für diese Ehrengaben muss Priapus jetzt alles
leisten und das Gärtchen und den Weinberg des Herrn beschützen.
Darum, ihr Knaben, enthaltet euch der bösen Diebstähle:
Der Nachbar nahebei ist reich und nachlässig sein Priapus.
Von dort nehmt euch; dieser Pfad wird euch danach von selbst fortbringen.

4 (1)

Die, über die ich dir oft – sie ist angekommen; aber, Tucca, sehen
darf ich sie nicht: Verborgen wird sie, eingesperrt hinter der Türschwelle ihres Mannes.
Die, über die ich dir oft – sie ist für mich noch nicht angekommen; denn
wenn sie verborgen wird – weit weg ist, was man nicht anfassen kann.
Mag sie angekommen sein – ich hab's gehört, doch was nützt mir diese
Botschaft jetzt? Verkündet sie dem, für den sie zurückgekehrt ist.

5 (2)

Corinthiorum amator iste … verborum,
iste, iste rhetor – namque quatenus totus
Thucydides, tyrannus Atticae febris –
tau Gallicum, min et sphin et – male illi sit! –
ista omnia, ista verba miscuit fratri.

6 (3)

Aspice, quem valido subnixum Gloria regno
    altius et caeli sedibus extulerat!
terrarum hic bello magnum concusserat orbem,
    hic reges Asiae fregerat, hic populos;
hic grave servitium tibi iam, tibi, Roma, ferebat –
    cetera namque viri cuspide conciderant –,
cum subito in medio rerum certamine praeceps
    corruit et patria pulsus in exilium.
tale deae numen, tali mortalia nutu
    fallax momento temporis hora dedit.

7 (4)

Quocumque ire ferunt variae nos tempora vitae,
    tangere quas terras quosque videre homines,
dispeream, si te fuerit mihi carior alter;
    alter enim qui te dulcior esse potest?
cui iuveni ante alios divi divumque sorores
    cuncta, neque indigno, Musa, dedere bona,
cuncta quibus gaudet Phoebi chorus ipseque Phoebus –
    doctior o quis te, Musa, fuisse potest?

5 (2)

Der da, der Liebhaber korinthischer … Wörter,
der da, der Rhetor da – denn weil er ganz und gar
ein Thukydides war, war er ein Tyrann des attischen Fiebers –
hat das gallische *tau*, *min* und *sphin* und – zum Henker mit ihm! –
all das da, die Wörter da seinem Bruder ⟨als Gift⟩ gemischt.

6 (3)

Schau ihn an, der sich auf eine starke Königsherrschaft stützte
und den Gloria sogar höher als die Sitze der Himmlischen erhob!
Er hatte den gewaltigen Erdkreis durch Krieg erschüttert,
er hatte die Könige Asiens, er Asiens Völker zermalmt;
er wollte schon schwere Knechtschaft dir, Rom, ja dir bringen –
denn alles Übrige war durch den Speer des Mannes gefallen –,
als er plötzlich mitten im Kampf um die Herrschaft kopfüber
stürzte und aus der Heimat in die Verbannung getrieben wurde.
So ist der Wille der Göttin, solch einer Laune unterwirft
die trügerische Stunde in einem einzigen Augenblick alles Sterbliche.

7 (4)

Wohin auch immer die Zeiten des abwechslungsreichen Lebens uns tragen,
was für Länder zu betreten und was für Menschen zu sehen,
tot umfallen will ich, wenn mir ein anderer teurer sein sollte als du;
denn welcher andere könnte angenehmer sein als du?
Ihm, dem als jungem Mann vor anderen die Götter und Schwestern der Götter
alle Güter gegeben haben, und das keinem Unwürdigen, Musa,
alle, über die der Chor des Phoebus und Phoebus selbst sich freuen –
o, wer könnte gebildeter sein als du, Musa?

o quis te in terris loquitur iucundior uno?
  Clio nam certe candida non loquitur.
quare illud satis est, si te permittis amari;
  nam contra ut sit amor mutuus, unde mihi?

8 (5)

Ite hinc, inanes, ite, rhetorum ampullae,
inflata rhoezo non Achaico verba,
et vos, Selique Tarquitique Varroque,
scholasticorum natio madens pingui,
ite hinc, inane cymbalon iuventutis.
tuque, o mearum cura, Sexte, curarum,
vale, Sabine; iam valete, formosi!
nos ad beatos vela mittimus portus
magni petentes docta dicta Sironis
vitamque ab omni vindicabimus cura.
ite hinc, Camenae, vos quoque ite iam sane,
dulces Camenae – nam fatebimur verum,
dulces fuistis – et tamen meas chartas
revisitote, sed pudenter et raro.

9 (6)

Socer, beate nec tibi nec alteri,
generque Noctuine, putidum caput,
tuoque nunc puella talis et tuo
stupore pressa rus abibit? ei mihi,
ut ille versus usquequaque pertinet:
'gener socerque, perdidistis omnia'.

O, wer spricht auf Erden anmutiger als du allein?
Denn die strahlende Clio spricht gewiss nicht ⟨anmutiger⟩.
Deshalb ist es genug, wenn du nur erlaubst, dich lieben zu lassen;
denn dass hingegen die Liebe gegenseitig ist, woher sollte mir das zuteil
werden?

8 (5)

Geht fort von hier, geht fort, du leerer Bombast der Rhetoren,
ihr Wörter, aufgeblasen mit unachaischem Gerausche,
und ihr, Selius, Tarquitius und Varro,
Sippschaft der Schulstubengelehrten, die von Fett trieft,
geht fort von hier, leere Schallbecken für die Jugend.
Und du, mein Sextus, meines Herzens Herzallerliebster,
leb wohl, Sabinus; lebt jetzt wohl, ihr Schönen!
Ich setze meine Segel hin zu den glückseligen Häfen,
hinstrebend zu den gelehrten Worten des großen Siro,
und ich werde mein Leben von allem Herzenskummer befreien.
Geht fort von hier, ihr Camenen, geht auch ihr jetzt wirklich,
liebliche Camenen – denn ich will die Wahrheit gestehen,
ihr wart lieblich –, und doch sollt ihr meine Blätter
wieder aufsuchen, aber mit Anstand und selten.

9 (6)

Schwiegervater, reich weder zu deinem Vorteil noch zu dem des anderen,
und Schwiegersohn Noctuinus, morsches Haupt,
jetzt wird ein solches Mädchen, von dir in deinem Stumpfsinn
und von dir in deinem gestoßen, fort aufs Land gehen? O weh,
wie passt doch überall der bekannte Vers:
»Schwiegersohn und Schwiegervater, ihr habt alles zugrunde gerichtet.«

10 (7)

Si licet, hoc sine fraude, Vari dulcissime, dicam:
'dispeream, nisi me perdidit iste Pothus.'
sin autem praecepta vetant me dicere, sane
non dicam, sed: 'me perdidit iste puer.'

11 (8)

Villula, quae Sironis eras, et pauper agelle,
verum illi domino tu quoque divitiae,
me tibi et hos una mecum, quos semper amavi,
si quid de patria tristius audiero,
commendo, in primisque patrem. tu nunc eris illi
Mantua quod fuerat quodque Cremona prius.

12 (9)

Pauca mihi, niveo sed non incognita Phoebo,
pauca mihi, doctae, dicite, Pegasides.
victor adest, magni magnum decus ecce triumphi,
victor, qua terrae quaque patent maria,
horrida barbaricae portans insignia pugnae,
magnus ut Oenides utque superbus Eryx,
nec minus idcirco vestros expromere cantus
maximus et sanctos dignus inire choros.
hoc itaque insuetis iactor magis, optime, curis,
quid de te possim scribere, quidve tibi;
namque – fatebor enim – quae maxima deterrendi
debuit, hortandi maxima causa fuit.

10 (7)

Wenn ich darf, liebster Varius, werde ich es offen sagen:
»Ich will tot umfallen, wenn mich nicht dieser Pothus zugrunde gerichtet hat.«
Wenn aber die Regeln mir verbieten, es zu sagen, werde ich es freilich
nicht sagen, sondern: »Dieser Knabe hat mich zugrunde gerichtet.«

11 (8)

Landhäuschen, das du Siro gehört hast, und du, armes Äckerchen,
jedoch auch du Reichtum für solch einen Besitzer,
dir vertraue ich mich und zusammen mit mir alle die an, die ich immer geliebt habe,
falls ich etwas allzu Trauriges über die Heimat höre,
insbesondere meinen Vater. Du wirst nun für ihn sein,
was Mantua und was Cremona früher für ihn gewesen war.

12 (9)

Wenig, aber etwas, das dem schneeweißen Phoebus nicht unbekannt ist,
wenig sagt mir, ihr gelehrten Pegasiden.
Der Sieger ist da, sieh da, die große Zierde eines großen Triumphes,
Sieger, wo Länder und wo Meere sich ausbreiten,
schaurige Zeichen des barbarischen Kampfes tragend,
groß wie der Oenide und der stolze Eryx,
aber deswegen nicht weniger der Gewaltigste darin, eure Gesänge
ertönen zu lassen und würdig, in eure heiligen Chöre einzutreten.
Umso mehr, du Edelster, werde ich daher hin und her geworfen von ungewohnten Sorgen,
was ich über dich schreiben könnte oder was für dich.
Denn – ja, ich will es gestehen – was der Hauptgrund, mich abzuschrecken,
hätte sein müssen, war der Hauptgrund, mich anzuspornen.

pauca tua in nostras venerunt carmina chartas,
carmina cum lingua, tum sale Cecropio,
carmina, quae Phrygium, saeclis accepta futuris,
carmina, quae Pylium vincere digna senem.
molliter hic viridi patulae sub tegmine quercus
Moeris pastores et Meliboeus erant
dulcia iactantes alterno carmina versu,
qualia Trinacriae doctus amat iuvenis.
certatim ornabant omnes heroida divi,
certatim divae munere quoque suo.
felicem ante alias o te scriptore puellam,
altera non fama dixerit esse prior:
non illa, Hesperidum ni munere capta fuisset,
quae volucrem cursu vicerat Hippomenen;
candida cycneo non edita Tyndaris ovo,
non supero fulgens Cassiopea polo;
non defensa diu multum certamine equorum,
optabant gravidae quam sibi quaeque manus,
saepe animam generi pro qua pater impius hausit,
saepe rubro pro qua sanguine fluxit humus;
regia non Semele, non Inachis Acrisione
immitti expertae fulmine et imbre Iovem;
non cuius ob raptum pulsi liquere penates
Tarquinii patrios, filius atque pater,
illo quo primum dominatus Roma superbos
mutavit placidis tempore consulibus.
multa neque immeritis donavit praemia alumnis,
praemia Messallis maxima Publicolis:
nam quid ego immensi memorem studia ista laboris,
horrida quid durae tempora militiae?

Wenige deiner Gedichte sind auf meine Blätter übergegangen,
Gedichte sowohl in kekropischer Sprache als auch besonders mit kekropischem Witz,
Gedichte, die den Phrygier, da sie künftigen Jahrhunderten willkommen sein werden,
Gedichte, die den pylischen Alten zu besiegen würdig sind.
Weich ruhten hier unter dem grünen Dach einer weithin verzweigten Eiche
die Hirten Moeris und Meliboeus,
liebliche Lieder in miteinander abwechselnden Versen von sich gebend,
wie sie Trinakrias gelehrter junger Mann liebt.
Im Wettstreit schmückten alle Götter die Heldin,
im Wettstreit auch die Göttinnen mit ihrer Gabe.
O vor allen anderen glückliche Geliebte, da du ihr Dichter bist,
keine andere dürfte sagen, sie übertreffe sie an Ruhm:
sie nicht, die, wenn sie nicht von der Gabe der Hesperiden überlistet worden wäre,
den vogelschnellen Hippomenes im Lauf besiegt hätte,
nicht die strahlende Tyndaris, die aus dem Schwanenei geboren wurde,
nicht die oben am Himmel glänzende Cassiopea,
nicht sie, die lange stark verteidigt wurde durch den Wettkampf der Gespanne,
die jede gabenträchtige Hand für sich wünschte,
für die oft der ruchlose Vater die Seele eines Schwiegersohns heraussog,
für die oft rotes Blut über den Erdboden floss;
nicht die Königstochter Semele, nicht die Inachis, die Tochter des Acrisius,
die es erlebten, wie Iuppiter im Blitz und im Regenguss in sie eindrang,
sie nicht, wegen deren Vergewaltigung die Tarquinier vertrieben wurden
und die Penaten ihrer Väter verlassen mussten, Vater und Sohn,
zu jener Zeit, als Roma erstmals stolze Tyrannenherrschaft
gegen friedliche Konsuln eintauschte.
Viele Belohnungen gab sie ihren Zöglingen, nicht ohne deren Verdienst,
die größten Belohnungen den Angehörigen der Familie Messalla Publicola.
Denn warum soll ich dein Streben nach unermesslicher Mühsal erwähnen,
warum die schaurigen Zeiten des harten Kriegsdienstes?

castra foro, te castra urbi praeponere, castra
tam procul hoc gnato, tam procul hac patria?
immoderata pati iam frigora iamque calores?
sternere vel dura membra super silice?
saepe trucem adverso perlabi sidere pontum?
saepe mare audendo vincere, saepe hiemem?
saepe etiam densos immittere corpus in hostes?
communem belli non meminisse deum?
nunc celeres Afros, periurae milia gentis,
aurea nunc rapidi flumina adire Tagi,
nunc aliam ex alia bellando quaerere gentem,
vincere et Oceani finibus ulterius?
non nostrum est tantas, non, inquam, attingere laudes,
quin ausim hoc etiam dicere: vix hominum est.
ipsa haec, ipsa ferent rerum monumenta per orbem,
ipsa sibi egregium facta decus parient.
nos ea, quae tecum finxerunt carmina divi,
Cynthius et Musae, Bacchus et Aglaie,
si laudi aspirare humili, si adire Cyrenas,
si patrio Graios carmine adire sales
possumus, optatis plus iam procedimus ipsis.
hoc satis est; pingui nil mihi cum populo.

13 (10)

Sabinus ille, quem videtis, hospites,
ait fuisse mulio celerrimus,
neque ullius volantis impetum cisi

Dass du das Lager dem Forum, das Lager der Stadt vorzogst, das Lager,
so fern diesem deinem Sohn, so fern dieser deiner Heimat?
Dass du bald maßlose Kälte und bald Hitze erduldetest?
Dass du dich sogar über harte Kieselsteine hinstrecktest?
Dass du oft unter widrigem Gestirn die wilde See durchglittst?
Dass du oft durch Wagemut das Meer besiegtest, oft den Sturm?
Dass du oft deinen Körper auch mitten in die dichte Schar der Feinde stürztest?
Dass du nicht daran dachtest, dass ihnen und dir der Kriegsgott gemeinsam ist?
Dass du bald zu den schnellen Afrern, den Tausenden eines meineidigen Volkes,
bald zu den goldenen Fluten des reißenden Tagus kamst,
bald Kriege führend ein Volk nach dem anderen aufsuchtest,
dass du auch über die Grenzen des Ozeans hinaus siegreich warst?
Es kommt mir nicht zu, nicht mir, sage ich, an so große Ruhmestaten zu rühren,
ja ich möchte wagen, auch dies zu sagen: Dies ist kaum eine Aufgabe für Menschen.
Die Taten selbst, sie selbst werden das Andenken an deine Leistungen über den Erdkreis
tragen, sie selbst werden sich herausragenden Ruhm erwerben.
Ich aber, wenn ich diese Gedichte, die die Götter zusammen mit dir
schufen, Cynthius und die Musen, Bacchus und Aglaïe,
bescheidenem Lob näherbringen kann, wenn ich nach Kyrene gelangen,
wenn ich mit einem heimischen Gedicht griechischen Witz erreichen
kann, schreite bereits sogar über das hinaus, was ich mir gewünscht habe.
Dies ist genug; ich habe mit dem feisten Volk nichts zu schaffen.

13 (10)

Jener Sabinus, den ihr seht, Fremde,
sagt, er sei der schnellste Maultiertreiber gewesen,
und keines dahin sausenden Reisewagens Ungestüm

nequisse praeterire, sive Mantuam
opus foret volare sive Brixiam.
et hoc negat Tryphonis aemuli domum
negare nobilem insulamve Ceryli,
ubi iste, post Sabinus, ante Quinctio,
bidente dicit attodisse forcipe
comata colla, ne Cytorio iugo
premente dura vulnus ederet iuba.
Cremona frigida et lutosa Gallia,
tibi haec fuisse et esse cognitissima
ait Sabinus; ultima ex origine
tua stetisse dicit in voragine,
tua in palude deposisse sarcinas,
et inde tot per orbitosa milia
iugum tulisse, laeva sive dextera
strigare mula sive utrumque coeperat.
neque ulla vota semitalibus deis
sibi esse facta praeter hoc novissimum:
paterna lora proximumque pectinem.
sed haec prius fuere; nunc eburnea
sedetque sede seque dedicat tibi,
gemelle Castor et gemelle Castoris.

14 (11)

Quis deus, Octavi, te nobis abstulit? an quae
    dicunt, a, nimio pocula dura mero?
'vobiscum, si est culpa, bibi; sua quemque sequuntur
    fata; quid immeriti crimen habent cyathi?'
scripta quidem tua nos multum mirabimur, et te
    raptum et Romanam flebimus historiam,
sed tu nullus eris. perversi, dicite, Manes,
    hunc superesse patri quae fuit invidia?

habe er nicht überholen können, ob er nach Mantua
sausen musste oder nach Brixia.
Und er bestreitet, dass das vornehme Haus seines Rivalen
Tryphon dies bestreiten könne oder der Häuserblock des Cerylus,
wo der da, später Sabinus, vorher Quinctio,
mit zweizahniger Schere, wie er sagt, geschoren habe
die behaarten Nacken, damit nicht unter des kytorischen Joches
Druck die raue Mähne Wunden verursachen könne.
Kaltes Cremona und schlammiges Gallien,
dir sei dies bestens bekannt gewesen und sei es noch,
sagt Sabinus; seit seiner sehr lange zurückliegenden Geburt
habe er in deinem Dreck gestanden,
in deinem Sumpf das Gepäck abgeladen
und von dort durch so viele raddurchfurchte Meilen
das Gespann ans Ziel gebracht, ob links oder rechts
das Maultier zu bocken begann oder auf beiden Seiten.
Und keine Sühnopfer seien jemals den Feldweggöttern
von ihm dargebracht worden außer diesem letzten:
die vom Vater ererbten Zügel und der letzte Kamm.
Doch das war früher; jetzt sitzt er auf dem
elfenbeinernen Sitz und weiht sich dir,
Zwillingsbruder Castor, und dir, Zwillingsbruder Castors.

14 (11)

Welcher Gott, Octavius, hat dich uns entrissen? Etwa, wie
man sagt, die von zu viel purem Wein herben Becher?
»Ich habe mit euch, wenn das eine Untat ist, getrunken; jeden ereilt sein
Schicksal; was für eine Schuld haben harmlose Becher?«
Wir werden deine Schriften zwar sehr bewundern und
beweinen, dass du geraubt wurdest und dazu deine römische Geschichte,
aber du wirst nicht mehr da sein. Sagt, ihr perversen Manen,
warum missgönntet ihr ihm, seinen Vater zu überleben?

15 (12)

Superbe Noctuine, putidum caput,
datur tibi puella quam petis, datur;
datur, superbe Noctuine, quam petis.
sed, o superbe Noctuine, non vides
duas habere filias Atilium?
duas, et hanc et alteram, tibi dari?
adeste nunc, adeste: ducit, ut decet,
superbus ecce Noctuinus … hirneam.
Thalassio, Thalassio, Thalassio.

16 (13)

Iacere me, quod alta non possim, putas,
    ut ante vectari freta
nec ferre durum frigus aut aestum pati
    neque arma victoris sequi?
valent, valent mihi ira et antiquus furor
    et lingua qua adsiem tibi,
seu prostitutae turpe contubernium
    sororis – o, quid me incitas,
quid, impudice et improbande Caesari? –,
    seu furta dicantur tua
et helluato sera patrimonio
    in fratre parsimonia
vel acta puero cum viris convivia
    udaeque per somnum nates
et inscio repente clamatum insuper
    'Thalassio, Thalassio'.
quid palluisti, femina? an ioci dolent?
    an facta cognoscis tua?

15 (12)

Hochmütiger Noctuinus, morsches Haupt,
dir wird das Mädchen gegeben, das du begehrst, es wird dir gegeben;
gegeben wird dir, hochmütiger Noctuinus, sie, die du begehrst.
Aber, du hochmütiger Noctuinus, siehst du nicht,
dass Atilius zwei Töchter hat?
Ja zwei, und dass diese und die andere dir gegeben werden?
Kommt jetzt her, kommt her: Heim führt er, wie es sich gehört,
sieh da, der hochmütige Noctuinus … einen Leistenbruch.
Thalassio, Thalassio, Thalassio.

16 (13)

Am Boden läge ich, glaubst du, weil ich nicht die tiefen
Meeresfluten wie früher befahren könne,
nicht harten Frost ertragen oder Hitze erleiden
und nicht den Waffen des Siegers folgen?
Stark sind, stark sind mein Zorn und die frühere Kampfeswut
und die Zunge, mit der ich dir schon helfen will,
ob nun die schändlichen Kontakte deiner käuflichen Schwester
genannt werden – o was regst du mich auf,
was, du Schamloser und von Caesar zu Verachtender? –
oder deine heimlichen Affären
und, nachdem du das Vatererbe verprasst hast, deine späte
Sparsamkeit gegenüber dem Bruder
oder die von dir als Knabe mit Männern durchlebten Gelage
und die im Schlaf nass gewordenen Arschbacken
und das plötzlich dir, dem Ahnungslosen, von oben zugeschriene
»Thalassio, Thalassio!«.
Was bist du blass geworden, du Weib? Tun dir meine Scherze etwa weh?
Oder erkennst du deine Taten?

non me vocabis, pulchra, per Cotytia
    ad feriatos fascinos,
nec deinde te movere lumbos in stola
    prensis videbo altaribus
flavumque propter Thybrim olentis nauticum
    vocare, ubi adpulsae rates
caeno retentae sordido stant in vadis
    macraque luctantes aqua,
neque in culinam et uncta compitalia
    dapesque duces sordidas,
quibus repletus et salivosis aquis
    obesam ad uxorem redis
et aestuantes docte solvis pantices
    culumque lambis saviis.
nunc laede, nunc lacesse, si quidquam vales.
    et nomen adscribo tuum,
cinaede Lucci. iamne liquerunt opes,
    fameque genuini crepant?
videbo habentem praeter ignavos nihil
    fratres et iratum Iovem
scissumque ventrem et hirneosi patrui
    pedes inedia turgidos.

17 (14)

Si mihi susceptum fuerit decurrere munus,
    o Paphon, o sedes quae colis Idalias,
Troius Aeneas Romana per oppida digno
    iam tandem ut tecum carmine vectus eat,
non ego ture modo aut picta tua templa tabella
    ornabo et puris serta feram manibus;

Schöne, du wirst mich nicht beim Cotyto-Fest
zum Phallusritual herbeirufen können,
nicht werde ich dann sehen, wie du deine Hüften im Gewand
bewegst, während du dich am Altar festhältst
und nahe beim gelben Tiber Männer, die nach ihren Schiffen stinken,
herbeirufst, wo die an Land getriebenen Schiffe,
festgehalten vom dreckigen Schlamm, im seichten Wasser stehen
und mit den kargen Fluten kämpfen,
und du wirst mich nicht zu einer Garküche und den fetten Fressereien am Kreuzweg
bringen und den dreckigen Speisen,
mit denen und schleimigem Wasser vollgestopft
du zu deiner feisten Frau zurückkehrst
und ihr kundig den geilen Unterleib befriedigst
und ihr das Arschloch mit Küssen leckst.
Jetzt verletze, jetzt reize mich, wenn du noch irgendwelche Kraft hast.
Sogar deinen Namen schreibe ich dazu,
Tunte Luccius. Ist dir dein Besitz schon geschwunden,
knacken vor Hunger deine Backenzähne?
Ich werde noch sehen, dass du nichts hast außer deinen faulen
Geschwistern und dem erzürnten Iuppiter,
deinem aufgerissenen Unterleib und deines leistenbruchleidenden Onkels
vom Hungern geschwollenen Füßen.

17 (14)

Wenn es mir gelingen sollte, das begonnene Werk zu vollenden,
o du, die du Paphos, o die du die idalischen Höhen bewohnst,
sodass der Troer Aeneas durch die römischen Städte in einer würdigen
Dichtung nun endlich zusammen mit dir fahren kann,
will ich nicht nur mit Weihrauch oder Gemälden deinen Tempel
ehren und Kränze mit reinen Händen darbringen;

corniger hos aries humilis et maxima taurus
victima sacratos sparget honore focos,
marmoreusque tibi aut mille coloribus ales
in morem picta stabit Amor pharetra.
adsis, o Cytherea: tuus te Caesar Olympo
et Surrentini litoris ara vocat.

18 (15)

Vate Syracosio qui dulcior Hesiodoque
maior, Homereo non minor ore fuit,
illius haec quoque sunt divini elementa poetae
et rudis in vario carmine Calliope.

nein, ein hörnertragender Widder wird als bescheidenes Opfer und als größtes
ein Stier ehrenvoll deinen geheiligten Herd besprengen,
oder aus Marmor, mit tausend Farben nach dem Brauch den Köcher
bemalt, wird dann für dich ein geflügelter Amor dort stehen.
Stehe mir bei, Cytherea! Dich ruft vom Olymp dein Caesar
und der Altar am sorrentinischen Gestade.

18 (15)

Von ihm, der süßer als der syrakusische Sänger, erhabener als
Hesiod und nicht geringer als die homerische Redeweise war,
von jenem göttlichen Dichter stammen auch diese Anfängerarbeiten
und die in verschiedenen Gedichten noch unerfahrene Calliope.

Übersetzung: Niklas Holzberg

AETNA

Aetna mihi ruptique cavis fornacibus ignes
et quae tam fortes volvant incendia causae,
quid fremat imperium, quid raucos torqueat aestus,
carmen erit. dexter venias mihi carminis auctor –
seu te Cynthos habet, seu Delo gratior Hyla,
seu tibi Dodone potior – tecumque faventes
in nova Pierio properent a fonte sorores
vota: per insolitum Phoebo duce tutius itur.
Aurea securi quis nescit saecula regis,
cum domitis nemo Cererem iactaret in arvis
venturisque malas prohiberet fructibus herbas,
annua sed saturae complerent horrea messes,
ipse suo flueret Bacchus pede mellaque lentis
penderent foliis et pingui Pallas oliva
secretos amnis ageret, tum gratia ruris?
non cessit cuiquam melius sua tempora nosse.
ultima quis tacuit iuvenum certamina, Colchos?
quis non Argolico deflevit Pergamon igni
inpositam et tristi natorum funere matrem
aversumve diem sparsumve in semina dentem?
quis non periurae doluit mendacia puppis,
desertam vacuo Minoida litore questus,
quicquid et antiquum iactata est fabula carmen?
fortius ignotas molimur pectore curas:
qui tanto motus operi, quae causa perennis

ÄTNA

Der Ätna, das aus tiefen Öfen ausgebrochene Feuer,
und welche so mächtigen Ursachen Flammenmeere fließen lassen,
was sich gegen Herrschaft murrend auflehnt, was dröhnende Gluten herumschleudert,
wird mein Lied sein. Gnädig mögest du zu mir kommen als Urheber meines Liedes –
ob du nun auf dem Kynthos verweilst, ob dir Hyla willkommener als Delos
oder ob dir Dodona lieber ist –, und mit dir mögen die Schwestern
freundlich gesinnt von der pïerischen Quelle zu meinen neuen Wünschen
aufbrechen: Durch ungewohntes Gelände geht man unter des Phoebus Führung sicherer.
Wer kennt nicht das Goldene Zeitalter des sorgenfreien Königs,
als niemand auf kultivierten Feldern Ceres auswerfen
und Unkraut von künftigen Feldfrüchten fernhalten musste,
sondern reiche Ernten die Scheunen jedes Jahr füllten,
Bacchus von allein, wegen seiner eigenen Füße, floss, Honig von klebrigen
Blättern herabtropfte und Pallas von saftigen Oliven
abgesonderte Flüsse lieferte, damals der Dank des Landes?
Nicht ging es für irgendjemanden besser aus, seine eigene Zeit zu kennen.
Wer hat die weit abgelegenen Kriege der jungen Männer verschwiegen, die Kolcher?
Wer hat nicht Pergamon beweint, nachdem es auf argolisches Feuer
gelegt worden war, und die Mutter bei der traurigen Bestattung ihrer Söhne
oder das Tageslicht, das sich abwandte, oder die als Samen ausgestreuten Zähne?
Wer hat nicht gelitten unter der Täuschung durch das meineidige Schiff,
die am leeren Strand zurückgelassene Minos-Tochter beklagend,
und unter jedem alten Lied, das zur abgedroschenen Geschichte wurde?
Tapferer bin ich und spüre unbekannte Neigungen in meiner Brust:
Welche Bewegungen zu so starker Aktivität führen, welche Ursache ständig

explicet in densum flammas et trudat ab imo
ingenti sonitu moles et proxima quaeque
ignibus irriguis urat, mens carminis haec est.
    Principio ne quem capiat fallacia vatum
sedes esse dei tumidisque e faucibus ignem
Vulcani ruere et clausis resonare cavernis
festinantis opus. non est tam sordida divis
cura neque extremas ius est demittere in artes
sidera: subducto regnant sublimia caelo
illa neque artificum curant tractare laborem.
discrepat a prima facies haec altera vatum:
illis Cyclopas memorant fornacibus usos,
cum super incudem numerosa in verbera fortes
horrendum magno quaterent sub pondere fulmen
armarentque Iovem: turpe et sine pignore carmen.
proxima vivaces Aetnaei verticis ignes
impia sollicitat Phlegraeis fabula castris.
temptavere – nefas! – olim detrudere mundo
sidera captivique Iovis transferre gigantes
imperium et victo leges inponere caelo.
his natura sua est alvo tenus: ima per orbes
squameus intortos sinuat vestigia serpens.
construitur magnis ad proelia montibus agger:
Pelion Ossa premit, summus premit Ossan Olympus.
iam coacervatas nituntur scandere moles,
impius et miles metuentia comminus astra
provocat, infestus cunctos ad proelia divos

Flammen in dichtes Gestein hineintreibt und zur Entfaltung bringt, aus dem Innersten
mit mächtigem Getöse Massen herausstößt und alles in nächster Nähe
mit Feuerfluten verbrennt, dies ist der Plan meines Liedes.
Erstens soll die Lüge der Dichter niemanden betören,
der Ätna sei der Sitz eines Gottes, aus dem schwellenden Krater stürze das Feuer
des Vulcanus heraus, und in den eingeschlossenen Höhlen halle
das Werk des Fleißigen wider. Götter haben keine so erbärmliche
Aufgabe, und es ist nicht recht, Himmlische zu abgrundtiefen Handwerksarbeiten
zu erniedrigen: Sie beherrschen jene Höhen im entfernten
Himmel und kümmern sich nicht darum, die Mühen von Handwerkern auf sich zu nehmen.
Das zweite Trugbild der Dichter unterscheidet sich vom ersten:
Sie erzählen, die Kyklopen hätten jene Öfen benutzt,
als sie über dem Amboss mit rhythmischen Schlägen kräftig
den schrecklichen Blitz unter dem großen Gewicht ihres Hammers geschmiedet
und Iuppiter ausgerüstet hätten: ein schändliches Lied und ohne Gewähr.
Als nächstes stört eine gottlose Geschichte mit phlegräischen
Kriegslagern das lebhaft lodernde Feuer des Ätnagipfels.
Es versuchten einst die Giganten – Frevel! –, die Sterne vom Firmament
zu vertreiben, Iuppiter gefangen zu nehmen, seine Herrschaft an sich
zu reißen und dem besiegten Himmel ihre Gesetze aufzuerlegen.
Sie haben eine normale Gestalt bis zum Bauch: Unten hinterlässt
eine schuppige Schlange in gewundenen Kreisen bogenförmige Spuren.
Aus hohen Bergen wird für die Schlachten ein Wall gebaut:
Den Pelion drückt der Ossa, zuoberst drückt den Ossa der Olymp nieder.
Schon bemühen sie sich, die aufeinandergetürmten Gesteinsmassen zu besteigen,
ein gottloser Soldat fordert die sich fürchtenden Sterne zum Nahkampf
heraus, fordert feindselig alle Götter und Gestirne zur Schlacht

provocat admotisque trementia sidera signis.
Iuppiter et caelo metuit dextramque coruscam
armatus flamma removet caligine mundum.
incursant vasto primum clamore gigantes.
hinc magno tonat ore pater geminantque faventes
undique discordi sonitum simul agmine venti;
densa per attonitas rumpuntur fulmina nubes,
atque in bellandum quae cuique potentia divum
in commune venit; iam patri dextera Pallas
et Mars laevus erat, iam cetera turba deorum
stant utrimque secus. validos tum Iuppiter ignis
increpat et victor proturbat fulmine montes:
illinc devictae verterunt terga ruina
infestae divis acies atque impius hostis
praeceps cum castris agitur materque iacentis
impellens victos. tum pax est reddita mundo,
tum liber cessat, venit per sidera caelum
defensique decus mundi nunc redditur astris.
gurgite Trinacrio morientem Iuppiter Aetna
obruit Enceladon, vasto qui pondere montis
aestuat et petulans expirat faucibus ignem.

Haec est mendosae vulgata licentia famae.
vatibus ingenium est, hinc audit nobile carmen.
plurima pars scenae rerum est fallacia: vates
sub terris nigros viderunt carmine manes
atque inter cineres Ditis pallentia regna,
mentiti vates Stygias undasque canesque.

heraus, die zittern, während die Feldzeichen sich heranbewegen.
Iuppiter beginnt sich sogar für den Himmel zu fürchten, bewaffnet seine funkelnde
Rechte mit einem flammenden Blitz und verbirgt das Firmament im Dunst.
Erst stürmen die Giganten mit wüstem Geschrei heran.
Darauf donnert der Vater mit lauter Stimme, und unterstützend verdoppeln
von überall her die Winde mit ihrer uneinigen Truppe zugleich das Getöse;
dicht brechen Blitze durch die vom Donner erschütterten Wolken hervor,
und die Macht der Götter, die ein jeder zum Kämpfen hat,
vereinigt sich; schon war Pallas rechts vom Vater
und Mars links, schon steht die restliche Schar der Götter
auf beiden Seiten. Da lässt Iuppiter seine mächtigen Feuermassen
niederprasseln und als Sieger die Berge durch einen Blitzschlag zusammenkrachen:
Dort drüben haben sich, endgültig besiegt durch den Einsturz, die den Göttern feindlichen
Schlachtreihen zur Flucht gewandt, und der gottlose Feind wird
mitsamt dem Kriegslager Hals über Kopf vertrieben, ebenso ihre Mutter, die ihre am Boden liegenden
besiegten Söhne noch antreibt. Da wurde der Frieden am Firmament wiederhergestellt,
da ruht es befreit, kam der Himmel zwischen die Sterne zurück,
und nun wird den Sternen die Schönheit des geretteten Firmaments zurückgegeben.
Den in der trinakrischen Strömung Sterbenden überschüttet Iuppiter
mit dem Ätna: Enceladus, der unter dem gewaltigen Gewicht des Berges
brodelt und frech aus seinem Rachen Feuer speit.
Diese Willkür, Sagen voller Fehler zu erfinden, ist weit verbreitet.
Dichter haben Talent, daher hat ihr Gesang einen guten Ruf.
Theater ist hauptsächlich Vortäuschung von Dingen: Die Dichter
haben in ihrem Gesang die schwarzen Seelen unter der Erde gesehen
und zwischen den Eingeäscherten das blasse Reich des Dis,
erlogen haben die Dichter stygische Wellen und Hunde.

hi Tityon poena stravere in iugera foedum;
sollicitant illi te circum, Tantale, cena
sollicitantque siti; Minos, tuaque, Aeace, in umbris
iura canunt idemque rotant Ixionis orbem;
quicquid et ulterius falsi sibi conscia terret
...
nec tu, terra, satis: speculantur numina divum
nec metuunt oculos alieno admittere caelo.
norunt bella deum, norunt abscondita nobis
coniugia et falsa quotiens sub imagine peccet
taurus in Europen, in Ledam candidus ales
Iuppiter, ut Danaae pretiosus fluxerit imber.
debita carminibus libertas ista, sed omnis
in vero mihi cura: canam quo fervida motu
aestuet Aetna novosque rapax sibi congerat ignes.

Quacumque inmensus se terrae porrigit orbis
extremique maris curvis incingitur undis,
non totum est solidum, denso namque omnis hiatu
secta est intus humus penitusque cavata latebris
exiles suspensa vias agit: utque animanti
per tota errantes percurrunt corpora venae
ad vitam sanguis omnis qua commeat, isdem
terra foraminibus conceptas digerit auras.
scilicet aut olim diviso corpore mundi
in maria ac terras et sidera, sors data caelo
prima, secuta maris, deseditque infima tellus,

Einige haben den durch seine Strafe entstellten Tityos über viele Morgen hingestreckt;
andere belästigen dich, Tantalus, rundum mit Speisen
und belästigen dich mit Durst; Minos, deine Urteile und deine, Aeacus, besingen sie
im Schattenreich und bringen ebenso das Rad Ixions zum Drehen;
und was auch immer darüber hinaus ⟨Herzen⟩, die sich eines Vergehens bewusst sind, erschreckt
[...]
Und du, Erde, bist ihnen nicht genug: Sie beobachten die Macht der Götter
und scheuen sich nicht, ihre Augen auf den Himmel zu richten, der sie nichts angeht.
Sie wissen von Kriegen der Götter, sie wissen von ihren Affären, die uns eigentlich
verborgen sind, und wie oft er sich unter falschem Aussehen vergangen hat,
als Stier gegen Europa, gegen Leda als weißer Vogel:
Iuppiter, wie er zu Danaë als kostbarer Regen geflossen ist.
In Liedern ist eine solche Freiheit zulässig, bei mir aber
ist alle Sorge auf Wahres gerichtet: Ich werde davon singen, wegen welcher Bewegung der Ätna
heiß brodelt und gierig neue Feuermassen für sich anhäuft.
Wo auch immer sich der unermessliche Erdkreis hin erstreckt
und durch sich kräuselnde Wellen des Meeres ganz außen umgürtet wird,
es ist nicht alles feste Masse, denn der ganze Boden ist innen
durch ein dichtes Netz von Spalten zerschnitten, und tief ausgehöhlt durch Verstecke
führt er bei lockerem Erdreich feine Straßen: Wie bei einem Lebewesen
durch den ganzen Körper schweifende Adern verlaufen,
wo das ganze Blut fürs Leben sich bewegt, mit ebensolchen
Öffnungen verteilt die Erde aufgenommene Lüfte.
Freilich wurde einst entweder, als sich die Weltsubstanz
in Meere, Erdteile und Gestirne teilte, das erste Los dem Himmel
gegeben, das zweite dem Meer, und die Erde ließ sich zuunterst nieder,

sed tortis rimosa cavis et, qualis acervus
exilit inparibus iactis ex tempore saxis,
ut crebro introrsus spatio rarusque cavernis
pendeat in sese – simili quoque terra figura
in tenuis laxata vias non omnis in artum
nec stipata coit; sive illi causa vetustas
nec nata est facies; seu liber spiritus intra
effugiens molitur iter; seu nympha perenni
edit humum lima furtimque obstantia mollit;
aut etiam inclusi solidum vicere vapores
atque igni quaesita via est; sive omnia certis
pugnavere locis: non est hic causa docenda,
dum stet opus causae. quis enim non credit inanis
esse sinus penitus, tantos emergere fontis
cum videt ac totiens imo se mergere hiatu?
non ille ex tenui quocumque agat: apta necesse est
confluvia errantes arcessant undique venas
et trahat ex pleno quod fortem contrahat amnem.
flumina quin etiam latis currentia rivis
occasus habuere suos: aut illa vorago
derepta in praeceps fatali condidit ore,
aut occulta fluunt tectis adoperta cavernis
atque inopinatos referunt procul edita cursus.
quod nisi diversos emittat terra canales,
hospitium fluvium sit semita nulla profecto,
fontibus et rivis non stet via pigraque tellus
conferta in solidum segni sub pondere cesset.

jedoch von gewundenen Höhlungen zerspaltet, wie wenn plötzlich
ein Haufen entsteht beim zufälligen Zusammenwerfen ungleicher Felsbrocken,
sodass er mit vielen Zwischenräumen darin und durch die Höhlen locker
in sich schwebt – in gleicher Form verbindet sich auch die Erde,
durch dünne Straßen aufgelockert, nicht ganz zu einer kompakten
und dichtgepressten Masse; oder Ursache dafür ist das hohe Alter,
und das Aussehen ist nicht ursprünglich; oder der ›Spiritus‹ entflieht innen
ungehindert und bahnt sich einen Weg; oder Wasser hat mit beständiger
Feile den Boden zerfressen und weicht heimlich alles auf, was im Weg ist;
oder aber eingeschlossene Dämpfe haben die feste Masse besiegt,
und für das Feuer wurde ein Weg gebahnt; oder alles ist an bestimmten
Stellen aufeinandergetroffen: Hier ist keine Ursache zu lehren,
solange die Wirkung der Ursache feststeht. Wer glaubt denn nicht, dass es leere
Hohlräume im Innersten gibt, wenn er so große Quellen
auftauchen und sie ebenso oft in einer Kluft weit unten eintauchen sieht?
Diese Kluft könnte ihre Quellen nicht aus irgendetwas Kleinem hervorbringen: Passende
Zusammenflüsse müssen die schweifenden Wasseradern von allen Seiten herbeiholen,
und aus dem Vollen muss an sich ziehen, was einen starken Strom zusammenbringen kann.
Ja sogar Flüsse, die in weiten Betten strömen,
können verschwinden: Entweder hat sie ein Strudel
jäh heruntergerissen und in seinem verhängnisvollen Mund aufgenommen,
oder sie fließen verborgen weiter, in verdeckten Höhlen eingeschlossen,
und setzen ihren Lauf, weit entfernt nach oben gelangt, unerwartet fort.
Wenn nun die Erde nicht verschiedene Kanäle nach oben brächte,
wenn es wirklich keinen Pfad als Herberge für die Flüsse gäbe,
gäbe es für die Quellen und Bäche keine Straße, und die Erde würde träge,
zusammengepresst in eine feste Masse, unter ihrem schwerfälligen Gewicht ruhen.

Quod si praecipiti conduntur flumina terra,
condita si redeunt, si quaedam incognita surgunt,
haud mirum clausis etiam si libera ventis
spiramenta latent. certis tibi pignora rebus
atque oculis haesura tuis dabit ordine tellus.
inmensos plerumque sinus et iugera pessum
intercepta licet densaeque abscondita nocti
prospectare: procul chaos ac sine fine ruina est.
cernis et in silvis spatiosa cubilia retro
antraque demersas penitus fodisse latebras:
incomperta via est operum; tantum effluit intra
...
argumenta dabunt ignoti vera profundi:
tu modo subtiles animo duce percipe causas
occultamque fidem manifestis abstrahe rebus.
nam quo liberior quoque est animosior ignis
semper in inclusis, nec ventis segnior ira est,
sub terra penitus moveant hoc plura necesse est,
vincla magis solvant, magis hoc obstantia pellant.
nec tantum in rigidos exit contenta canales
vis animae flammaeve; ruit qua proxima cedunt
obliquumque secat qua visa tenerrima claustra.
hinc terrae tremor, hinc motus, ubi densus hiantis
spiritus exagitat venas cessantiaque urget.
quod si spissa foret, solido si staret in omni,
nulla daret miranda sui spectacula tellus
pigraque et in pondus conferta immobilis esset.

Sed summis si forte putas concrescere causis
tantum opus et summis alimentum viribus, ora
qua patula in promptu cernis vastosque recessus,

Wenn nun Flüsse in abschüssiger Erde aufgenommen werden,
wenn aufgenommene wieder zurückkehren, wenn gewisse unbekannt hervortreten,
überrascht es nicht, wenn auch für eingeschlossene Winde freie
Luftlöcher versteckt sind. Mit sicheren Tatsachen und der Reihe nach
wird dir die Erde Beweise liefern, die in deinen Augen haften bleiben werden.
Oft kann man unermessliche Hohlräume und Landflächen, die in die Tiefe
abgestürzt und in dichter Nacht verborgen sind,
sehen: Weit weg gibt es leeren Raum und Einsturz ohne Ende.
Auch in Wäldern siehst du, dass geräumige Lagerstätten
und Höhlen tief versenkte Verstecke nach hinten gegraben haben:
Der Weg dieser Aktivitäten ist unbekannt; nur fließt im Inneren heraus
[…]
werden wahre Nachweise liefern für die unbekannte Tiefe:
Erfasse du nur, unter der Führung deines Geistes, die genauen Ursachen
und gewinne die verborgene Wahrheit aus den offensichtlichen Tatsachen.
Denn je unkontrollierbarer und je belebter Feuer in eingeschlossenen
Räumen jeweils ist – und die Winde haben keine trägere Wut –,
umso mehr müssen die Winde sich unter der Erde im Innersten bewegen,
umso mehr ihre Fesseln ablegen, umso mehr verdrängen, was im Weg ist.
Und die angestaute Kraft der Luft oder der Flamme geht nicht nur
in starre Kanäle hinaus; sie stürzt sich dahin, wo die Umgebung weicht,
und bahnt sich ihren Weg seitwärts, wo die Schranken am schwächsten erscheinen.
Daher gibt es Erdbeben, daher Bewegungen, wenn ein dichter ›Spiritus‹
aufklaffende Adern heraustreibt und Ruhendes bedrängt.
Wenn sie nun kompakt wäre, wenn sie ganz aus fester Masse bestünde,
böte die Erde keine bewundernswerten Anblicke ihrer selbst;
träge wäre sie und, zu einem Klumpen zusammengepresst, unbeweglich.
Aber wenn du vielleicht glaubst, dass sich eine so große Aktivität aus Ursachen
an der Oberfläche bildet und ihr Nährstoff aus Kräften an der Oberfläche, wo du
offenstehende Spalten und weite Vertiefungen deutlich siehst,

falleris et nondum in certo tibi lumine res est. 161
quippe, ubi quod teneat ventos acuatque morantis 165
in vacuo defit, cessant, tantumque profundi 166
explicat errantis et in ipso limine tardat. 167
namque illuc, quodcumque vacans hiat, impetus omnis, 162
at sese introitu solvunt adituque patenti 163
conceptae languent vires animosque remittunt. 164
angustis opus est, ut turbent, faucibus: illic 168
fervet opus densaque premit premiturque ruina
nunc Euri Boreaeque Notus, nunc huius uterque.
hinc venti rabies, hinc saevo quassa citatu
fundamenta soli trepidant urbesque caducae.
inde, neque est aliud, si fas est credere, mundo
venturam antiqui faciem, veracius omen.
haec primo constat species naturaque terrae:
introrsus cessante solo trahit undique venas.

Aetna sui manifesta fides et proxima vero est.
non illic duce me occultas scrutabere causas;
occurrent oculis ipsae cogentque fateri.
plurima namque patent illi miracula monti:
hinc vasti terrent aditus merguntque profundo,
porrigit hinc artus penitusque exaestuat intra,
hinc scissae rupes obstant discordiaque ingens,
inter opus nectunt aliae mediumque coercent

161 dann täuschst du dich, und die Sache erscheint dir noch nicht im richtigen Licht.
165 Ja, wenn das, was die Winde zurückhalten und antreiben kann, sollten diese zögern,
166 im leeren Raum fehlt, dann erlahmen sie, und die so große Tiefe
167 zerstreut sie in alle Richtungen und hemmt sie unmittelbar auf der Schwelle.
162 Denn auf all das, was leer aufklafft, richtet sich ihre ganze Triebkraft,
163 aber beim Eintreten lösen sich die Kräfte auf, lassen, weil sie in einem offenstehenden
164 Zugang aufgenommen werden, nach und verlieren ihre Energie.
168 Es bedarf enger Öffnungen, damit sie wirbeln können: Dort
wird die Arbeit hitzig betrieben, und bald drängt Notus und wird bedrängt durch das geballte
170 Herabstürzen von Eurus und Boreas, bald die beiden durch das von jenem.
Deshalb entsteht die Wut eines Windes, deshalb werden der Grund des Bodens
und die leicht fallenden Städte durch wilde Bewegung erschüttert und beginnen zu wanken.
Daher gibt es, wenn man daran glauben darf, ein Anzeichen dafür – und kein anderes
ist zuverlässiger –, dass die Welt ihr altes Aussehen zurückerhalten wird.
175 Erstens steht diese Form und Natur der Erde fest:
Sie lässt, während der Boden ruht, im Innern überall Adern verlaufen.
Der Ätna liefert einen klaren und der Wahrheit sehr nahen Beweis über sich selbst.
Nicht wirst du dort unter meiner Führung nach verborgenen Ursachen suchen;
sie werden dir selbst in die Augen springen und dein Eingeständnis erzwingen.
180 Denn sehr viele Wunder sind an jenem Berg deutlich sichtbar:
Hier erschrecken weite Zugänge und tauchen in der Tiefe ein,
der Berg streckt hier Glieder hervor und brodelt tief innen heraus,
hier stehen gespaltene Felsen im Weg und gewaltige Unordnung,
andere Felsen durchziehen die Aktivität und umschließen sie in ihrer Mitte,

pars igni indomitae, pars ignes ferre coactae.
haec operis visenda sacri faciesque domusque, 187b
haec illi sedes tantarumque area rerum est. 187
  Nunc opus artificem incendi causamque reposcit, 188
non illam parvo aut tenui discrimine signes:
mille sub exiguum venient tibi pignora tempus.
res oculos ducent, res ipsae credere cogent;
quin etiam tactu moneant, contingere tuto
si liceat; prohibent flammae custodiaque ignis
illi operi est, arcent aditus divinaque rerum 194
cura sine arbitrio est: eadem procul omnia cernes. 196
nec tamen est dubium penitus quid torqueat Aetnam,
aut quis mirandus tantae faber imperet arti.
pellitur exustae glomeratim nimbus harenae,
flagrantes properant moles, volvuntur ab imo
fundamenta, fragor tota nunc rumpitur Aetna,
nunc fusca pallent incendia mixta ruina.
ipse procul tantos miratur Iuppiter ignes,
neve sepulta novi surgant in bella gigantes,
neu Ditem regni pudeat, neu Tartara caelo
vertat: in occulto tantus tremor omniaque extra
congeries operit saxorum et putris harenae.
quae nec sponte sua saliunt nec corporis ullis
subiectata cadunt robusti viribus: omnes
exagitant venti turbas ac vertice saevo

185 ein Teil ungezähmt vom Feuer, ein Teil gezwungen, das Feuer zu ertragen.
187b Dies muss man sehen, die Erscheinung und das Haus der heiligen Aktivität,
187 dies ist ihr Platz und das Gebiet so gewaltiger Ereignisse.
188 Jetzt verlangt mein Werk nach einem Urheber und einer Ursache für den Brand,
nicht kannst du diese durch schwaches oder feines Unterscheiden erkennen:
190 Tausend Beweise werden sich dir in kurzer Zeit zeigen.
Die Dinge werden deine Augen führen, die Dinge selbst werden dich zwingen zu glauben;
ja, sie könnten sogar durch Berührung Hinweise geben, wenn man sie sicher berühren
könnte; die Flammen verhindern es – und das Feuer ist eine Wache
194 für jene Aktivität –, sie verwehren den Zutritt, und die göttliche Sorge
196 um diese Dinge lässt keine Zeugen zu: Du wirst dies alles aus der Ferne beobachten.
Und dennoch gibt es keinen Zweifel darüber, was den Ätna im Innersten quält,
oder welcher bewundernswerte Schöpfer über ein so großes Kunstwerk gebietet.
Herausgeschleudert in einem Haufen wird eine Wolke von verbranntem Sand,
200 lodernde Massen eilen dahin, von ganz unten her wälzen sich
die Fundamente nach oben, ein Krachen erklingt bald am ganzen Ätna,
bald sind die Brände blass, durchmischt mit dunklen Trümmern.
Iuppiter selbst wundert sich aus der Ferne über so große Feuermassen und befürchtet,
dass sich die Giganten erneut zu schon beigelegten Kriegen erheben
205 oder Dis sich wegen seines Reiches schämt und die Unterwelt für den Himmel
eintauscht: Im Verborgenen gibt es so großes Beben, und außen bedeckt
ein Haufen von Felsen und lockerem Sand alles.
Diese springen nicht aus eigenem Antrieb in die Höhe und fallen nicht, weil sie durch irgendwelche
Kräfte eines festen Körpers von unten heraufgeworfen wurden: Das ganze
210 Material treiben die Winde heraus, und alles, was in einem wilden Strudel

in densum conlecta rotant volvuntque profundo.
hac causa expectata ruunt incendia montis.
spiritus inflatis nomen, languentibus aer.
nam prope nequiquam per se est violentia flammae:
ingenium velox illi motusque perennis,
verum opus auxilium est ut pellat corpora; nullus
impetus est ipsi; qua spiritus imperat, audit;
hic princeps magnoque sub hoc duce militat ignis.
Nunc quoniam in promptu est operis natura solique,
unde ipsi venti, quae res incendia pascit,
cur subito cohibent vires, quae causa silenti,
subsequar: inmensus labor est sed fertilis idem,
digna laborantis respondent praemia curis.
non oculis solum pecudum miranda tueri
more nec effusos in humum grave pascere corpus,
nosse fidem rerum dubiasque exquirere causas,
ingenium sacrare caputque attollere caelo,
scire quot et quae sint magno natalia mundo
principia – occasus metuunt an saecula pergunt
et firma aeterno religata est machina vinclo –,
solis scire modum et quanto minor orbita lunae,
haec brevior cursu ut bis senos pervolet orbes,
annuus ille meet, quae certo sidera currant
ordine quaeve suos servent incondita motus,
scire vices etiam signorum et tradita iura

dicht zusammengetragen wurde, schleudern und wirbeln sie aus der Tiefe.
Aus diesem Grund wühlen sie die Brände des Berges wie erwartet auf.
›Spiritus‹ ist der Name für aufgeblähte Winde, für schlaffe ›Aer‹.
Denn auf sich allein gestellt ist die Gewalt der Flamme fast vernachlässigbar:
Sie hat zwar die Eigenschaft der Schnelligkeit und ist ständig in Bewegung,
aber sie braucht Hilfe, um Körper anzutreiben; sie selbst
hat keine Triebkraft; wo der ›Spiritus‹ Befehle erteilt, gehorcht sie;
dieser ist der Gebieter, und unter diesem großen Führer leistet das Feuer Dienst.
Nun, da die Natur der Aktivität und des Bodens deutlich geworden ist,
werde ich damit, woher die Winde selbst kommen, welche Sache die Brände nährt,
warum diese plötzlich ihre Kräfte zügeln, welchen Grund es gibt für ihr Schweigen,
fortfahren: Eine riesige Arbeit ist es, doch ebenso eine fruchtbare,
einen würdigen Lohn gibt es für die Mühen des Arbeitenden.
Nicht bloß mit den Augen Bewundernswertes zu betrachten nach der Art
des Viehs und nicht auf den Boden ausgestreckt einen schweren Körper zu füttern,
vielmehr die Wahrheit über die Dinge zu kennen und zweifelhafte Ursachen zu untersuchen,
seine Begabung einzusetzen und das Haupt zum Himmel zu erheben,
zu wissen, wie viele und welche die von Natur aus der großen Welt eigenen
Elemente sind – ob sie den Untergang fürchten oder jahrhundertelang fortbestehen
und ob ihr Gerüst durch eine ewige Fessel fest zusammengebunden ist –,
vom Maß der Sonne zu wissen, und um wie viel die Bahn des Mondes geringer ist,
sodass dieser in seinem kürzeren Lauf zweimal sechs Kreise durchfliegt,
jene eine jährliche Bahn zieht, welche Gestirne in einer bestimmten Ordnung
laufen oder welche ihre eigenen Bewegungen ungeregelt vollziehen,
zu wissen auch vom Wechsel der Sternzeichen und den ihnen zugeteilten Rechten

(sex cum nocte rapi, totidem cum luce referri),
nubila cur caelo, terris denuntiet imbres,
quo rubeat Phoebe, quo frater palleat, igni,
tempora cur varient anni, ver, prima iuventa,
cur aestate perit, cur aestas ipsa senescit
autumnoque obrepit hiems et in orbe recurrit,
axem scire Helices et tristem nosse cometen,
Lucifer unde micet, quave Hesperus, unde Bootes,
Saturni quae stella tenax, quae Martia pugnax,
quo rapiant nautae, quo sidere lintea tendant,
scire vias maris et caeli praediscere cursus,
quo volet Orion, quo Serius incubet index,
et quaecumque iacent tanto miracula mundo
non congesta pati nec acervo condita rerum,
sed manifesta notis certa disponere sede
singula, divina est animi ac iucunda voluptas.
sed prior haec homini cura est, cognoscere terram
quaeque in ea miranda tulit natura notare:
haec nobis magis adfinis caelestibus astris.
nam quae mortali spes est, quae amentia maior,
in Iovis errantem regno perquirere divos,
tantum opus ante pedes transire ac perdere segnem?
torquemur miseri in parvis premimurque labore,
scrutamur rimas et vertimus omne profundum,
quaeritur argenti semen, nunc aurea vena,
torquentur flamma terrae ferroque domantur,

235b (dass sechs in der Nacht dahingerafft, dass ebenso viele mit dem Tageslicht zurückgebracht werden),
236 warum Phoebe Wolken am Himmel, auf der Erde Regen ankündigt
durch das Feuer, durch welches sie rot, durch welches ihr Bruder bleich wird,
warum sich die Jahreszeiten ändern, warum der Frühling, die erste Jugend,
im Sommer endet, warum der Sommer selbst alt wird,
240 der Winter sich an den Herbst heranschleicht und im Kreislauf zurückkehrt,
zu wissen von der Achse der Helike und einen unheilverkündenden Kometen zu erkennen,
woher Lucifer strahlt oder wo Hesperus, woher Bootes,
welcher zurückhaltende Stern dem Saturnus gehört, welcher der kämpferische Mars ist,
bei welchem Gestirn Seefahrer die Segel einziehen, bei welchem sie sie hissen,
245 zu wissen von den Meereswegen und die Himmelsbahnen vorher zu erfahren,
wohin Orion eilt, wo der Sirius brütet, der Hinweise gibt,
und nicht zu ertragen, dass all die Wunder, die in der so weiten Welt daliegen,
vermischt und in einem Haufen von Dingen verborgen bleiben,
sondern sie einzeln, durch Merkmale deutlich getrennt, an einem bestimmten Ort
250 aufzustellen, das ist das göttliche und angenehme Vergnügen des Geistes.
Aber wichtiger für den Menschen ist die Aufgabe, die Erde zu verstehen
und zu bemerken, was die Natur Bewundernswertes auf ihr hervorgebracht hat:
Dies liegt uns näher als die Sterne am Himmel.
Denn was für eine Hoffnung ist für einen Sterblichen, was für eine Verrücktheit größer,
255 als in Iuppiters Reich herumzuirren und nach den Göttern zu suchen,
ein so großes Kunstwerk vor seinen Füßen zu übergehen und aus Trägheit zu verlieren?
257 Wir quälen uns elend mit Kleinigkeiten und werden von Arbeit erdrückt,
276 wir durchkämmen Ritzen und wühlen jede Tiefe auf,
277 nach Silbererz sucht man, bald nach einer Goldader,
278 die Erde wird mit Feuer gequält und mit Eisen gezähmt,

dum sese pretio redimant, verumque professae
tum demum vilesque iacent inopesque relictae.
noctes atque dies festinant arva coloni,
callent rure manus, glebarum expenditur usus:
fertilis haec segetique feracior, altera viti,
haec plantis humus, haec herbis dignissima tellus,
haec dura et melior pecori silvisque fidelis,
aridiora tenent oleae, sucosior ulmis
grata. leves cruciant animos et corpora causae,
horrea uti saturent, tumeant ut dolea musto,
plenaque desecto surgant faenilia campo:
sic avidis semper quidvis est carius ipsis.
implendus sibi quisque bonis est artibus: illae
sunt animi fruges, haec rerum maxima merces,
scire quid occulto terrae natura coercet,
nullum fallere opus, non mutum cernere sacros
Aetnaei montis fremitus animosque furentis,
non subito pallere sono, non credere subter
caelestis migrasse minas aut Tartara rumpi,
nosse quid intendat ventos, quid nutriat ignes,
unde repente quies et muto foedere pax sit.
...
concrescant animi penitus; seu forte cavernae
introitusque ipsi sorbent; seu terra minutis
rara foraminibus tenues in se abstrahit auras
(plenius hoc etiam rigido quia vertice surgens,

bis sie sich durch ihre Schätze freikauft, und nach Preisgabe ihres Geheimnisses
liegt sie dann zuletzt wertlos und armselig verlassen da.
Tage- und nächtelang bestellen Bauern fleißig ihre Felder,
ihre Hände erhalten Schwielen von der Landarbeit, die Brauchbarkeit der Schollen wird geprüft:
Dieser Boden ist fruchtbar und für Saat ertragreicher, der andere für Weinreben,
dieser für Setzlinge, dieses Land ist für Kräuter am geeignetsten,
dieses ist hart, besser für Kleinvieh und für Waldbäume zuverlässig,
Olivenbäume besetzen trockenere Gebiete, feuchteres Land ist Ulmen
willkommen. Unbedeutende Angelegenheiten quälen Gedanken und Körper,
dass sich die Scheunen füllen, dass die Fässer von Most überlaufen
und nach dem Schneiden des Feldes ein voller Heuboden in die Höhe ragt:
So ist für die, die auf etwas erpicht sind, immer alles Mögliche wichtiger als sie selbst.
Jeder muss sich mit edlen Wissenschaften beschäftigen: Sie
sind die Früchte des Geistes, dies ist der größte Lohn der Welt,
zu wissen, was die Natur im Dunkeln der Erde umschließt,
über ihre Aktivität keine Lügen zu verbreiten, nicht stumm dem heiligen Dröhnen
und den rasenden Energien des Ätna-Gebirges zuzuschauen,
nicht zu erblassen vor einem plötzlichen Ton, nicht zu glauben, dass
himmlische Bedrohungen herabgelangt sind oder die Unterwelt auseinanderbricht,
erkannt zu haben, was Winde verstärkt, was Feuer nährt,
woher plötzlich Ruhe und bei stummem Bündnis Frieden kommen.
[…]
die Energien bilden sich im Innersten; entweder verschlingen vielleicht Höhlen
und die Eingänge selbst sie; oder die Erde, die wegen winziger
Öffnungen locker ist, saugt zarte Lüfte in sich auf
(dies umso mehr noch, weil sich der Ätna mit einem emporstarrenden Gipfel erhebt,

illinc infestis atque hinc obnoxia ventis,
undique diversas admittere cogitur auras,
et coniuratis addit concordia vires);
sive introrsus agunt nubes et nubilus auster,
cum montis texere caput tergoque feruntur,
praecipiti deiecta sono premit unda fugatque
torpentes auras pulsataque corpora denset;
nam, veluti sonat ora diu Tritone canoro
(pellit opus collectus aquae victusque moveri
spiritus et longas emugit bucina voces)
carmineque irriguo magnis cortina theatris
imparibus numerosa modis canit arte regentis,
quae tenuem impellens animam subremigat unda,
haud aliter summota furens torrentibus aura
pugnat in angusto et magnum commurmurat Aetna:
credendum est aliquam ventorum existere causam 301
ut condensa premant inter se corpora, turbam 303
elisa in vacuum fugiant et proxima secum
momine torta trahant tuta dum sede resistant.
quod si forte mihi quaedam discordia tecum est,
principiis aliis credas consurgere ventos:
non dubium rupes aliquas penitusque cavernas 308
sub terra similis harum quas cernimus extra 302
proruere ingenti sonitu casuque propinquas 309
diffugere impellique animas, hinc crescere ventos;
aut umore etiam nebulas se effundere largo,
ut campis agrisque solent quos adluit amnis.

hier und dort feindlichen Winden ausgesetzt ist,
gezwungen wird, überall verschiedene Lüfte hineinzulassen,
und weil den Verschworenen ihre Einigkeit Kräfte verleiht);
oder Wolken und der wolkenbringende Südwind treiben sie nach innen,
290 wenn sie die Spitze des Berges bedeckt haben und auf seinem Rücken weitereilen,
das Wolkenwasser drängt heran, mit stürzendem Klang herabgeschleudert, vertreibt
die gelähmten Lüfte, schlägt und verdichtet ihre Substanz;
denn, wie die Küste lange ertönt vom klangreichen Triton
(eine Wasseransammlung und die zur Bewegung gezwungene Luft produzieren
295 die Wirkung, und das Horn brüllt anhaltende Töne heraus)
und wie die Wasserorgel mit wassergetriebenem Lied in großen Theatern,
mit wechselnden Tönen rhythmisch, durch die Kunst des Spielenden erklingt,
die beim Antreiben der feinen Luft im Wasser unten rudert,
nicht anders kämpft die Luft, die von Wasserströmen weggeschafft wurde,
300 tobend im engen Raum, und es brummt bei sich laut der Ätna:
301 Es ist anzunehmen, dass es irgendeine Ursache für die Winde gibt,
303 sodass die Körper sehr dicht aufeinanderdrücken, hinausgestoßen
ins Leere dem Gedränge entfliehen und alles in nächster Nähe, durch den Anstoß
305 herumgewirbelt, mit sich ziehen, bis sie an einem sicheren Ort zur Ruhe kommen.
Wenn du nun vielleicht nicht ganz einverstanden bist mit mir,
kannst du auch gern glauben, dass sich Winde aus anderen Gründen erheben:
308 Kein Zweifel besteht darin, dass irgendwelche Felsbrocken und Höhlen im Innersten
302 unter der Erde – ähnlich denen, die wir außen sehen –
309 mit mächtigem Getöse einstürzen und dass bei ihrem Fallen die Lüfte
310 in ihrer Nähe auseinanderfliehen und angetrieben werden, dass daher Winde entstehen;
oder dass sich bei reichlicher Feuchtigkeit auch Nebel ausbreiten,
wie sie es gewöhnlich über Feldern und Äckern tun, die ein Fluss bespült.

vallibus exoriens caligat nubilus aer,
flumina parva ferunt auras, vis proxima vento est,
eminus adspirat fortis et verberat umor.
atque haec in vacuo si tanta potentia rorum est,
hoc plura efficiant infra clusique necesse est.
his igitur causis extra penitusque coactus
exagitant ventos; pugnant in faucibus; arte
pugnantis suffocat iter. velut unda profundo
terque quaterque exhausta graves ubi perbibit euros,
ingeminant fluctus et primos ultimus urget,
haud secus adstrictus certamine tangitur ictu
spiritus involvensque suo sibi pondera nisu
densa per ardentes exercet corpora vires
et, quacumque iter est, properat transitque moramen,
donec confluvio, veluti siponibus actus,
exilit atque furens tota vomit igneus Aetna.
   Quod si forte putas summis decurrere ventos
faucibus atque isdem pulsos remeare, notandas
res oculis locus ipse dabit cogetque negare.
quamvis caeruleo siccus Iove fulgeat aether
purpureoque rubens surgat iubar aureus ostro,
illinc obscura semper caligine nubes 334
prospectat sublimis opus vastosque recessus 336
pigraque diffuso circum stupet undique vultu. 335
non illam videt Aetna nec ullo intercipit aestu: 337
obsequitur quacumque iubet levis aura reditque.
placantes etiam caelestia numina ture

Sich aus Tälern erhebend lässt wolkenbringende Luft dunklen Dunst aufsteigen,
kleine Flüsse bringen Lüfte, ihre Kraft kommt einem Wind sehr nahe,
aus der Ferne haucht Feuchtigkeit sie an und schlägt sie, bis sie stark sind.
Und wenn diese Macht der Wassermassen im Freien schon so groß ist,
bewirken sie im Innern und eingeschlossen notwendigerweise umso mehr.
Aufgrund dieser Ursachen also treiben außen und im Innersten Zwänge
Winde heraus; diese kämpfen im Krater; beim Kampf
in der Enge schnürt sie der Kanal ein. Wie wenn eine Welle dreimal und viermal
aus der Tiefe herausgeschleudert wurde und wuchtige Ostwinde aufgesaugt hat,
die Wogen sich verdoppeln und die letzte die ersten bedrängt,
nicht anders wird der ›Spiritus‹ vom Kampf erfasst, durch den Zusammenprall
getroffen und übt, sich mit seinem Schwung Gewicht aufladend,
seine glühenden Kräfte auf die dichten Körper aus,
eilt überall hin, wo es einen Weg gibt, und überwindet Hindernisse,
bis er in einem Zusammenfluss, wie von Wasserpumpen bewegt,
herausschießt und rasend am ganzen Ätna Feuer speit.
Wenn du nun vielleicht denkst, dass die Winde von zuoberst am Krater
herabgleiten und zurückgedrängt zu eben diesem zurückkehren, wird der Ort selbst
deinen Augen bemerkenswerte Tatsachen liefern und dich zwingen, dies zu verneinen.
Auch wenn der Äther am blauen Himmel trocken glänzt
und sich der goldene Morgenstern mit purpurner Färbung rötlich erhebt,
334 sieht von dort doch eine Wolke, hoch oben immer im dunklen
336 Dunst, auf die Aktivität und auf die weiten Vertiefungen
335 und steht mit rundum überallhin gerichtetem Ausdruck träge still.
337 Der Ätna beachtet sie nicht und löst sie nicht mit irgendwelcher Hitze auf:
Sie folgt überallhin, wohin leichte Luft ihr gebietet, und kehrt wieder zurück.
Sieh auch auf diejenigen, welche die himmlischen Gottheiten zuoberst auf dem Gipfel

summo cerne iugo, vel qua liberrimus Aetna
introspectus hiat tantarum in semina rerum,
si nihil irritet flammas stupeatque profundum.
hinc igitur cernis torrens ut spiritus ille,
qui rupes terramque rotat, qui fulminat ignes,
cum rexit vires et praeceps flexit habenas,
praesertim ipsa suo declinia pondere numquam
corpora deripiat validoque absorbeat actu?
quod si fallor, abest species tantusque ruinis
impetus adtentos oculorum transfugit ictus,
nec levis astantes igitur ferit aura movetque
...
sparsa liquore manus sacros ubi ventilat ignis,
verberat aura tamen pulsataque corpora nostris
incursant: adeo in tenui vim causa repellit
...
non cinerem stipulamve levem, non arida sorbet
gramina, non tenuis placidissimus excit apludas.
surgit adoratis sublimis fumus ab aris:
tanta quies illi est et pax innoxia rapti.
sive peregrinis igitur propriisve potentes
coniurant animae causis, ille impetus ignes
et montis partes atra subiectat harena,
vastaque concursu trepidantia saxa fragoris
ardentisque simul flammas ac fulmina rumpunt,
haud aliter quam, cum prono iacuere sub austro
aut aquilone fremunt silvae, dant bracchia nodo
implicita ac serpunt iunctis incendia ramis.

mit Weihrauch besänftigen oder sogar dort, wo auf dem Ätna der freieste
Blick in die Ursprünge so großer Dinge sich öffnet,
wenn nichts die Flammen entfacht und die Tiefe erstarrt ist.
Siehst du also hierbei, wie jener glühende ›Spiritus‹,
der Felsen und Erde wälzt, der Feuer schleudert,
wenn er seine Kräfte unter Kontrolle gebracht und die Zügel eilig angezogen hat,
gerade die Körper, die sich wegen ihres eigenen Gewichts gern von selbst wegneigen,
niemals wegreißt und mit einer kräftigen Bewegung verschlingt?
Wenn ich mich nun täusche, sieht man so etwas nicht, und eine für Gesteinsbrocken derart große
Triebkraft entgeht den aufmerksamen Blicken der Augen,
und so trifft und bewegt auch nicht leichte Luft die daneben Stehenden
[...]
wenn eine mit Flüssigkeit besprenkelte Hand heiliges Feuer anfacht,
trifft uns dennoch ein Hauch, und die angestoßenen Substanzen eilen
auf uns zu: So sehr stößt in einer feinen Sache eine Ursache die Kraft zurück
[...]
⟨Der Ätna⟩ saugt keine Asche oder leichtes Stroh, keine trockenen
Grasstängel auf, keine feine Spreu bewegt er, wenn er ganz ruhig ist.
Weit nach oben erhebt sich der Rauch von den Altären, wenn sie angebetet werden:
Jener hat eine so große Ruhe und einen Frieden, der am Raub unschuldig ist.
Ob sich nun die mächtigen Lüfte aus äußeren Ursachen
verschwören oder aus inneren, jene Triebkraft schleudert
Feuer und Bergteile zusammen mit schwarzem Sand in die Höhe,
und gewaltige, beim Zusammenprall wankende Felsen lassen Krachen,
glühende Flammen und zugleich Blitze hervorbrechen,
nicht anders, als wenn unter dem herabstürzenden Südwind Wälder
am Boden liegen oder vom Nordwind rauschen, ihre Arme ausstrecken, die zu einem Knoten
verwickelt werden, und wegen der Ästeverbindungen Brände sich anschleichen.

Nec te decipiant stolidi mendacia vulgi,
exhaustos cessare sinus, dare tempora rursus
ut rapiant vires repetantque in proelia victi;
pelle nefas animo mendacemque exue famam.
non est divinis tam sordida rebus egestas,
nec parvas mendicat opes nec conrogat auras.
praesto sunt operae, ventorum examina, semper:
causa latet quae rumpat iter cogatque morari.
saepe premit fauces magnis exstructa ruinis
congeries clauditque vias luctamine ab imo
et spisso veluti tecto sub pondere praestat
haud similis, teneros cursu – cum frigida monti
desidia est tutoque licet descendere – ventos.
post, ubi convaluere mora, velocius urgent,
pellunt oppositi moles et vincula rumpunt;
quicquid in obliquum est, frangunt iter; acrior ictu
impetus exoritur, magnis operata rapinis
flamma micat latosque ruens exundat in agros.
sic cessata diu referunt spectacula venti.
Nunc superant quaecumque creant incendia silvae.
quae flammas alimenta vocent, quid nutriat Aetnam
...
incendi poterunt. imis vernacula claustris
materia adpositumque igni genus utile terrae est.
uritur assidue calidus nunc sulphuris umor,
nunc spissus crebro praebetur alumine sucus,

Und nicht mögen die Lügen des dummen Volkes dich täuschen,
dass die Hohlräume erschöpft ruhen, dass Zeit ihnen wieder ermöglicht,
Kräfte an sich zu reißen und nach der Niederlage in die Schlacht zurückzueilen;
vertreibe diese frevelhafte Ansicht aus deinen Gedanken und entledige dich dieses lügnerischen Gerüchts.
Göttliche Dinge haben keine so schändliche Armut,
diese bettelt nicht um kleine Hilfeleistungen und ruft keine Lüfte zusammen.
Bereit sind die Arbeiter, die Scharen der Winde, immer:
Verborgen bleibt die Ursache, die ihren Weg unterbrechen und sie zwingen könnte zu zögern.
Oft drückt ein aus großen Gesteinsbrocken aufgeschichteter Haufen
auf den Krater, verschließt die Wege vor dem Ringen ganz innen
und macht sie, wie unter einem dicken Dach, unter seinem Gewicht
zu untypischen, in ihrem Lauf zarten – wenn kalte Trägheit den Berg
in Besitz genommen hat, und es möglich ist, sicher hinabzusteigen – Winden.
Dann, wenn sie wegen des Unterbruchs erstarkt sind, drängen sie schneller vorwärts,
drücken von der Gegenseite auf die Gesteinsmassen und zerreißen ihre Fesseln;
was auch immer in die Quere kommt, sie brechen sich einen Weg frei; eine heftigere
Triebkraft entsteht durch den Zusammenprall, eine geschäftige Flamme auf großem
Beutezug blitzt auf und ergießt sich strömend in die weiten Äcker.
So bringen die Winde nach langer Ruhe ihre Schauspiele zurück.
Nun bleiben noch all die Stoffe, die Brände verursachen.
Welche Nährstoffe Flammen herbeirufen, was den Ätna nährt
[…]
wird […] eines Brandes können. In den innersten Winkeln gibt es eine hier entstandene
Materie und direkt daneben eine Sorte von Erde, die dem Feuer zuträglich ist.
Bald brennt die warme Schwefelflüssigkeit unablässig,
bald zeigt sich ein mit viel Alaun verdickter Saft,

pingue bitumen adest et quicquid comminus acris
irritat flammas, illius corporis Aetna est.
atque, hanc materiam penitus discurrere testes,
infectae eructantur aquae radice sub ipsa.
pars oculis manifesta iacet, quae robore dura est
ac lapis: in pingui fervent incendia suco.
quin etiam varie quaedam sine nomine saxa
toto monte liquant.
                                        Illis custodia flammae
vera tenaxque data est, sed maxima causa molaris
illius incendi lapis est: hic vindicat Aetnam.
quem si forte manu teneas ac robora cernas
nec fervere putes ignem nec spargere posse,
sed simul ac ferro quaeras, respondet et ictu
scintillat dolor. hunc multis circum inice flammis
et patere extorquere animos atque exue robur:
fundetur ferro citius, nam mobilis illi
et metuens natura mali est, ubi cogitur igni;
sed simul atque hausit flammas, non tutior haustis
ulla domus, servat faciem duratque tenaci
saepta fide: tanta est illi patientia victo.
vix umquam reddit vires atque evomit ignem,
totus enim denso stipatus robore tarde
per tenuis admissa vias incendia nutrit
cunctanterque eadem et pigre concepta remittit.
nec tamen hoc uno, quod montis plurima pars est,
vincit et incendi causam tenet ille. profecto

fettes Erdpech gibt es da und alles, was bei Kontakt heftige
Flammen erzeugt, aus dieser Substanz ist der Ätna.
Und, als Zeugen dafür, dass diese Materie im Innersten verbreitet ist,
brechen unmittelbar am Fuß des Berges Quellen hervor, die damit kontaminiert sind.
Deutlich vor unseren Augen liegt der Teil, der im Kern hart
und Stein ist: In seinem fetten Saft glühen die Brände.
Ja, diese schmelzen sogar auf verschiedene Art und Weise gewisse namenlose Steine
auf dem ganzen Berg.
Diesen wurde die echte und dauerhafte
Bewachung der Flammen anvertraut, aber die größte Ursache für jenen Brand
ist der Lavastein: Dieser beansprucht den Ätna für sich.
Wenn du diesen vielleicht in der Hand hältst und seine Festigkeit betrachtest,
dürftest du wohl nicht glauben, dass er glühen und Feuer verbreiten kann,
aber sobald du ihn mit dem Eisen verhörst, gibt er Antwort, und bei einem Schlag
sprüht sein Schmerz Funken. Wirf ihn mitten in viele Flammen,
lass sie ihm seine Energien entreißen und entledige ihn seiner Festigkeit:
Schneller als Eisen wird er flüssig werden, denn er hat eine veränderliche
Natur und eine, die Leid fürchtet, wenn sie vom Feuer genötigt wird.
Aber sobald er Flammen in sich aufgesaugt hat, gibt es für die aufgesaugten kein
sichereres Haus, es bewahrt das Aussehen und hat Bestand, umgeben
von dauerhafter Verlässlichkeit: So große Ausdauer hat der Lavastein nach der Niederlage.
Kaum jemals gibt er seine Kräfte von sich und speit Feuer,
er ist nämlich mit festem Kern ganz dichtgepresst, nur langsam
nährt er durch enge Wege zugelassene Brände
und gibt eben diese, wenn er sie aufgenommen hat, zögerlich und träge preis.
Und dennoch hat er nicht allein dadurch, dass er den größten Teil des Berges ausmacht,
die Oberhand und die Brandursache unter Kontrolle. Wirklich

miranda est lapidis vivax animosaque virtus;
cetera materies quaecumque est fertilis igni,
ut semel accensa est, moritur nec restat in illa
quod repetas, tantum cinis et sine semine terra est;
hic semel atque iterum patiens ac mille perhaustis
ignibus instaurat vires nec desinit ante
quam levis excocto defecit robore pumex
in cineremque putresque iacet dilapsus harenas.
cerne locis etiam, similes adsiste cavernas:
illic materiae nascentis copia maior,
sed genus hoc lapidis (certissima signa coloris)
quod nullas adiunxit opes, elanguit ignis.
discitur indiciis flagrasse Aenaria quondam,
nunc extincta super, testisque Neapolin inter
et Cumas locus est, multis iam frigidus annis,
quamvis aeternum pingui scatet ubere sulphur
(in mercem legitur, tanto est fecundius Aetna).
insula, cui nomen facies dedit ipsa Rotunda,
sulphure non solum nec obesa bitumine terra est,
et lapis adiutat generandis ignibus aptus,
sed raro fumat, quin vix, si accenditur, ardet,
in breve mortalis flammas quod copia nutrit.
in sola durat Vulcani nomine Sacra,
pars tamen incendi maior refrixit, et alto
iactatas recipit classes portuque tuetur;
quae restat minor est dives satis ubere terrae,
sed non Aetnaeis vires quas conferat illi.
atque haec ipsa tamen iam quondam extincta fuisset,
ni furtim adgereret Siculi vicinia montis
materiam silvamque suam pressove canali
huc illuc ageret ventos et pasceret ignes.

bewundernswert ist die lebhafte und energiegeladene Kraft des Steins;
jede andere Materie, die ertragreich für das Feuer ist,
stirbt, sobald sie einmal entzündet wurde, und in ihr bleibt nichts zurück,
was man wiedergewinnen kann, nur Asche ist sie und Erde ohne Feuerkeim;
der Lavastein, obwohl er dies einmal und immer wieder aushalten muss und tausend Feuer
gänzlich verschlingt, erneuert seine Kräfte und hört nicht auf,
ehe er mit ausgekochtem Kern erloschen ist, als leichter Bimsstein,
und in Asche und lockeren Sand zerfallen daliegt.
Prüfe dies auch an Ort und Stelle nach, nähere dich ähnlichen Höhlen:
Dort ist der Vorrat natürlich wachsender Materie größer,
aber weil diese Gesteinsart (am sichersten ist das Merkmal der Farbe)
keine Hilfe geleistet hat, ist das Feuer erschlafft.
Man lernt durch Hinweise, dass Aenaria einst gelodert hat
und nun obenhin erloschen ist, und als weiteren Zeugen gibt es zwischen Neapel
und Cumae einen Ort, der schon viele Jahre kalt ist,
obwohl unaufhörlich Schwefel in reichlicher Fülle hervorquillt
(er wird für den Handel gesammelt, so viel verbreiteter ist er als auf dem Ätna).
Die Insel, der das Aussehen selbst den Namen ›Rotunda‹ gab,
besteht aus Erde, die nicht nur mit Schwefel und Erdpech angereichert ist,
ihr hilft auch ein Stein, der für die Entstehung von Feuer geeignet ist,
aber er raucht selten, ja er glüht kaum, wenn er entzündet wird,
weil sein vergänglicher Vorrat die Flammen nur für kurze Zeit nährt.
Einzig im Namen ›Heiligtum des Vulcanus‹ lebt der Vorrat weiter,
dennoch ist der größere Teil des Brandes abgekühlt, nimmt
auf dem Meer herumgeworfene Flotten auf und schützt sie im Hafen;
der kleinere Teil, der übrigbleibt, ist reich genug an Erdmasse,
aber er hat keine Kräfte, die er mit denen des Ätna vergleichen könnte.
Und dennoch wäre die Insel selbst schon vor langer Zeit erloschen,
wenn nicht der benachbarte sizilische Berg heimlich Materie
und seinen eigenen Stoff hintragen oder in einem engen Kanal
Winde hierhin und dorthin führen und das Feuer nähren würde.

Sed melius res ipsa notis spectataque veris
occurrit signis nec temptat fallere testem.
nam circa latera atque imis radicibus Aetnae
candentes efflant lapides disiectaque saxa
intereunt, venis manifesto ut cernere possis
pabula et ardendi causam lapidem esse molarem,
cuius defectu ieiunus concidit ignis.
ille, ubi collegit flammas, iacit et simul ictu
materiam accendit cogitque liquescere secum.
haud equidem interius facie qua cernimus extra,
si lenitur opus, res stat; magis uritur illic
sollicitatque magis vicina incendia saxum
certaque venturae praemittit pignora flammae.
nam simul atque movet vires turbamque minatur,
diffugit extemploque solum trahit undique rimas
et grave sub terra murmur denuntiat ignes.
tum pavidum fugere et sacris concedere rebus
par erit: e tuto speculaberis omnia collis.
nam subito effervent onerosa incendia, raptim
accensae subeunt moles truncaeque ruina
provolvunt atque atra rotant examina harenae.
illinc incertae facies hominumque figurae:
pars lapidum domita est, stanti pars robore pugnat
nec recipit flammas; hic indefensus anhelat
atque aperit se hosti, decrescit spiritus illi,
haud aliter quam cum laeto devicta tropaeo
prona iacet campis acies et castra sub ipsa.
tum si quis lapidum summo pertabuit igni,
asperior sopito et quaedam sordida faex est,
qualem purgato cernas desidere ferro.

Aber die Sache zeigt sich uns besser, wenn sie anhand von wahren Merkmalen
und Beweisen geprüft wird, und versucht keinen Augenzeugen zu täuschen.
Denn um die Flanken und zuunterst am Fuß des Ätna
hauchen glühend heiße Steine aus und gehen losgerissene Felsen
unter, sodass man in ihren Adern deutlich erkennen kann,
dass Nahrung und Grund des Glühens der Lavastein ist,
bei dessen Nachlassen das Feuer kraftlos in sich zusammenfällt.
Sobald dieser Flammen gehortet hat, schleudert er sie heraus, entzündet zugleich
durch den Zusammenprall Materie und zwingt sie, mit ihm flüssig zu werden.
Sicher nicht verhält sich die Sache weiter innen auf die Art, wie wir sie außen
sehen, wenn die Aktivität nachlässt: Dort brennt der Fels
stärker, reizt stärker zu Bränden in der Nähe
und schickt sichere Beweise kommender Flammen voraus
Denn sobald er seine Kräfte bewegt und Verwüstung androht,
reißt der Boden plötzlich auf, lässt überall Ritzen verlaufen,
und dumpfes Brummen unter der Erde kündigt Feuer an.
Dann wird ängstlich zu fliehen und den heiligen Ereignissen zu weichen
angebracht sein: Vom sicheren Platz eines Hügels aus wirst du alles beobachten.
Denn plötzlich glühen schwere Brände auf, hastig
steigen entzündete Massen hoch, rollen, durch ihren Einsturz zersplittert,
voran und wirbeln schwarze Sandhaufen herum.
Daher unklare Erscheinungen und Menschengestalten:
Ein Teil der Steine ist gebändigt, ein Teil kämpft – ihr Kern bleibt standhaft –
und nimmt keine Flammen auf; dieser keucht, ohne sich zu verteidigen,
und zeigt sich dem Feind offen, jenem schwindet der Atem,
nicht anders, als wenn ein in einem erfreulichen Sieg endgültig besiegtes Heer
hingestreckt auf dem Schlachtfeld und unmittelbar beim Lager daliegt.
Wenn dann einer der Steine durch Feuer an der Oberfläche nach und nach schmilzt,
ist er nach dem Erlöschen rauer und eine Art schmutzige Schlacke,
wie du sie sich setzen siehst, wenn Eisen gereinigt wird.

verum ubi paulatim exiluit sublata caducis
congeries saxis, angusto vertice surgens,
hic veluti in fornace lapis torretur et omnis 480
exustus penitus venis subit altius umor;
amissis opibus levis et sine pondere pumex
excoquitur. liquor ille magis fervere magisque
fluminis in speciem mitis procedere tandem
incipit et pronis demittit collibus undas. 485
illae paulatim bis sena in milia pergunt;
quippe nihil revocat, curvis nihil ignibus obstat,
nulla tenet moles, frustra simul omnia pugnant;
hinc silvae rupesque natant, hinc terra solumque
ipsum adiutat opus faciemque sibi induit amnis. 490
quod si forte cavis cunctatus vallibus haesit, 491
ingeminant fluctus et stantibus increpat undis, 493
sicut cum rapidum curvo mare cernimus aestu, 494
ac primum tenuis undas agit, inde priores 495
praegrediens late diffunditur usque superne, 496
utpote in aequalis volvens perpascitur agros 492
...
flumina consistunt ripis ac frigore durant 497
paulatimque ignes coeunt ac flammea massis
exuitur facies. tum prima ut quaeque rigescit
effumat moles atque ipso pondere tracta 500
volvitur ingenti strepitu praecepsque sonanti

Sobald sich aber allmählich ein Haufen aufgetürmt hat, der durch die fallenden
Felsen erhöht wurde und mit einem schmalen Gipfel emporragt,
wird hier der Stein wie in einem Ofen geröstet, und die ganze
Feuchtigkeit verflüchtigt sich, im Innersten verbrannt, aus den Adern von unten nach oben;
nach dem Verlust seiner Substanz liegt ein leichter und gewichtsloser Bimsstein
ausgedörrt da. Jene Flüssigkeit beginnt stärker zu glühen, stärker
schließlich, dem Schein nach ein zahmer Fluss, vorwärtszugleiten
und schickt von den abschüssigen Hügeln Wellen herunter.
Diese dringen allmählich zweimal sechs Meilen weit vor;
freilich ruft nichts sie zurück, nichts steht dem wogenden Feuer im Weg,
keine Gesteinsmasse versucht, es zu stoppen, vergeblich kämpft alles zugleich dagegen an;
von der einen Seite schwimmen Wälder und Felswände heran, von der anderen unterstützen die Erde
und der Boden selbst die Aktivität und nehmen das Aussehen eines Stromes an.
491 Wenn dieser nun vielleicht in tiefen Tälern aufgehalten wird und stockt,
493 verdoppeln sich die Fluten, und er schimpft laut, weil die Wellen stehen bleiben,
494 so, wie wenn wir das reißende Meer in wogender Brandung sehen,
495 führt der Lavastrom zuerst feine Wellen, dann überholt er
496 die früheren und verbreitet sich weithin nach oben,
492 weidet, wie ja natürlich sich über ebene Äcker wälzend, völlig ab
[...]
497 Die Lavaflüsse bleiben an den Rändern stehen und werden beim Abkühlen hart,
allmählich zieht sich das Feuer zusammen, und das flammige Aussehen
wird von den Klumpen abgelegt. Dann gibt jeder Block, sobald er starr wird,
Dampf ab und wälzt sich, durch sein eigenes Gewicht
gezogen, mit mächtigem Lärm vorwärts, und wenn er jäh auf etwas

cum solido inflixa est, pulsatam dissipat ictus
et, qua disclusa est, candenti robore fulget.
...
emicat examen plagis, ardentia saxa
– scintillas procul ecce vides, procul ecce, ruentis –
incolumi fervore cadunt. fert impetus ingens,
Symaethi quondam ut ripas traiecerit amnis:
vix iunctas quisquam fixo dimoverit illas;
vicenos persaepe pedes iacet obruta moles.
Sed frustra certis disponere singula causis
temptamus, si firma manet tibi fabula mendax,
materiam ut credas aliam fluere igne, nec una
flumina proprietate simul concrescere, sive
commixtum lento flagrare bitumine sulphur:
nam posse exusto cretam quoque robore fundi,
et figulos huic esse fidem, dein frigoris usu
duritiem revocare suam et constringere venas.
sed signum commune leve est atque irrita causa
quae trepidat: certo verum tibi pignore constat.
nam velut arguti natura est aeris, et igni
cum domitum est, constans eademque, et robore salvo,
utraque ut possis aeris cognoscere partem,
haud aliter lapis ille tenet, seu forte madentes
effluit in flammas sive est securus ab illis,
conservatque notas nec vultum perdidit ignis.

Festes trifft, das dröhnt, zersprengt der Zusammenprall den gestoßenen Block,
und er leuchtet dort, wo er aufgebrochen wurde, mit glühend heißem Kern.
[…]
ein Haufen von […] sprüht durch die Schläge in die Höhe, glühende Felsen
– schau in der Ferne, du siehst Funken, schau in der Ferne, wie sie herabstürzen –
fallen mit unbeeinträchtigter Hitze. Eine so mächtige Triebkraft befördert die Felsen,
dass diese einmal die Ufer des Flusses Symaithos durchquert hat:
Kaum dürfte einer jene verbundenen Ufer von ihrem festen Sitz trennen können;
zwanzig Fuß tief liegt die abgestürzte Masse sehr oft.
Aber ich versuche vergeblich, alle Einzelheiten mit sicheren Ursachen
zurechtzulegen, wenn du hartnäckig an der lügnerischen Geschichte festhältst,
sodass du glaubst, noch ein anderer Stoff sei im Feuer flüssig, und zugleich
würden die Lavaflüsse nicht durch eine einzige Eigenschaft erstarren, oder
Schwefel lodere gemischt mit klebrigem Erdpech:
Denn auch Ton könne schmelzen, nachdem der Kern ausgebrannt sei
– Töpfer würden den Beweis dafür liefern –, dann stelle dieser beim Einsatz von Kälte
seine Härte wieder her und ziehe seine Adern zusammen.
Aber so ein allgemeiner Anhaltspunkt ist bedeutungslos und eine Erklärung, die wankt,
unzutreffend: In einem sicheren Beweis steht die Wahrheit für dich fest.
Denn wie die Natur der helltönenden Bronze unveränderlich und die gleiche ist,
sowohl wenn sie vom Feuer gezähmt wird, als auch wenn ihr Kern unversehrt ist,
sodass du in beiden Fällen den Bestandteil der Bronze erkennen kannst,
nicht anders behält und bewahrt jener Stein, wenn er zufällig einmal zu flüssigem
Feuer schmilzt oder vor ihm sicher ist,
seine Merkmale, und nicht zerstört das Feuer sein Äußeres.

quin venam externam vultus color ipse refellit,
aut color aut levitas putris magis illa magisque:
una operis facies eadem perque omnia terra est.
nec tamen infitior lapides ardescere certos,
interius fluere accensos: haec propria virtus.
quin ipsis quaedam Siculi cognomina saxis
inposuere rhytas et iam ipso nomine signant
fusilis esse notae. numquam tamen illa liquescunt,
quamvis materies foveat sucosior intus,
ni penitus venae fuerint commissa molari.
    Quod si quis lapidis miratur fusile robur,
cogitet obscuri verissima dicta libelli,
Heraclite, tui: nihil insuperabile ab igni
omnia quo rerum natura semina iacta.
seu nimium hoc mirum: densissima corpora saepe
et solido vicina tamen compescimus igni.
non animos aeris flammis succumbere cernis,
lentitiem plumbum non exuit ipsaque ferri
materies praedura tamen subvertitur igni
spissaque suspensis fornacibus aurea saxa
exsudant pretium? et quaedam fortasse profundo
incomperta iacent similique obnoxia sorti.
nec locus ingenio est: oculi te iudice vincent.
nam lapis ille riget praeclususque ignibus obstat,
si parvis torrere velis caeloque patenti:
candenti pressoque agedum fornace coerce –
nec sufferre potest nec saevum durat in hostem;
vincitur et soluit vires captusque liquescit.

Ja, des Äußeren Farbe selbst widerlegt eine fremde Ader,
entweder die Farbe oder jene immer brüchiger werdende Leichtigkeit:
Das Aussehen während der Aktivität bleibt immer gleich, und überall gibt es Erde.
Und dennoch leugne ich nicht, dass bestimmte Steine zu glühen beginnen,
dass sie im Innern schmelzen, wenn sie entzündet wurden: Dies ist ihre besondere Eigenschaft.
Ja, die Sizilianer haben den Steinen selbst gewisse Beinamen
gegeben, ›Rhytae‹, und schon mit dem Namen selbst zeigen sie an,
dass ihr Merkmal die Schmelzbarkeit ist. Dennoch werden jene niemals flüssig,
obwohl eine ziemlich schmierige Materie sie innen warmhält,
wenn sie nicht in der Tiefe mit einer Lavastein-Ader vereinigt werden.
Wenn sich nun einer über den schmelzbaren Kern des Steins wundert,
soll er an die äußerst wahren Sprüche in deinem dunklen Büchlein,
Heraklit, denken: Nichts kann nicht überwunden werden durch das Feuer,
von dem alle Keime der Welt von Natur aus durchsetzt sind.
Oder wenn dies ein zu großes Wunder ist: Auch wenn Körper sehr dicht
und dem Festen nahe sind, bringen wir sie doch oft mit Feuer unter Kontrolle.
Siehst du nicht, dass die Kräfte der Bronze den Flammen unterliegen,
legt nicht Blei seine Zähigkeit ab, wird nicht sogar die Materie
Eisen, obwohl sie sehr hart ist, dennoch vom Feuer überwältigt,
und schwitzen nicht kompakte Goldfelsen in hohen Öfen
ihren Wert heraus? Und vielleicht liegen in der Tiefe noch
gewisse andere Dinge, die unerforscht und für ein ähnliches Schicksal empfänglich sind.
Dies ist kein Ort für Phantasie: Während du der Richter bist, werden deine Augen siegen.
Denn jener Stein ist starr und steht dem Feuer verschlossen im Weg,
wenn du ihn mit einem kleinen Feuer und unter freiem Himmel entflammen willst:
Schnell, umschließe ihn mit einem glühend heißen und engen Ofen –
nicht kann er es ertragen, und nicht hält er es gegen den wilden Feind aus;
er wird besiegt, gibt seine Kräfte ab und wird, gefangen genommen, flüssig.

quae maiora putas autem tormenta moveri
posse manu, quae tanta putas incendia nostris
sustentari opibus, quantis fornacibus Aetna
uritur, arcano numquam non fertilis igni?
hic non qui nostro fervet moderatior usu,
sed caelo propior, vel quali Iuppiter ipse
armatus flamma est. his viribus additur ingens
spiritus adstrictis elisus faucibus, ut cum
fabriles operae rudibus contendere massis
festinant, ignes quatiunt follesque trementes
exanimant pressoque instigant agmine ventos.
haec operis summa est, sic nobilis uritur Aetna:
terra foraminibus vires trahit, urget in artum
spiritus, incendi vis it per maxima saxa.

Magnificas laudes operosaque visere templa
divitiis hominum aut arces memorare vetustas,
traducti maria et terras per proxima fatis
currimus atque avidi veteris mendacia famae
eruimus cunctasque libet percurrere gentes.
nunc iuvat Ogygiis circumdata moenia Thebis
cernere, quae fratres, ille impiger, ille canorus, 574
invitata piis cum carmine saxa lyraque 576
...
condere, felicesque alieno intersumus aevo. 575
nunc gemina ex uno fumantia sacra vapore 577
miramur septemque duces raptumque profundi.

Welche größeren Geräte können aber, glaubst du,
von Hand bewegt, welche Brände, glaubst du, mit unseren
Kräften aufrechterhalten werden, die so groß sind wie die Öfen, mit denen der Ätna
brennt, der niemals ohne Ertrag ist für heimliches Feuer?
Dies ist kein Feuer, das bei einer Tätigkeit von uns eher zurückhaltend glüht,
sondern es ist näher dem Himmel oder der Flamme, mit welcher Iuppiter
selbst bewaffnet ist. Zu diesen Kräften kommt der mächtige
›Spiritus‹ hinzu, der aus einem verengten Krater hinausgestoßen wird, wie wenn
Arbeiter in einer Schmiede fleißig mit rohen Klumpen
kämpfen, Feuer schlagen, bebende Blasebälge
außer Atem setzen und mit komprimierten Luftzügen Winde entfachen.
Dies ist eine Zusammenfassung der Aktivität, so brennt der edle Ätna:
Die Erde zieht durch ihre Öffnungen Kräfte ein, in den kompakten Raum drängt
der ›Spiritus‹, die Kraft des Brandes durchdringt die größten Felsen.
Um großartige Leistungen zu besichtigen und Tempel, die kunstvoll erarbeitet wurden
mit dem Reichtum der Menschen, oder um von alten Burgen erzählen zu können,
haben wir Meere und Länder durchquert und eilen durch Gebiete, in denen man dem Tod
sehr nahe kommt, stöbern wir gierig die Lügen der alten
Sage auf, und es überkommt uns das Verlangen, von Volk zu Volk zu reisen.
Bald bereitet es uns Freude, die um das ogygische Theben erbauten Mauern
574 in Augenschein zu nehmen, welche die Brüder, der eine unermüdlich, der andere musikalisch,
576 als den Frommen die Steine, aufgefordert durch Gesang und Lyra
[…]
575 gründen, und wir fühlen uns glücklich in einem anderen Zeitalter.
577 Bald bewundern wir den zweigeteilten Opferdampf aus einem einzigen
Altarfeuer, dann die sieben Führer und die Beute der Tiefe.

detinet Eurotas illic et Sparta Lycurgi
et sacer in bellum numerus, sua turba regenti.
nunc hic Cecropiae variis spectantur Athenae
carminibus gaudensque solum victrice Minerva.
excidit huc reduci quondam tibi, perfide Theseu,
candida sollicito praemittere vela parenti;
tu quoque Athenarum carmen, iam nobile sidus,
Erigone; sedes vestra est: Philomela canoris
evocat in silvis, at tu, soror, hospita tectis
acciperis; solis Tereus ferus exulat agris.
miramur Troiae cineres et flebile victis
Pergamon extinctosque suo Phrygas Hectore; parvum
conspicimus magni tumulum ducis; hic et Achilles
impiger et victus magni iacet Hectoris ultor.
quin etiam Graiae fixos tenuere tabellae
signave: nunc Paphiae rorantes matre capilli,
sub truce nunc parvi ludentes Colchide nati,
nunc tristes circa subiectae altaria cervae
velatusque pater, nunc gloria viva Myronis
et iam mille manus operum turbaeque morantur.
haec visenda putas terrae dubiusque marisque?
artificis naturae ingens opus aspice, nulla
tu tanta humanis rebus spectacula cernes
...
praecipueque vigil fervens ubi Sirius ardet.
Insequitur miranda tamen sua fabula montem,
nec minus ille pio quam sonti nobilis igni est.
nam quondam ruptis excanduit Aetna cavernis
et, velut eversis penitus fornacibus, ingens

Dort fesseln uns der Eurotas, das Sparta des Lycurgus
und die dem Krieg geweihte Zahl, die dem Anführer ergebene Truppe.
Bald geraten hier das kekropische Athen in den Blick, das sich über verschiedene
Lieder, und der Boden, der sich über die Siegerin Minerva freut.
Auf dem Rückweg hierher entfiel dir einst, wortbrüchiger Theseus,
dem beunruhigten Vater weiße Segel vorauszuschicken;
auch du bist ein Liedthema in Athen, jetzt ein edles Gestirn,
Erigone; die Stadt ist eure Heimat: In den wohltönenden Wäldern
ruft Philomela heraus, du aber, Schwester, wirst unter den Dächern gastfreundlich
aufgenommen; der wilde Tereus lebt auf einsamen Äckern als Verbannter.
Wir bewundern die Asche Trojas, das für die Besiegten beweinenswerte
Pergamon und die mit ihrem Hector ausgelöschten Phryger; das kleine
Grab des großen Führers sehen wir uns an; hier liegen auch
der unermüdliche Achilles und der besiegte Rächer des großen Hector.
Ja sogar griechische Gemälde und Statuen haben uns in ihren Bann
gezogen: Bald halten uns die von ihrer Mutter feuchten Haare der Paphia auf,
bald die kleinen, zu Füßen der grimmigen Kolcherin spielenden Söhne,
bald Betrübte um den Altar der ausgetauschten Hirschkuh
und der verhüllte Vater, bald der lebensechte Ruhm Myrons,
dann auch tausend Künstlerhände und Massen von Meisterwerken.
Glaubst du, dies sehen zu müssen, schwankst du hin und her zwischen Land und Meer?
Betrachte das gewaltige Werk der Künstlerin Natur, keine
so großen Schauspiele wirst du in menschlichen Erzeugnissen sehen
[…]
und besonders wachsam, wenn der lodernde Sirius glüht.
Zum Berg gehört dennoch eine ihm eigene wunderbare Geschichte,
und er ist nicht weniger für ein frommes als für ein schuldiges Feuer berühmt.
Denn einst – aufgebrochen waren die Hohlräume – wurde der Ätna glühend heiß,
und wie bei einer Zerstörung von Öfen im Innersten wurde eine mächtige

eiecta in longum rapidis fervoribus unda,
haud aliter quam cum saevo Iove fulgurat aether
et nitidum obscura telum caligine torquet.
ardebant agris segetes et mitia cultu
iugera cum dominis; silvae collesque rubebant.
vixdum castra putant hostem movisse tremendum,
et iam finitimae portas evaserat urbis.
tum vero ut cuique est animus viresque, rapina
tutari conantur opes. gemit ille sub auro,
colligit ille arma et stulta cervice reponit,
defectum raptis illum sua crimina tardant,
hic velox minimo properat sub pondere pauper,
et, quod cuique fuit cari, fugit ipse sub illo.
sed non incolumis dominum sua praeda secuta est;
cunctantis vorat ignis et undique torret avaros,
consequitur fugisse ratos et praemia captis
concremat: haec nullis parsura incendia pascunt –
vel solis parsura piis. namque, optima proles,
Amphinomus fraterque pari sub munere fortes,
cum iam vicinis streperent incendia tectis,
aspiciunt pigrumque patrem matremque senecta
eheu defessos posuisse in limine membra.
parcite, avara manus, dites attollere praedas:
illis divitiae solae materque paterque,
hanc rapiunt praedam mediumque exire per ignem
ipso dante fidem properant. o maxima rerum
et merito pietas homini tutissima virtus!
erubuere pios iuvenes attingere flammae
et quacumque ferunt illi vestigia cedunt.

Welle, begleitet von reißender Hitze, weit hinausgeschleudert,
nicht anders, als wenn der Äther, weil Iuppiter wütend ist, blitzt
und im dunklen Dunst ein funkelndes Geschoss schleudert.
Auf den Äckern glühten die Saaten und die vom Anbau sanften
Landflächen mitsamt ihren Herren; Wälder und Hügel waren rot.
Man glaubt, ein fürchterlicher Feind sei kaum erst aufgebrochen,
und schon hat er die Tore der Nachbarstadt hinter sich gelassen.
Dann aber versucht jeder, seiner Energie und seinen Kräften entsprechend, seine Schätze
durch Fortraffen in Sicherheit zu bringen. Jener stöhnt unter dem Gold,
jener ergreift seine Waffen und legt sie auf seinen einfältigen Nacken,
jener ist vom Zusammenraffen erschöpft, seine Laster halten ihn auf,
dieser arme Kerl eilt schnell dahin, unter sehr geringem Gewicht,
und mit dem beladen, was ihm wertvoll ist, flieht jeder selbst.
Aber nicht unversehrt folgt dem Herrn seine Beute;
die Zögernden verschlingt das Feuer und röstet von allen Seiten die Habgierigen,
verfolgt die, die denken, sie seien entkommen, und verbrennt die Beute
mitsamt den vom Feuer Gefangenen: Dies nährt die Brände, die niemanden verschonen –
oder die nur Fromme verschonen. Denn Amphinomus und sein Bruder,
großartige Nachkommen, die sich bei der gleichen Aufgabe als tapfer erweisen, sehen,
als die Brände schon bei den benachbarten Dächern prasseln,
ihren Vater und ihre Mutter, wie sie, schwach vom Alter,
– ach! – ermüdet ihre Glieder auf der Schwelle abgelegt haben.
Hört auf, habgierige Bande, reiche Beute mitzunehmen:
Für jene sind Mutter und Vater der einzige Reichtum,
diese Beute reißen sie an sich und beeilen sich, mitten durch das Feuer
zu gehen, das selbst Zuversicht schenkt. O Frömmigkeit, du höchstes Gut
der Welt und mit Recht dem Menschen sicherste Tugend!
Die Flammen schämen sich, die frommen jungen Männer zu berühren,
und weichen, wohin auch immer diese ihre Fußspuren setzen, zurück.

felix illa dies, illa est innoxia terra!
dextera saeva tenent laevaque incendia fervent;
mille per obliquos ignis it uterque triumphans,
tutus uterque pio sub pondere; substitit illa
et circa geminos avidus sibi temperat ignis.
incolumes abeunt tandem et sua numina secum
salva ferunt. illos mirantur carmina vatum,
illos seposuit claro sub nomine Ditis,
nec sanctos iuvenes attingunt sordida fata:
securae cessere domus et iura piorum.

Glücklich ist jener Tag, jene Erde unschuldig!
Wilde Brände besetzen die rechte und glühen auf der linken Seite;
durch tausend Feuer, die seitwärts kommen, gehen die beiden triumphierend,
beide in Sicherheit unter ihrer frommen Last; dort rund um
die zwei stoppt und mäßigt sich das gierige Feuer.
Unversehrt kommen sie schließlich davon und tragen ihre Götter
wohlbehalten mit sich. Die Lieder der Dichter bewundern sie,
Dis zeichnete sie mit einem besonderen Platz und einem berühmten Namen aus,
und kein schmutziges Todesschicksal traf die heiligen jungen Männer:
Ihnen wurden sorgenfreie Wohnungen zuteil und die Vorrechte der Frommen.

Übersetzung: Fabian Zogg

QUID HOC NOVI EST?

Quid hoc novi est? quid ira nuntiat deum?
silente nocte candidus mihi puer
tepente cum iaceret abditus sinu,
Venus fuit quieta, nec viriliter
iners senile penis extulit caput.
placet, Priape, qui sub arboris coma
soles, sacrum revincte pampino caput,
ruber sedere cum rubente fascino?
at, o Triphalle, saepe floribus novis
tuas sine arte deligavimus comas
abegimusque voce saepe, cum tibi
senexve corvus impigerve graculus
sacrum feriret ore corneo caput.
vale, nefande destitutor inguinum,
vale, Priape: debeo tibi nihil.
iacebis inter arva pallidus situ,
canisque saeva susque ligneo tibi
lutosus affricabit oblitum latus.
at, o sceleste penis, o meum malum,
gravi piaque lege noxiam lues.
licet querare: nec tibi tener puer
patebit ullus, in tremente qui toro
iuvante verset arte mobilem natem,
puella nec iocosa te levi manu
fovebit adprimetve lucidum femur.
bidens amica Romuli senis memor
paratur, inter atra cuius inguina
latet iacente pantice abditus specus
vagaque pelle tectus annuo gelu
araneosus obsidet forem situs.
tibi haec paratur, ut tuum ter aut quater

WAS IST DENN DAS UNERHÖRTES?

Was ist denn das Unerhörtes? Was verkündet der Zorn der Götter?
Als in stiller Nacht ein strahlend weißer Knabe
im Verborgenen an meiner warmen Brust lag,
war Venus müde, und nicht erhob
mannhaft mein fauler Schwanz sein greises Haupt.
Ist dir das recht, Priapus, der du unterm Laub des Baums
gewohnt bist, das heilige Haupt mit Weinlaub umwunden,
rot dazusitzen mit deinem roten Glied?
Doch wir, o Triphallus, haben oft mit neuen Blumen
deine Haare kunstlos aufgebunden
und oft durch Schreien sie weggescheucht, wenn dir
ein alter Rabe oder eine rastlose Krähe
gegen das heilige Haupt mit dem Schnabel aus Horn schlug.
Leb wohl, du ruchloser Deserteur von meinem Unterleib,
leb wohl, Priapus: Ich schulde dir nichts.
Du wirst auf dem Feld liegen, bleich vom Moder,
und eine wilde Hündin und eine schlammbedeckte Wildsau werden an dir,
der du aus Holz bist, ihre vollgeschmierten Lenden reiben.
Doch du, du verbrecherischer Schwanz, du mein Ruin,
wirst nach strengem und gerechtem Gesetz dein Vergehen büßen.
Magst du noch so jammern: Für dich wird kein einziger zarter Knabe
offen sein, der auf wackelndem Bett
mit lustspendender Kunst seine beweglichen Arschbacken hin und her wendet,
kein ausgelassenes Mädchen wird dich mit glatter Hand
verwöhnen oder ihren weiß leuchtenden Schenkel an dich drücken.
Eine Freundin mit nur zwei Zähnen, die sich noch an Romulus erinnert,
steht dir zur Verfügung, inmitten von deren dunklem Unterleib,
versteckt unter dem herabhängenden Wanst, eine Höhle verborgen ist
und der, geschützt von schlaffer Haut und ganzjähriger Kälte,
ein modriges Spinnennetz den Eingang blockiert.
Die steht dir zur Verfügung, damit ihr tiefer Graben

voret profunda fossa lubricum caput.
licebit aeger angue lentior cubes,
tereris usque, donec, a miser miser,
triplexque quadruplexque compleas specum.
superbia ista proderit nihil, simul
vagum sonante merseris luto caput.
quid est, iners? pigetne lentitudinis?
licebit hoc inultus auferas semel:
sed ille cum redibit aureus puer,
simul sonante senseris iter pede,
rigente nervus excubet lubidine
et inquietus inguina arrigat tumor
neque incitare cesset usque dum mihi
Venus iocosa molle ruperit latus.

dreimal oder viermal dein schlüpfriges Haupt verschlingt.
Magst du auch vor Kummer daliegen, biegsamer als eine Schlange,
wirst du doch dauernd gerieben, bis du, ach Elender, Elender,
dreifach, ja vierfach ihre Höhle ausfüllst.
Dein Hochmut da wird dir nichts nützen, sobald
du dein bewegliches Haupt in den gurgelnden Schlamm getaucht hast.
Was ist, du Fauler? Verdrießt dich deine Schlappheit?
Magst du damit einmal ungestraft davonkommen:
Doch wenn jener goldene Knabe zurückkehrt,
soll, sobald du am Geräusch der Füße sein Nahen bemerkt hast,
dein Schwanz in steifer Geilheit wachsam sein,
und unermüdlich soll die Schwellung ihn steif aufrichten
und nicht aufhören, ihn zu erregen, bis mir
die ausgelassene Venus die zarten Lenden entkräftet hat.

Übersetzung: Niklas Holzberg

COPA

Copa Surisca, caput Graeca redimita mitella,
crispum sub crotalo docta movere latus,
ebria fumosa saltat lasciva taberna
ad cubitum raucos excutiens calamos:
'quid iuvat aestivo defessum pulvere abesse
quam potius bibulo decubuisse toro?
sunt topia et calybae, cyathi, rosa, tibia, chordae,
et triclia umbrosis frigida harundinibus;
en et Maenalio quae garrit dulce sub antro
rustica pastoris fistula more sonat.
est et vappa cado nuper defusa picato,
est crepitans rauco murmure rivus aquae.
sunt etiam croceo violae de flore corollae
sertaque purpurea lutea mixta rosa
et quae virgineo libata Achelois ab amne
lilia vimineis attulit in calathis.
sunt et caseoli, quos iuncea fiscina siccat,
sunt autumnali cerea pruna die
castaneaeque nuces et suave rubentia mala;
est hic munda Ceres, est Amor, est Bromius;
sunt et mora cruenta et lentis uva racemis,
et pendet iunco caeruleus cucumis.
est tuguri custos armatus falce saligna,
sed non et vasto est inguine terribilis –
huic calybita veni! lassus iam sudat asellus;
parce illi, Vestae delicium est asinus.
nunc cantu crebro rumpunt arbusta cicadae,
nunc varia in gelida sede lacerta latet:

WIRTIN

Die Wirtin Surisca, die ein griechisches Bändchen um ihren Kopf gebunden hat,
ist gelehrt, ihre Hüfte schwungvoll zur Kastagnette zu bewegen,
betrunken und verführerisch tanzt sie in der dampfenden Spelunke,
ihren Ellbogen zu lauten Rohrpfeifen heftig hin und her schwingend:
»Was nützt es einem, der vom Sommerstaub ermüdet ist, weg zu sein,
als sich lieber auf ein Trink-Bett hinzulegen?
Es gibt Landschaftsmalereien und Hütten, Becher, Rosen, Flöten, Saiten
und eine Sommerlaube, die vom Schatten spendenden Schilf kühl ist.
Schau, nach Hirtenart ertönt auch eine ländliche Syrinx,
die unter der mänalischen Höhlung süß erklingt.
Es gibt auch Hauswein, frisch aus dem geteerten Krug abgefüllt,
es gibt einen mit dumpfem Getöse rauschenden Wasserbach.
Dazu gibt es Kränzchen von der safranfarbigen Blume der Viole
und gelbe Blumengebinde, gemischt mit purpurnen Rosen,
und vom jungfräulichen Fluss benetzte Lilien,
die eine Tochter des Achelous in geflochtenen Körben gebracht hat.
Es gibt auch Käslein, die der Binsenkorb trocknet,
es gibt an einem Herbsttag Wachspflaumen,
Kastaniennüsse und süß errötende Äpfel;
die reine Ceres ist hier, Amor ist es, Bromius ist es;
es gibt auch blutrote Maulbeeren und Trauben an biegsamen Kämmen,
und an der Binse hängt die dunkelgrüne Gurke.
Es gibt einen Wächter für meinen Schuppen, bewaffnet mit einer Weidensichel,
aber auch mit seinem mächtigen Glied ist er nicht schreckenerregend –
komm zu ihm als Gast der Hütte! Schon schwitzt das müde Eselchen;
verschone es, Vestas Liebling ist der Esel.
Jetzt durchdringen Zikaden mit ständigem Gesang die Sträucher,
jetzt versteckt sich die scheckige Eidechse an einem kühlen Platz:

si sapis, aestivo recubans nunc prolue vitro,
seu vis crystalli ferre novos calices.
hic age pampinea fessus requiesce sub umbra
et gravidum roseo necte caput strophio,
formosum tenerae decerpens ora puellae –
a pereat cui sunt prisca supercilia!
quid cineri ingrato servas bene olentia serta?
anne coronato vis lapide ista tegi?'
'pone merum et talos! pereat qui crastina curat.
Mors aurem vellens 'vivite' ait, 'venio'.'

Wenn du klug bist, entspann dich und trink jetzt aus einem Sommerglas,
es sei denn, du willst neue Trinkgefäße aus Kristall bringen.
Mach schon, ruh dich hier, erschöpft wie du bist, unter dem Weinlaubschatten aus
und umwinde deinen schweren Kopf mit einem Rosenkränzchen,
den Mund eines zarten Mädchens schön genießend –
ah, zugrunde gehen soll, wem altmodische Strenge ins Gesicht geschrieben steht!
Warum hebst du die wohlriechenden Blumengebinde für die undankbare Asche auf?
Willst du etwa von einem mit diesen bekränzten Grabstein bedeckt werden?«
»Her mit Wein und Würfeln! Zugrunde gehen soll, wer sich Sorgen um den nächsten Tag macht.
Mors zupft am Ohr: ›Lebt!‹, sagt er. ›Ich komme!‹«

Übersetzung: Fabian Zogg

MORETUM

Iam nox hibernas bis quinque peregerat horas
excubitorque diem cantu praedixerat ales,
Simulus exigui cultor cum rusticus agri,
tristia venturae metuens ieiunia lucis,
membra levat vili sensim demissa grabato
sollicitaque manu tenebras explorat inertes
vestigatque focum, laesus quem denique sensit.
parvulus exusto remanebat stipite fomes
et cinis obductae celabat lumina prunae;
admovet his pronam summissa fronte lucernam
et producit acu stuppas umore carentis,
excitat et crebris languentem flatibus ignem.
tandem concepto, sed vix, fulgore recedit
oppositaque manu lumen defendit ab aura
et reserat clausae, qua pervidet, ostia clavi.
fusus erat terra frumenti pauper acervus:
hinc sibi depromit quantum mensura patebat,
quae bis in octonas excurrit pondere libras.
inde abit adsistitque molae parvaque tabella,
quam fixam paries illos servabat in usus,
lumina fida locat; geminos tunc veste lacertos
liberat et cinctus villosae tergore caprae
perverrit cauda silices gremiumque molarum.
advocat inde manus operi, partitus utroque:
laeva ministerio, dextra est intenta labori.
haec rotat adsiduum gyris et concitat orbem
(tunsa Ceres silicum rapido decurrit ab ictu),
interdum fessae succedit laeva sorori
alternatque vices. modo rustica carmina cantat

KRÄUTERKÄSEGERICHT

Schon hatte die Nacht zweimal fünf Winterstunden vollendet
und der Wächtervogel mit seinem Gesang den Tag angekündigt,
da erhob Simulus, der ländliche Wirt eines winzigen Gutes,
aus Furcht vor dem grimmigen Hunger des anbrechenden Tages
seine Glieder und ließ sich langsam von der ärmlichen Pritsche herab,
mit vorsichtiger Hand durchforschte er das reglose Dunkel
und suchte nach dem Herd, den er zu guter Letzt schmerzhaft erspürte.
Ein klein wenig Zunder fand sich noch in einem abgebrannten Scheit,
und die Asche verbarg das Licht der von ihr verdeckten Kohle.
Mit vorgebeugter Stirn hielt er seine Lampe schräg dagegen,
zog mit einer Nadel den ausgetrockneten Docht hervor
und erweckte durch häufiges Blasen das matte Feuer zu neuem Leben.
Nachdem er endlich, doch nur mit Müh und Not, den Funken eingefangen hatte, trat er den Rückzug an,
verteidigte mit vorgehaltener Hand das Licht gegen die Luft,
öffnete mit dem Schlüssel die Tür der verschlossenen Kammer, wo er sich umsah.
Ausgestreut auf der Erde lag ein kärglicher Haufen Getreide:
Hiervon nahm er sich so viel, wie ein Messbecher hält,
dessen Fassungsvermögen sich auf zweimal acht Pfund beläuft.
Sodann rückte er ab, bezog Stellung bei der Mühle, und auf ein kleines Regal,
das die Wand zu eben solchem Gebrauch befestigt bereit hielt,
platzierte er das getreue Licht; dann befreite er seine beiden Arme
von ihrem Gewand und, mit dem Fell einer zottigen Ziege gegürtet,
fegte er mit ihrem Schwanz die Steine und das Innere der Mühle.
Als nächstes rief er die Hände ans Werk, das er auf zwei Seiten verteilte:
Die Linke kümmerte sich um den Nachschub, die Rechte um die Arbeit.
Sie drehte ohne Unterlass den runden Stein im Kreis und trieb ihn an
(zerschmettert stürmte Ceres vom raschen Stoß der Steine hinweg),
bisweilen löste die Linke ihre ermüdete Schwester ab
und wechselte die Stellung. Bald sang er ländliche Lieder

agrestique suum solatur voce laborem,
interdum clamat Scybalen. erat unica custos,
Afra genus, tota patriam testante figura,
torta comam labroque tumens et fusca colore,
pectore lata, iacens mammis, compressior alvo,
cruribus exilis, spatiosa prodiga planta.
hanc vocat atque arsura focis imponere ligna
imperat et flamma gelidos adolere liquores.
postquam implevit opus iustum versatile finem,
transfert inde manu fusas in cribra farinas
et quatit; atra manent summo purgamina dorso,
subsidit sincera foraminibusque liquatur
emundata Ceres. levi tum protinus illam
componit tabula, tepidas super ingerit undas,
contrahit admixtos nunc fontes atque farinas,
transversat durata manu liquidoque coacta,
interdum grumos spargit sale. iamque subactum
levat opus palmisque suum dilatat in orbem
et notat impressis aequo discrimine quadris.
infert inde foco (Scybale mundaverat aptum
ante locum) testisque tegit, super aggerat ignes.
dumque suas peragit Vulcanus Vestaque partes,
Simulus interea vacua non cessat in hora,
verum aliam sibi quaerit opem, neu sola palato
sit non grata Ceres, quas iungat comparat escas.
non illi suspensa focum carnaria iuxta
durati sale terga suis truncique gravabant,
traiectus medium sparto sed caseus orbem

und versüßte sich mit bäuerlicher Stimme die Arbeit,
bisweilen rief er nach Scybale. Sie war die einzige Wächterin,
von afrikanischer Herkunft, alles an ihrer Gestalt bezeugte die Heimat,
ihr Haar war kraus, die Lippen geschwollen und dunkel die Hautfarbe,
eine breite Brust hatte sie, einen Hängebusen und eingefallenen Bauch,
ihre Beine waren dürr, doch sie war reichlich ausgestattet mit weit ausladenden Füßen.
Diese rief er herbei und gebot ihr, zum Verbrennen Holzscheite auf den Herd
zu legen und mit der Flamme das eiskalte Wasser zu erhitzen.
Nachdem die Mahlarbeit vollständig zum Abschluss gekommen war,
kippte er das Schrot heraus, übertrug es mit der Hand in ein Sieb
und schüttelte; die schwarzen Siebrückstände blieben obenauf liegen,
rein sank herab und wurde durch die Löcher gefiltert
die geläuterte Ceres. Sogleich legte er sie dann
auf ein glattes Brett und goss lauwarme Wogen darüber,
vermengte nun das Mehl mit dem Quellwasser und knetete beides zusammen,
walkte dies, bis es, durch Hand und Flüssigkeit fest geworden, zusammenhaftete,
bestreute bisweilen die Klumpen mit Salz. Schon strich er das fertig
geknetete Produkt glatt, drückte es mit den Handflächen in seine runde Form auseinander
und versah es in gleichmäßigem Abstand mit Kerben.
Dann gab er es auf den Herd (Scybale hatte zuvor schon eine passende
Stelle gesäubert), und bedeckte es mit Ziegeln, häufte das Feuer darauf.
Während Vulcanus und Vesta ihren Part spielten,
blieb Simulus indes nicht untätig in einer frei genommenen Stunde,
sondern suchte sich eine andere Aufgabe, und bereitete, damit Ceres allein seinem
Gaumen nicht missfalle, noch etwas Essen zum Hinzufügen vor.
Den beim Herd hängenden Fleischhaken beschwerten ihm
weder Rücken noch Füße des Schweins, in Salz getrocknet,
doch ein Käse hing da, dessen Rund in der Mitte mit einem Strick durchbohrt war,

et vetus adstricti fascis pendebat anethi:
ergo aliam molitur opem sibi providus heros.
hortus erat iunctus casulae, quem vimina pauca
et calamo rediviva levi munibat harundo,
exiguus spatio, variis sed fertilis herbis.
nil illi deerat quod pauperis exigit usus;
interdum locuples a paupere plura petebat.
nec sumptus ullius erat sed recula curae:
si quando vacuum casula pluviaeve tenebant
festave lux, si forte labor cessabat aratri,
horti opus illud erat. varias disponere plantas
norat et occultae committere semina terrae
vicinosque apte circa summittere rivos.
hic holus, hic late fundentes bracchia betae
fecundusque rumex malvaeque inulaeque virebant,
hic siser et nomen capiti debentia porra
grataque nobilium requies lactuca ciborum,
... crescitque in acumina radix
et gravis in latum dimissa cucurbita ventrem.
verum hic non domini (quis enim contractior illo?)
sed populi proventus erat, nonisque diebus
venalis umero fasces portabat in urbem,
inde domum cervice levis, gravis aere redibat
vix umquam urbani comitatus merce macelli.
cepa rubens sectique famem domat area porri
quaeque trahunt acri vultus nasturtia morsu
intibaque et Venerem revocans eruca morantem.
tum quoque tale aliquid meditans intraverat hortum;
ac primum leviter digitis tellure refossa
quattuor educit cum spissis alia fibris,
inde comas apii graciles rutamque rigentem

sowie ein altes Bündel zusammengebundenen Dills:
Also besorgte er sich eine andere Aufgabe, der umsichtige Held.
Gleich neben dem Häuschen lag ein Garten, dem ein paar Weidenruten
und wiederverwertetes Schilfrohr mit leichtem Stängel als Bollwerk dienten,
winzig an Fläche, doch reich an verschiedenen Kräutern.
Ihm fehlte nichts von dem, was der Bedarf eines armen Mannes erfordert;
bisweilen bat ihn, den Armen, sogar der Reiche um weitere Gaben.
Sein kleines Gut kostete ihn nichts außer Arbeit:
Falls ihn einmal Regenschauer ohne Beschäftigung in der Hütte hielten
oder ein Feiertag, falls einmal keine Pflugarbeit anstand,
galt diese Zeit dem Werkeln im Garten. Er verstand sich darauf, die verschiedenen
Setzlinge in Reihen zu ordnen, die Samen dem Inneren der Erde anzuvertrauen
und nahegelegene Bäche nach Bedarf rundherum zu leiten.
Hier grünte Kohl, hier Beete, die ihre Arme weit ausbreitet,
üppiger Ampfer, Malven und Alant,
hier Rapunzel und Lauch, der seinen Namen dem Kopf verdankt,
sowie Blattsalat, der nach erlesenen Speisen wohltuende Erleichterung bringt
[…] es wuchs der Rettich spitz zu,
und der schwere Kürbis wuchs schwellend mit seinem Bauch in die Breite.
Doch diese Erzeugnisse waren nicht für den Herrn bestimmt (wer lebte
schon sparsamer als er?), sondern fürs Volk; alle acht Tage
trug er auf seiner Schulter Bündel zum Verkauf in die Stadt,
kehrte von dort mit leichtem Nacken, doch schwerem Geldbeutel zurück,
so gut wie nie in Begleitung von Waren des städtischen Marktes.
Rote Zwiebel bezwang seinen Hunger, das Beet mit Schnittlauch
und Wasserkresse, die mit ihrem scharfen Biss das Gesicht verzerrt,
sowie Endivie und Rucola, der die säumige Venus zurückruft.
Damals auch war er, an so etwas denkend, in den Garten getreten;
als erstes wühlte er mit den Fingern die Erde leicht auf
und zog vier Knoblauchköpfe mit ihren dicht gepackten Innereien heraus,
sodann pflückte er die feinen Haare der Petersilie, die starrblättrige Raute

vellit et exiguo coriandra trementia filo.
haec ubi collegit, laetum considit ad ignem
et clara famulam poscit mortaria voce.
singula tum capitum nodoso corpore nudat
et summis spoliat coriis contemptaque passim
spargit humi atque abicit; servato gramine bulbum
tinguit aqua lapidisque cavum demittit in orbem.
his salis inspargit micas, sale durus adeso
caseus adicitur, dictas super ingerit herbas,
et laeva pilam saetosa sub inguina fulcit,
dextera pistillo primum fragrantia mollit
alia, tum pariter mixto terit omnia suco.
it manus in gyrum: paulatim singula vires
deperdunt proprias, color est e pluribus unus,
nec totus viridis, quia lactea frusta repugnant,
nec de lacte nitens, quia tot variatur ab herbis.
saepe viri nares acer iaculatur apertas
spiritus et simo damnat sua prandia vultu,
saepe manu summa lacrimantia lumina terget
immeritoque furens dicit convicia fumo.
procedebat opus; nec iam salebrosus, ut ante,
sed gravior lentos ibat pistillus in orbis.
ergo Palladii guttas instillat olivi
exiguique super vires infundit aceti
atque iterum commiscet opus mixtumque retractat.
tum demum digitis mortaria tota duobus
circuit inque globum distantia contrahit unum,
constet ut effecti species nomenque moreti.

und den Koriander, der auf dünnem Stängel erzittert.
Sowie er all dies gesammelt hat, setzte er sich an das muntere Feuer
und bat mit lauter Stimme seine Dienerin um Mörser und Stößel.
Dann entblößte er jeden einzelnen Knoblauchkopf von seinem knotigen Körper,
blätterte die äußerste Haut ab, verstreute die Reste
überall auf dem Boden und warf sie weg. Die Blätter hob er auf, tauchte
die Knolle ins Wasser und ließ sie ins hohle Rund des Steinmörsers fallen.
Er streute Salzkörner darüber, fügte, sowie sich das Salz aufgelöst hatte,
den gehärteten Käse hinzu und gab die besagten Kräuter darauf;
mit der linken Hand klemmte er den Mörser zwischen seine haarigen Schenkel,
die Rechte zerstampfte als erstes mit dem Stößel den stinkenden
Knoblauch, dann zerrieb sie alles und vermischte die Säfte gleichmäßig.
Rundherum wanderte die Hand: Stück für Stück verloren die einzelnen Zutaten
ihre jeweiligen Kräfte, aus mehreren Farben ergab sich eine einzige,
weder ganz grün, da die milchigen Käsebrocken sich dem widersetzten,
noch strahlend weiß von der Milch, da die Farbe von all den Kräutern getönt war.
Oftmals traf der beißende Geruch die weit geöffneten Nasenlöcher
des Mannes, und mit gerümpftem Gesicht verfluchte er sein eigenes Frühstück,
oftmals wischte er sich mit dem Handrücken über die tränenden Augen
und beschimpfte voller Wut den unschuldigen Gestank.
Das Werk schritt voran; nicht mehr stoßweise wie vorher,
sondern schwerer geworden bewegte sich der Stößel in langsamen Kreisen.
Also träufelte er einige Tropfen vom Öl der Pallas hinein,
gab ein klein wenig starken Essig hinzu,
vermischte das Werk ein weiteres Mal und bearbeitete die Mischung erneut.
Zu guter Letzt fuhr er mit zwei Fingern im ganzen Mörser
rings herum und ballte die einzelnen Teile zu einer Kugel zusammen,
so dass sich der Form und dem Namen nach ein perfektes Moretum ergab.

eruit interea Scybale quoque sedula panem,
quem laetus recipit manibus, pulsoque timore
iam famis inque diem securus Simulus illam
ambit crura ocreis paribus tectusque galero
sub iuga parentis cogit lorata iuvencos
atque agit in segetes et terrae condit aratrum.

In der Zwischenzeit zog Scybale, ebenfalls fleißig, das Brot heraus, das er freudig mit seinen Händen in Empfang nahm; nun, da die Furcht vor dem Hunger gebannt und Simulus für diesen Tag von Sorgen befreit war, wickelte er ein Paar Beinschienen um seine Waden und, mit einer Kappe bedeckt, zwang er die fügsamen Kühe unter das riemengebundene Joch, trieb sie ins Feld und versenkte den Pflug in der Erde.

Übersetzung: Regina Höschele

MAECENAS

Defleram iuvenis tristi modo carmine fata;
  sunt etiam merito carmina danda seni.
ut iuvenis deflendus enim tam candidus et tam
  longius annoso vivere dignus avo.
inreligata ratis, numquam defessa carina,
  it redit in vastos semper onusta lacus;
illa rapit iuvenes prima florente iuventa,
  non oblita tamen †sed repetitque† senes.
nec mihi, Maecenas, tecum fuit usus amici:
  Lollius hoc ergo conciliavit opus.
foedus erat vobis nam propter Caesaris arma,
  Caesaris et similem propter in arma fidem.
regis eras, Etrusce, genus: tu Caesaris almi
  dextera, Romanae tu vigil Urbis eras.
omnia cum posses tanto tam carus amico,
  te sensit nemo posse nocere tamen.
Pallade cum docta Phoebus donaverat artes:
  tu decus et laudes huius et huius eras,
sicut vulgares vincit beryllus harenas,
  litore in extremo quas simul unda movet.
quod discinctus eras nimio, quod carpitur unum:
  diluis hoc nivea simplicitate tua.
sic illi vixere quibus fuit aurea Virgo,
  quae bene praecinctos postmodo pulsa fugit.
livide, quid tandem tunicae nocuere solutae
  aut tibi ventosi quid nocuere sinus?

MAECENAS

Beweint hatte ich eines jungen Mannes Schicksal eben mit einem traurigen Lied;
auch für einen verdienten alten Mann sind Lieder zu bieten.
Wie der junge Mann ist nämlich auch er zu beweinen, so redlich war er und so
würdig, länger als ein bejahrter Großvater zu leben.
Das unverankerte Boot, das an seinem Kiel niemals ermüdet ist,
geht und kommt, stets beladen, über das weite Gewässer;
es rafft die jungen Leute in der ersten Blüte ihrer Jugend dahin,
ist dennoch nicht vergesslich [...] die Alten.
Für mich selbst gab es mit dir, Maecenas, keinen Umgang unter Freunden:
Lollius hat mir darum diese Aufgabe aufgetragen.
Einen Bund hattet ihr ja geschlossen als Mitkämpfer Caesars
und wegen der entsprechenden Treuverpflichtung Caesars gegenüber seinen Mitkämpfern.
Aus königlichem Stamm warst du, Etrusker: Du warst des gütigen Caesar
rechte Hand, du der Wächter der Stadt Rom.
Obwohl du alles konntest, weil du einem so mächtigen Mann lieb warst,
bekam doch niemand zu spüren, dass du hättest schaden können.
Zusammen mit der gelehrten Pallas hatte Phoebus dir die Künste verliehen:
Du warst ihre und seine Zierde und Ruhm,
wie der Beryll gewöhnlichen Sand übertrifft,
den die Woge ganz am Rand des Ufers zusammen mit ihm hin und her bewegt.
Dass du allzu locker ungegürtet warst, was man als einziges zum Vorwurf macht,
das machst du wett mit deiner reinen Lauterkeit.
So haben jene gelebt, bei denen die goldene Jungfrau war,
die später vertrieben wurde und vor den gut Gegürteten floh.
Neidischer Mensch, was schadeten schließlich die lockeren Tuniken,
oder was schadeten dir die vom Wind gebauschten Gewänder?

num minus Urbis erat custos et Caesaris hospes,
 num tibi non tutas fecit in Urbe vias?
nocte sub obscura quis te spoliavit amantem,
 quis tetigit ferro durior ipse latus?
maius erat potuisse tamen nec velle triumphos,
 maior res magnis abstinuisse fuit.
maluit umbrosam quercum nymphasque canentes
 paucaque pomosi iugera culta soli;
Pieridas Phoebumque colens in mollibus hortis
 sederat argutas garrulus inter aves.
marmora Maeonii vincent monumenta; libelli
 vivitur ingenio, cetera mortis erunt.
quid faceret? defunctus erat comes integer idem
 miles et Augusti fortiter usque pius.
illum piscosi viderunt saxa Pelori
 ignibus hostilis reddere ligna ratis.
pulvere in Emathio fortem videre Philippi:
 quam nunc ille tener tam gravis hostis erat.
cum freta Niliacae texerunt lata carinae,
 fortis erat circa, fortis et ante ducem,
militis Eoi fugientia terga secutus,
 territus ad Nili dum ruit ille caput.
pax erat: haec illos laxarunt otia cultus:
 otia victores Marte sedente decent.
Actius ipse lyram plectro percussit eburno,
 postquam victrices conticuere tubae.
hic modo miles erat, ne posset femina Romam
 dotalem stupri turpis habere sui,
hic tela in profugos – tantum curvaverat arcum –
 misit ad extremos exorientis equos.

War er denn weniger Hüter der Stadt und Gastfreund Caesars,
machte er dir denn nicht die Straßen in der Stadt sicher?
Wer raubte dich in dunkler Nacht aus, wenn du verliebt warst,
wer berührte mit einem Dolch deine Seite, selbst härter als ein Dolch?
Großartiger war es jedoch, dass er Triumphe haben konnte, aber nicht wollte,
eine größere Sache war es, auf Großes verzichtet zu haben.
Er wollte lieber eine schattige Steineiche, singende Nymphen
und ein paar bebaute Joche obstreichen Bodens;
die Pieriden und Phoebus verehrend hatte er sich in liebliche Gärten
gesetzt, plaudernd unter helltönenden Vögeln.
So überwinden die Monumente eines Mäoniers die aus Marmor; durch den Geist
eines Buches lebt man, das andere wird des Todes sein.
Was hätte er denn noch tun sollen? Seine Aufgabe hatte er stets tapfer erledigt
als ehrlicher Gefährte ebenso wie als treuer Soldat des Augustus.
Ihn sahen die Felsen des fischreichen Peloros
die feindlichen Schiffe dem Feuer als Brennholz übergeben.
Im Staub von Emathia sah ihn Philippi als tapferen Mann:
So, wie jener nun zart ist, war er ein erbitterter Feind.
Als die Boote aus dem Nilland die weite Meerenge bedeckten,
war er tapfer um den Feldherrn, tapfer auch vor ihm,
als der morgenländische Soldat den Rücken zur Flucht wandte, folgte er,
während der erschrocken bis zum Haupt des Nil floh.
Friede gab es: Diese Muße lockerte seine frühere Lebensweise.
Muße ziert Sieger, wenn Mars sich setzt.
Der von Actium schlug selbst die Lyra mit dem Plektron aus Elfenbein,
nachdem die siegreichen Kriegstrompeten verstummt waren.
Er war eben noch Soldat gewesen, damit nicht eine Frau Rom
als Mitgift für ihren schändlichen Ehebruch erhalten konnte,
er sandte seine Geschosse auf die Flüchtigen – so sehr hatte er den Bogen gekrümmt –
bis zu den fernsten Pferden der aufgehenden Sonne.

Bacche, coloratos postquam devicimus Indos,
potasti galea dulce iuvante merum,
et tibi securo tunicae fluxere solutae –
te puto purpureas tunc habuisse duas.
sum memor et certe memini sic ducere thyrsos
bracchia perpetua candidiora nive;
et tibi thyrsus erat gemmis ornatus et auro:
serpentes hederae vix habuere locum.
argentata tuos etiam talaria talos
vinxerunt certe nec puto, Bacche, negas.
mollius es solito mecum tum multa locutus,
et tibi consulto verba fuere nova.
impiger Alcide, multo defuncte labore,
sic memorant curas te posuisse tuas,
sic te cum tenera multum lusisse puella
oblitum Nemeae iamque, Erymanthe, tui.
ultra numquid erat? torsisti pollice fusos,
lenisti morsu levia fila parum;
percussit crebros te propter Lydia nodos,
te propter dura stamina rupta manu,
Lydia te tunicas iussit lasciva fluentes
inter lanificas ducere saepe suas.
clava torosa tua pariter cum pelle iacebat,
quam pede suspenso praeripiebat Amor.
quis fore credebat, premeret cum iam impiger infans
hydros ingentes vix capiente manu,
cumve renascentem meteret velociter hydram,
frangeret immanes vel Diomedis equos,
vel tribus adversis communem fratribus alvum
et sex adversas solus in arma manus?
fudit Aloidas postquam dominator Olympi,
dicitur in nitidum percubuisse diem

Bacchus, nachdem wir die bunten Inder ganz besiegt hatten,
trankst du mithilfe des Helms süßen unvermischten Wein,
und locker flatterten dir, der du nun ungefährdet warst, deine Tuniken –
ich glaube, du hattest da zwei purpurne angezogen.
Ich erinnere mich und denke daran, dass sicher so deine Arme,
weißer als der ewige Schnee, die Thyrsus-Stäbe schwangen;
und dir war der Thyrsus mit Edelsteinen und Gold verziert:
Die Efeuranken hatten kaum noch Platz.
Versilberte Sandalen umschlossen auch deine
Knöchel, und ich glaube, das leugnest du, Bacchus, sicher nicht.
Weicher als gewohnt sprachst du da viel mit mir,
und absichtlich gab es für dich neue Worte.
Wackerer Alcide, der du viel Arbeit erledigt hast,
so habest du, erzählt man, deine Sorgen abgelegt,
so habest du lange mit dem zarten Mädchen geschäkert
und Nemea vergessen und auch dich, Erymanthus.
Gab es noch etwas Ärgeres? Ja, du drehtest mit dem Daumen die Spindeln,
du machtest mit Kauen die zu wenig glatten Fäden weich;
es schlug dich wegen der häufigen Knoten die Lyderin,
ja dich, wegen des Garns, das durch deine grobe Hand zerriss,
die schamlose Lyderin befahl dir oft, wallende Tuniken
zu tragen unter ihren Wolle spinnenden Mägden.
Die knotige Keule lag zugleich mit deinem Fell herum,
das dir Amor auf Zehenspitzen früher stahl.
Wer hätte geglaubt, dass dies geschehen könnte, als der schon wackere Säugling
die riesigen Schlangen erwürgte, die er kaum mit der Hand umfassen konnte,
oder als er die rasch nachwachsende Hydra niedermähte
oder die ungeheuren Pferde des Diomedes bändigte
oder den gemeinsamen Leib der drei feindlichen Brüder
und, allein gegen ihre Waffen, die sechs feindlichen Arme?
Nachdem der Beherrscher des Olymp die Aloïden vertrieben hatte,
habe er, sagt man, bis weit in den hellen Tag hinein geschlafen

atque aquilam misisse suam quae quaereret ecquid
posset amaturo vina referre Iovi,
valle sub Idaea dum te, formose sacerdos,
invenit et presso molliter ungue rapit.
sic est: victor amet, victor potiatur in umbra,
victor odorata dormiat inque rosa;
victus aret victusque metat, metus imperet illi,
membra nec in strata sternere discat humo.
tempora dispensant usus et tempora cultus,
haec homines, pecudes, haec moderantur aves.
lux est, taurus arat; nox est, requiescit arator,
liberat et merito fervida colla bovi.
conglaciantur aquae, scopulis se condit hirundo;
verberat egelidos garrula vere lacus.
Caesar amicus erat: poterat vixisse solute,
cum iam Caesar idem quod cupiebat erat.
indulsit merito: non est temerarius ille.
vicimus: Augusto iudice dignus erat.
Argo saxa pavens postquam Scylleia legit
Cyaneosque metus iam religanda ratis,
viscera dissecti mutaverat arietis agno
Aeetis sucis omniperita suis:
his te, Maecenas, iuvenescere posse decebat.
haec utinam nobis Colchidos herba foret!
redditur arboribus florens revirentibus aetas;
vel cur non homini quod fuit ante redit,
vivacesque magis cervos decet esse paventes
si quorum in torua cornua fronte rigent?
vivere cornices multos dicuntur in annos;
cur nos angusta condicione sumus?

und seinen Adler geschickt, der danach suchen sollte, ob er etwa
Wein zu Iuppiter, der sich verlieben wollte, bringen könnte,
bis er unten im Ida-Tal dich, schöner Priester,
fand und dich mit sanft aufgedrückter Kralle raubte.
So ist es: Der Sieger soll lieben, der Sieger soll im Schatten herrschen,
und der Sieger soll auf duftenden Rosen ruhen;
der Besiegte soll pflügen, und der Besiegte soll mähen, die Furcht soll ihn beherrschen,
und er soll nicht lernen, seine Glieder auf einem mit Decken belegten Boden auszustrecken.
Die Zeiten ordnen Gewohnheiten und die Zeiten Lebensweisen,
sie lenken Menschen, Vieh, sie Vögel.
Es ist Tag, der Stier pflügt; es ist Nacht, der Pflüger ruht aus
und befreit dem Ochsen, der es verdient hat, den schwitzenden Nacken.
Zu Eis wird das Wasser, und in den Klippen verbirgt sich die Schwalbe;
zwitschernd flattert sie im Frühling über die lauwarmen Seen.
Caesar war sein Freund: Er konnte locker leben,
als Caesar nun das geworden war, was er zu sein begehrte.
Gewogen war er ihm zu Recht: Er ist ja nicht unbesonnen.
Wir haben gesiegt: Nach dem Urteil des Augustus war er dessen würdig.
Als die Argo furchtsam die scylleïschen Felsen und die kyaneïschen Ängste
durchfahren hatte, das Schiff, das jetzt festgebunden werden musste,
hatte die allwissende Tochter des Aeëtes die Eingeweide des zerschnittenen
Widders mit ihren Säften in ein Lamm verwandelt:
Mit diesen hättest du, Maecenas, dich verdientermaßen verjüngen können.
Stünde uns doch dieses Kraut der Kolcherin bereit!
Verliehen wird Bäumen, die immer neu ergrünen, blühendes Alter;
oder warum kehrt nicht auch für den Menschen wieder, was einmal war,
und verdienen es die furchtsamen Hirsche mehr, langlebig zu sein,
wenn an ihrer grimmigen Stirn ein Geweih starrt?
Es leben die Krähen, so sagt man, viele Jahre lang;
warum sind wir in einer so eingeschränkten Lage?

pascitur Aurorae Tithonus nectare coniunx,
atque ita iam tremulo nulla senecta nocet:
ut tibi vita foret semper medicamine sacro,
te vellem Aurorae complacuisse virum.
illius aptus eras croceo recubare cubili,
et modo poeniceum rore lavante torum
illius aptus eras roseas adiungere bigas,
tu dare purpurea lora regenda manu,
tu mulcere iubam, cum iam torsisset habenas
procedente die, respicientis equi.
quaesivere chori iuvenem sic Hesperon illum,
quem nexum medio solvit in igne Venus,
quem nunc in fuscis placida sub nocte nitentem
Luciferum contra currere cernis equis.
hic tibi Corycium, casias hic donat olentis,
hic e palmiferis balsama missa iugis.
nunc pretium candoris habes, nunc redditur umbris:
te sumus obliti decubuisse senem.
et Pylium flevere sui ter Nestora canum
dicebantque tamen non satis esse senem:
Nestoris annosi vicisses saecula, si me
dispensata tibi stamina nente forent.
nunc ego quid possum: 'Tellus levis ossa teneto,
pendula librato pondus et ipsa tuum.
semper serta tibi dabimus, tibi semper odores,
non umquam sitiens, florida semper eris.'
sic est Maecenas fato veniente locutus,
frigidus et iamiam cum moriturus erat:
'mene' inquit 'iuvenis primaevi, Iuppiter, ante
angustam Drusi non cecidisse fidem!
pectore maturo fuerat puer, integer aevo,
et magnum magni Caesaris illud opus.

Es nährt sich der Gatte der Aurora, Tithonus, von Nektar,
und so schadet ihm, auch wenn er nun zittert, kein Alter:
Damit dir das Leben dank jenem heiligen Zaubermittel immer währte,
wollte ich, dass du Aurora als Mann gefallen hättest.
Auf deren safranfarbigem Lager zu ruhen wärest du geeignet gewesen,
und, wenn der Tau eben das phönizische Polster befeuchtete,
wärest du geeignet gewesen, ihr rosenfarbenes Zweigespann anzuschirren,
du, die Riemen ihr mit ihrer purpurnen Hand zu lenken zu geben,
du, die Mähne des zurückblickenden Pferdes zu streicheln,
wenn sie die Zügel bei fortschreitendem Tag jeweils endlich heimwärts lenkte.
Die Reigen haben so nach jenem Jüngling Hesperus gesucht,
den, als er mitten im Feuer gefesselt war, Venus erlöste,
den du jetzt siehst, wie er, im Dunkeln bei ruhiger Nacht leuchtend,
als Lucifer mit Pferden dir entgegenläuft.
Der eine schenkt dir korykischen Safran, jener duftenden Zimt,
ein anderer von Palmen tragenden Gebirgen gesandten Balsam.
Nun hast du den Lohn für deine Lauterkeit, nun wird er deinem Schatten erstattet:
Dass du als alter Mann gestorben bist, haben wir vergessen.
Auch den dreifach grauen pylischen Nestor beweinten die Seinen
und sagten, er sei doch noch nicht alt genug:
Die Jahrhunderte des bejahrten Nestor hättest du durchlebt, wenn ich
dir den Faden gesponnen und zugemessen hätte.
Nun, was kann ich sagen? »Tellus, du sollst schwerelos die Gebeine bewahren
und selbst hängend deine Last schweben lassen!
Wir werden dir stets Kränze geben, dir stets Duftstoffe,
niemals dürstend wirst du stets in Blüte sein.«
So hat Maecenas beim Nahen des Schicksals gesprochen,
als er kalt war und jeden Moment schon sterben sollte:
»Warum starb nicht ich«, sagte er, »Iuppiter, vor
der knappen Hoffnung auf den blühenden Jüngling Drusus!
Von reifer Gesinnung war der Knabe, noch im unverdorbenen Alter,
und das war das große Werk des großen Caesar.

discidio vellemque prius –' non omnia dixit
 inciditque pudor quae prope dixit amor,
sed manifestus erat. moriens quaerebat amatae
 coniugis amplexus oscula verba manus.
'sed tamen hoc satis est: vixi te, Caesar, amico
 et morior' dixit, 'dum moriorque, sat est.
mollibus ex oculis aliquis tibi procidet umor,
 cum dicar subita voce fuisse tibi.
hoc mihi contingat, iaceam tellure sub aequa.
 nec tamen hoc ultra te doluisse velim,
sed meminisse velim: vivam sermonibus illic;
 semper ero, semper si meminisse voles.
et decet et certe vivam tibi semper amore,
 nec tibi qui moritur desinit esse tuus.
ipse ego quicquid ero cineres interque favillas,
 tum quoque non potero non memor esse tui.
exemplum vixi te propter molle beate,
 unus Maecenas teque ego propter eram.
arbiter ipse fui, volui quod contigit esse,
 pectus eram vere pectoris ipse tui.
vive diu, mi care, senex pete sidera sero:
 est opus hoc terris, te quoque velle decet.
et tibi succrescant iuvenes bis Caesare digni
 et tradant porro Caesaris usque genus.
sit secura tibi quam primum Livia coniunx,
 expleat amissi munera rupta gener.
cum deus in terris divis insignis avitis,
 te Venus in patrio collocet ipsa sinu.'

Vor der Trennung hätte ich noch –«, nicht alles sagte er,
und seine Scham unterbrach, was die Liebe fast ausgesprochen hätte,
doch es war offensichtlich. Im Sterben suchte er von der geliebten
Gattin Umarmungen, Küsse, Worte, Hände.
»Doch dies ist genug: Mit dir, Caesar, als Freund habe ich gelebt
und sterbe ich«, sagte er, »und während ich sterbe, genügt das.
Aus deinen sanften Augen wird dir eine Träne fallen,
wenn man dir plötzlich das Wort sagt, ich sei gewesen.
Dies soll mir gelingen, liegen möge ich unter gnädiger Erde.
Und doch will ich nicht, dass du darüber hinaus trauerst,
sondern ich will, dass du dich an mich erinnerst: Leben möge ich dort in deinen Gesprächen;
immer werde ich sein, wenn du dich immer an mich erinnern willst.
Ja, das gehört sich, und sicher werde ich dir durch deine Liebe immer leben,
und nicht hört dir, wer stirbt, auf, der Deine zu sein.
Ich selbst jedenfalls, was ich auch sein werde zwischen Asche und Glut,
werde auch dann nicht anders können, als mich an dich zu erinnern.
Als verwöhntes Beispiel habe ich dank dir glücklich gelebt,
und der einzigartige Maecenas war ich dank dir.
Schiedsrichter war ich selbst, ich wollte, was gelingen konnte, sein,
ich war wirklich selbst das Herz deines Herzens.
Lebe lange, mein Lieber, eile erst spät als Greis zu den Sternen!
Die Erde braucht das, es gehört sich, dass auch du das willst.
Und die zweimal Caesars würdigen jungen Männer sollen dir nachwachsen
und das Geschlecht Caesars beständig weiterführen.
Möge Livia, deine Gattin, möglichst bald sorgenfrei sein,
möge die unterbrochenen Aufgaben des Verlorenen dein Schwiegersohn übernehmen!
Da du ein Gott auf Erden bist, durch deine göttlichen Vorfahren berühmt,
möge Venus selbst dich deinem Vater an die Brust legen!«

Übersetzung: Kai Brodersen

ANHANG

VITA SUETONIANA-DONATIANA

[1] P. Vergilius Maro Mantuanus parentibus modicis fuit ac praecipue patre, quem quidam opificem figulum, plures Magi cuiusdam viatoris initio mercennarium, mox ob industriam generum tradiderunt egregieque substantiae silvis coemendis et apibus curandis auxisse reculam. [2] natus est Cn. Pompeio Magno M. Licinio Crasso primum coss. Iduum Octobrium die in pago, qui Andes dicitur et abest a Mantua non procul.

[3] Praegnans eum mater somniavit enixam se laureum ramum, quem contactu terrae coaluisse et excrevisse ilico in speciem maturae arboris refertaeque variis pomis et floribus, ac sequenti luce cum marito rus propinquum petens ex itinere devertit atque in subiecta fossa partu levata est. [4] ferunt infantem, ut sit editus, neque vagisse et adeo miti vultu fuisse, ut haud dubiam spem prosperioris geniturae iam tum daret. [5] et accessit aliud praesagium, si quidem virga populea more regionis in puerperiis eodem statim loco depacta ita brevi evaluit tempore, ut multo ante satas populos adaequavisset; quae arbor Vergilii ex eo dicta atque etiam consecrata est summa gravidarum ac fetarum religione suscipientium ibi et solventium vota.

[1] P. Vergilius Maro, ein Mantuaner, stammte von einfachen Eltern, namentlich väterlicherseits; ⟨sein Vater⟩ war nämlich, wie einige überliefert haben, ein Töpfer; die Mehrzahl aber berichtet, er sei anfangs Lohndiener eines gewissen Magius, eines Staatskuriers, gewesen, dann aber wegen seiner Tatkraft dessen Schwiegersohn geworden und habe in hervorragender Weise durch Ankauf von Wäldern und durch Bienenzucht den kleinen Besitz seines Vermögens vergrößert. [2] Geboren wurde Vergil unter dem ersten Konsulat des Cn. Pompeius Magnus und M. Licinius Crassus am 15. Oktober in einer Dorfgemeinde, die Andes heißt und nicht weit von Mantua liegt.

[3] Als seine Mutter mit ihm schwanger war, träumte sie, sie habe einen Lorbeerzweig geboren; dieser sei bei seiner Berührung mit der Erde mächtig aufgeschossen und sofort zu einem reifen Baum herangewachsen, der mit bunten Blüten und Früchten prangte; und als sie am nächsten Morgen mit ihrem Ehemann auf das benachbarte Landgut reiste, bog sie vom Weg ab und gebar ihr Kind in einem unten ⟨am Straßenrand⟩ ausgehobenen Graben. [4] Man sagt, das kleine Kind habe gleich nach seiner Geburt nicht gewimmert und einen so milden Gesichtsausdruck gehabt, dass es schon damals die über jeden Zweifel erhabene Hoffnung geweckt habe, es sei unter einem besonders glücklichen Stern geboren. [5] Auch trat noch ein anderes Vorzeichen hinzu, da ein Pappelzweig, der nach dem in dieser Gegend herrschenden Brauch bei Geburten sofort an Ort und Stelle eingesenkt wurde, in kurzer Zeit so kräftig geworden ist, dass er die lange zuvor gepflanzten Pappeln ⟨bald⟩ erreicht hatte; dieser Baum wurde seitdem ›der Baum des Vergil‹ genannt und überdies heilig gehalten durch die innigste Ehrfurcht der Mütter, ⟨die sie ihm⟩ vor und nach ihrer schweren Stunde ⟨erwiesen hatten⟩; denn dort machten und erfüllten sie ihre Gelübde.

[6] Initia aetatis Cremonae egit usque ad virilem togam, quam XVII anno natali suo accepit isdem illis consulibus iterum duobus, quibus erat natus, evenitque, ut eo ipso die Lucretius poeta decederet. [7] sed Vergilius a Cremona Mediolanum et inde paulo post transiit in urbem.

[8] Corpore et statura fuit grandi, aquilo colore, facie rusticana, valetudine varia; nam plerumque a stomacho et a faucibus ac dolore capitis laborabat, sanguinem etiam saepe reiecit. [9] cibi vinique minimi, libidinis in pueros pronioris, quorum maxime dilexit Cebetem et Alexandrum, quem secunda Bucolicorum ecloga Alexim appellat, donatum sibi ab Asinio Pollione, utrumque non ineruditum, Cebetem vero et poetam. vulgatum est consuesse eum et cum Plotia Hieria. [10] sed Asconius Pedianus adfirmat ipsam postea maiorem natu narrare solitam invitatum quidem a Vario ad communionem sui, verum pertinacissime recusasse. [11] cetera sane vita et ore et animo tam probum constat, ut Neapoli 'Parthenias' vulgo appellatus sit ac, si quando Romae, quo rarissime commeabat, viseretur in publico, sectantis demonstrantisque se subterfugere⟨t⟩ in proximum tectum.

[12] Bona autem cuiusdam exulantis offerente Augusto non sustinuit accipere. [13] possedit prope centiens sestertium ex liberalitatibus amicorum habuitque domum Romae Esquiliis iuxta hor-

[6] Den Beginn seines Lebens verbrachte er in Cremona, bis ⟨er⟩ die Männertoga ⟨anlegte⟩, die er an seinem 17. Geburtstag bekam unter dem zweiten Konsulat eben jener beiden Männer, unter deren erstem Konsulat er geboren war; und es traf sich, dass genau an diesem Tag der Dichter Lucretius starb. [7] Vergil aber zog von Cremona nach Mailand und von dort bald darauf in die Hauptstadt.

[8] Er war körperlich von hoher Statur, hatte dunkelbraune Hautfarbe und bäuerliches Aussehen; sein Gesundheitszustand war schwankend; denn er litt meistens an Magen- und Halsbeschwerden und an Kopfschmerzen, hatte auch oft Bluthusten. [9] Im Genuss von Speisen und Wein war er sehr mäßig, der Lust an Knaben aber zu sehr geneigt; von ihnen liebte er besonders Cebes und Alexander, den er im zweiten Gedicht der *Bucolica* Alexis nennt; ⟨dieser Alexander⟩ war ihm von Asinius Pollio geschenkt worden; beide Knaben waren durchaus nicht ungebildet, ja Cebes war sogar ein Dichter. Man erzählt sich, Vergil habe auch mit Plotia Hieria Umgang gehabt. [10] Aber Asconius Pedianus versichert, sie selbst habe später in höherem Alter gern erzählt, Vergil sei zwar von Varius zum Umgang mit ihr eingeladen worden, habe ihn jedoch ganz hartnäckig abgelehnt. [11] In seiner sonstigen Lebensführung aber war er bekanntlich in Wort und Gesinnung so anständig, dass man ihn in Neapel allgemein ›Parthenias‹ nannte: So entzog er sich denn auch, wenn er wirklich einmal in Rom, wohin er nur äußerst selten reiste, auf der Straße gesehen wurde, den ihm nachdrängenden und auf ihn zeigenden Leuten durch die Flucht in das nächstgelegene Haus.

[12] Das Hab und Gut irgendeines Verbannten auf Anerbieten des Augustus anzunehmen, brachte er nicht über sich. [13] Er besaß auf Grund großzügiger Zuwendungen seiner Freunde ein Geldvermögen von annähernd 10 Millionen Sesterzen und hatte in Rom ein Haus auf dem Esquilin neben den Gärten des Maecenas;

tos Maecenatianos; quamquam secessu Campaniae Siciliaeque plurimum uteretur.

[14] Parentes iam grandis amisit, ex quibus patrem captum oculis et duos fratres germanos, Silonem inpuberem, Flaccum iam adultum, cuius exitum sub nomine Daphnidis deflet.

[15] Inter cetera studia medicinae quoque ac maxime mathematicae operam dedit. egit et causam apud iudices unam omnino nec amplius quam semel; [16] nam et in sermone tardissimum ac paene indocto similem fuisse Melissus tradidit.

[17] Poeticam puer adhuc auspicatus in Ballistam ludi magistrum ob infamiam latrociniorum coopertum lapidibus distichon fecit:

'monte sub hoc lapidum tegitur Ballista sepultus;
   nocte die tutum carpe, viator, iter.'

deinde Catale⟨p⟩ton (et Priapea et Epigrammata) et Diras, item Cirim et Culicem, cum esset annorum X⟨X⟩VI. [18] cuius materia talis est: pastor fatigatus aestu cum sub arbore condormisset et serpens ad eum proreperet, e palude culex provolavit atque inter duo tempora aculeum fixit pastori. at ille continuo culicem contrivit et serpentem interemit ac sepulcrum culici statuit et distichon fecit:

'parve culex, pecudum custos tibi tale merenti
funeris officium vitae pro munere reddit.'

[19] scripsit etiam, de qua ambigitur, Aetnam. mox cum res Romanas inchoasset, offensus materia ad Bucolica transiit, maxime ut Asinium Pollionem, Alfenum Varum et Cornelium Gallum

allerdings lebte er zum größten Teil in der Abgeschiedenheit Kampaniens oder Siziliens.

[14] Seine Verwandten verlor er, als er schon alt war; von ihnen den Vater, der erblindet war, und zwei leibliche Brüder, Silo, der noch nicht erwachsen, und Flaccus, der es schon war; den Tod ⟨dieses Flaccus⟩ beweint er unter dem Namen ›Daphnis‹.

[15] Neben anderen Studien beschäftigte er sich eifrig auch mit Medizin und besonders mit Mathematik. Auch einen Fall vertrat er als Anwalt vor Gericht, allerdings nur diesen einen überhaupt und nicht mehr als einmal ⟨in einer Verhandlung⟩. [16] Er war nämlich, wie Melissus überliefert, im Gespräch sehr schwerfällig und wirkte geradezu wie ein Ungebildeter.

[17] Mit der Dichtkunst begann er schon, als er noch ein Knabe war, und machte ein Distichon auf Ballista, einen Gladiatoren-Lehrer, der wegen verruchter Räubereien gesteinigt worden war:

»Hier unter diesem Steinberg liegt Ballista begraben;
wandle bei Nacht und Tag, Wanderer, auf sicherem Weg!«

Dann ⟨dichtete er⟩ das *Catalepton* (sowohl Priapeen als auch Epigramme) und die *Dirae*, ebenso die *Ciris* und den *Culex*; er war damals 26 Jahre alt. [18] Der Stoff des *Culex* ist so geartet: Als ein Hirte, matt von der Hitze, unter einem Baum eingeschlafen war und eine Schlange an ihn herankroch, da flog aus dem Sumpf eine Mücke heran und stach den Hirten zwischen beide Schläfen. Der aber zerschlug sofort die Mücke, tötete dann die Schlange, setzte der Mücke ein Grabmal und machte ein Distichon:

»Kleine Mücke, der Schafhirt erweist dir, denn du verdienst es,
hier der Bestattung Ehrenpflicht für die Gabe des Lebens.«

[19] Er schrieb auch, was allerdings umstritten ist, die *Aetna*. Als er dann die Geschichte Roms in Angriff genommen hatte, ging er, von ⟨der Schwierigkeit⟩ dieses Stoffes angegriffen, zu den *Bucolica* über, besonders in der Absicht, Asinius Pollio, Alfenus Varus und

celebraret, quia in distributione agrorum, qui post Philippensem victoriam veteranis triumvirorum iussu trans Padum dividebantur, indemnem se praestitissent. [20] deinde ⟨scripsit⟩ Georgica in honore Maecenatis, qui sibi mediocriter adhuc noto opem tulisset adversus veterani cuiusdam violentiam, a quo in altercatione litis agrariae paulum afuit quin occideretur. [21] novissime Aeneidem inchoavit, argumentum varium ac multiplex et quasi amborum Homeri carminum instar, praeterea nominibus ac rebus Graecis Latinisque commune, et in quo, quod maxime studebat, Romanae simul urbis et Augusti origo contineretur.

[22] Cum Georgica scriberet, traditur cotidie meditatos mane plurimos versus dictare solitus ac per totum diem retractando ad paucissimos redigere, non absurde carmen se ursae more parere dicens et lambendo demum effingere. [23] Aeneida prosa prius oratione formatam digestamque in XII libros particulatim componere instituit, prout liberet quidque, et nihil in ordinem arripiens. [24] ac ne quid impetum moraretur, quaedam inperfecta transmisit, alia levissimis versibus veluti fulsit, quos per iocum pro tibicinibus interponi aiebat ad sustinendum opus, donec solidae columnae advenirent.

[25] Bucolica triennio, Georgica VII, Aeneida XI perfecit annis. [26] Bucolica eo successu edidit, ut in scaena quoque per cantores crebro pronuntiarentur. [27] Georgica reverso post Actiacam vic-

Cornelius Gallus zu rühmen, weil sie bei der Verteilung der Ländereien, die jenseits des Po nach dem Sieg bei Philippi auf Befehl der Triumvirn an die altgedienten Soldaten aufgeteilt wurden, ihn schadlos gehalten hatten. [20] Dann ⟨schrieb⟩ er die *Georgica* zu Ehren des Maecenas, weil er ihm, dem ⟨damals⟩ nur so einigermaßen Bekanntgewordenen, Hilfe gegen die Gewalttätigkeit eines Veteranen geleistet hatte, von dem er im Wortwechsel über einen Grundbesitzprozess beinahe erschlagen worden wäre. [21] Zuletzt nahm er die *Aeneis* in Angriff, einen bunten und vielschichtigen Stoff, der gewissermaßen den Gesamtgehalt beider Werke Homers darstellte, außerdem infolge der Namen und Dinge Allgemeinbesitz für Griechen und Lateiner, überdies ein Gedicht, in dem – das war sein Hauptanliegen – zugleich der Ursprung der Stadt Rom und der des Augustus enthalten sein sollte.

[22] Als er die *Georgica* schrieb, pflegte er – so wird überliefert – täglich früh morgens sehr viele Verse zu ersinnen und zu diktieren, dann aber den ganzen Tag hindurch sie zu überarbeiten und so auf sehr wenige zusammenzustreichen, wobei er gar nicht so übel sagte, er gebäre sein Gedicht nach Art einer Bärin und bringe es durch Lecken erst in Form. [23] Die *Aeneis*, die zunächst in Prosa in großen Zügen entworfen und auf zwölf Bücher verteilt worden war, dichtete er allmählich, Stück für Stück, je nachdem jedes ihm beliebte und ohne etwas in eine bestimmte Reihenfolge zu nötigen. [24] Und damit nichts seinen dichterischen Schwung hemme, überging er manches, was noch unvollendet war, stützte anderes nur mit ganz leichten Versen, von denen er scherzhaft sagte, sie würden nur als Stützpfeiler dazwischen gesetzt, bis unterdessen die massiven Säulen ankämen.

[25] Die *Bucolica* vollendete er in drei, die *Georgica* in sieben und die *Aeneis* in elf Jahren. [26] Die *Bucolica* veröffentlichte er mit einem solchen Erfolg, dass sie sogar auf der Bühne häufig von Sängern vorgetragen wurden. [27] Die *Georgica* las er dem Augustus vor, als dieser nach dem Sieg bei Actium zurückgekehrt war

toriam Augusto atque Atellae reficiendarum faucium causa commoranti per continuum quadriduum legit suscipiente Maecenate legendi vicem, quotiens interpellaretur ipse vocis offensione. [28] pronuntiabat autem cum suavitate, cum lenociniis miris, [29] ut Seneca tradidit Iulium Montanum poetam solitum dicere involaturum se Vergilio quaedam, si et vocem posset et os et hypocrisin: eosdem enim versus ipso pronuntiante bene sonare, sine illo inanes esse mutosque.

[30] Aeneidos vixdum coeptae tanta extitit fama, ut Sextus Propertius non dubitaverit sic praedicare:

'cedite Romani scriptores, cedite Grai:
nescio quid maius nascitur Iliade' –,

[31] Augustus vero – nam forte expeditione Cantabrica aberat – supplicibus atque etiam minacibus per iocum litteris efflagitaret, ut 'sibi de Aeneide', ut ipsius verba sunt, 'vel prima carminis ὑπογραφὴ vel quodlibet κῶλον mitteretur'. [32] cui tamen multo post perfectaque demum materia tres omnino libros recitavit, secundum quartum sextum, sed hunc notabili Octaviae adfectione, quae, cum recitationi interesset, ad illos de filio suo versus: 'tu Marcellus eris' defecisse fertur atque aegre focilata ⟨esse⟩. [33] recitavit et pluribus, sed neque frequenter et ea fere, de quibus ambigebat, quo magis iudicium hominum experiretur. [34] Erotem librarium et libertum eius exactae iam senectutis tradunt referre solitum quondam eum in recitando duos dimidiatos versus

und sich zur Genesung von einem Halsleiden in Atella aufhielt; ⟨Vergil⟩ las an vier Tagen hintereinander vor, wobei Maecenas ihn ablöste, sooft er selbst infolge der Überanstrengung seiner Stimme unterbrechen musste. [28] Er trug mit Wohlklang, mit wundersam verlockendem Reiz vor; [29] so überliefert Seneca, der Dichter Iulius Montanus habe oft gesagt, er würde dem Vergil manches entwenden, wenn er ihm auch den Klang der Stimme, den Gesichtsausdruck und das Gebärdenspiel ⟨wegnehmen⟩ könnte. Denn dieselben Verse klängen gut, wenn Vergil selbst sie vortrage, ohne ihn seien sie leer und stumm.

[30] Der Ruf der kaum begonnenen *Aeneis* war gleich derart groß, dass Sextus Propertius sie ohne Bedenken so rühmte:

»Weicht, ihr römischen Dichter, zurück, weicht, Dichter der Griechen!
Irgendwie Größeres wächst hier als die *Ilias* selbst.« –,

[31] dass sogar Augustus – denn er war eben im Kantabrerfeldzug abwesend – in dringend bittenden und selbst scherzhaft drohenden Briefen ausdrücklich verlangte, man solle »ihm von der *Aeneis*«, so lauten seine eigenen Worte, »entweder das erste *projet* des Gedichtes oder irgendeine *partie* schicken.« [32] Dennoch las er ihm viel später und erst nach Vollendung des ⟨vorliegenden⟩ Stoffes drei Bücher im Ganzen vor, das zweite, das vierte und das sechste, dies Letztere aber mit bemerkenswerter Einwirkung auf Octavia: Sie soll nämlich, als sie an der Vorlesung teilnahm, bei jenen bekannten Versen über ihren Sohn: »Du wirst Marcellus sein« ohnmächtig geworden und nur mit Mühe wieder zur Lebenswärme erweckt worden sein. [33] Er las auch noch mehr Hörern vor, aber nicht häufig und durchweg nur das, worüber er im Zweifel war, damit er durch solche Proben um so gründlicher das Urteil des Publikums feststellen könne. [34] Eros, sein Bibliothekar und Freigelassener, erzählte – so wird überliefert – als alter Mann noch oft, Vergil habe einmal beim Vorlesen zwei Halbverse

complesse ex tempore. nam cum hactenus haberet: 'Misenum Aeoliden', adiecisse: 'quo non praestantior alter', item huic: 'aere ciere viros', simili calore iactatum subiunxisse: 'Martemque accendere cantu' statimque sibi imperasse, ut utrumque volumini adscriberet.

[35] Anno aetatis quinquagesimo secundo inpositurus Aeneidi summam manum statuit in Graeciam et in Asiam secedere trienniоque continuo nihil amplius quam emendare, ut reliqua vita tantum philosophiae vacaret. sed cum ingressus iter Athenis occurrisset Augusto ab oriente Romam revertenti destinaretque non absistere atque etiam una redire, dum Megara vicinum oppidum ferventissimo sole cognoscit, languorem nactus est eumque non intermissa navigatione auxit ita, ut gravior aliquanto Brundisium appelleret, ubi diebus paucis obiit XI Kal. Octobr. Cn. Sentio Q. Lucretio coss. [36] ossa eius Neapolim translata sunt tumuloque condita, qui est via Puteolana intra lapidem secundum, in quo distichon fecit tale:

'Mantua me genuit, Calabri rapuere, tenet nunc
  Parthenope; cecini pascua rura duces.'

[37] Heredes fecit ex dimidia parte Valerium Proculum fratrem alio patre, ex quarta Augustum, ex duodecima Maecenatem, ex reliqua L. Varium et Plotium Tuccam, qui eius Aeneidem post

aus dem Stegreif vollendet; denn als er so weit vorgelesen habe: »Aeolus' Sohn Misenus«, habe er hinzugefügt, »kein andrer war ihm überlegen«, ebenso habe er dem folgenden ‹Halbvers›: »Männer mit Erze zu rufen», von ähnlicher Schaffenslust getrieben, sofort hinzugefügt: »und Mars mit dem Klang zu entfachen« und habe ihm sofort befohlen, beide Halbverse in die Buchrolle mit einzutragen.

[35] Als er im 52. Lebensjahr dabei war, die letzte Hand an die *Aeneis* zu legen, beschloss er, sich nach Griechenland und Kleinasien zu begeben und drei Jahre ununterbrochen lediglich die Fehler zu beseitigen, um für den Rest seines Lebens nur noch der Philosophie frei sich widmen zu können. Als er aber nach Antritt der Reise in Athen auf den vom Orient nach Rom zurückreisenden Augustus traf und beschloss, sich nicht ‹aus seinem Gefolge› zu entfernen und sogar zusammen ‹mit ihm› zurückzureisen, erlitt er, während er bei glühender Sonnenhitze die benachbarte Kleinstadt Megara besichtigte, einen Schwächeanfall und verschlimmerte ihn durch die ununterbrochene Seereise so sehr, dass er bedeutend schwerer erkrankt in Brundisium an Land kam, wo er innerhalb weniger Tage am 21. September unter dem Konsulat des Cn. Sentius und des Q. Lucretius verstarb. [36] Seine Gebeine wurden nach Neapel überführt und in einem Grabhügel beigesetzt, der an der Straße nach Puteoli innerhalb des zweiten Meilensteines liegt; auf ‹dem Grabhügel› ließ er folgendes Distichon anbringen:

»Mantua gab mir das Leben, Kalabrien nahm es, Neapel
birgt mich; Weiden besang, Felder und Führer mein Lied.«

[37] Als Erben setzte er ein: über die Hälfte des Besitzes Valerius Proculus, seinen Stiefbruder von einem anderen Vater, über den vierten Teil Augustus, über den zwölften Teil Maecenas, über den Rest Varius und Plotius Tucca; diese ‹beiden› gaben nach seinem Tod auf Befehl des Kaisers die *Aeneis* in emendierter Fassung

obitum iussu Caesaris emendaverunt, [38] de qua re Sulpicii Carthaginiensis extant huiusmodi versus:

'iusserat haec rapidis aboleri carmina flammis
   Vergilius, Phrygium quae cecinere ducem.
Tucca vetat Variusque simul; tu, maxime Caesar,
   non sinis et Latiae consulis historiae.
infelix gemino cecidit prope Pergamon igni,
   et paene est alio Troia cremata rogo.'

[39] Egerat cum Vario, priusquam Italia decederet, ut, si quid sibi accidisset, Aeneida combureret; at is facturum se pernegarat. igitur in extrema valetudine assidue scrinia desideravit, crematurus ipse; verum nemine offerente nihil quidem nominatim de ea cavit, [40] ceterum eidem Vario ac simul Tuccae scripta sua sub ea condicione legavit, ne quid ederent, quod non a se editum esset. [41] edidit autem auctore Augusto Varius, sed summatim emendata, ut qui versus etiam inperfectos, si qui erant, reliquerit; quos multi mox supplere conati non perinde valuerunt ob difficultatem, quod omnia fere apud eum hemistichia absoluto perfectoque sunt sensu, praeter illud: 'quem tibi iam Troia'. [42] Nisus grammaticus audisse se a senioribus aiebat Varium duorum librorum ordinem commutasse et, qui nunc secundus sit, in tertium locum transtulisse, etiam primi libri correxisse principium his versibus demptis:

'ille ego, qui quondam gracili modulatus avena
carmina et egressus silvis vicina coegi,

heraus; [38] darüber gibt es folgende Verse des Sulpicius aus Karthago:

»Die den Phrygierhelden verherrlichten, diese Gesänge
hatte Vergil zum Fraß reißenden Flammen vermacht.
Varius wehrt ihm und Tucca zugleich; du, mächtiger Caesar,
bist auf Latiums Rang in der Geschichte bedacht.
Fast sank Pergamon heillos im zweiten Brande, in andren
Scheiterhaufens Glut wäre fast Troja verbrannt.«

[39] Vor seiner Abreise von Italien hatte Vergil mit Varius abgemacht, er möge, falls ihm etwas zugestoßen sei, die *Aeneis* verbrennen. Varius aber hatte sich heftig geweigert, das zu tun. Daher verlangte ⟨Vergil⟩, als es ihm schon sehr schlecht ging, beständig nach den Buchbehältern, um sie selbst zu verbrennen; da aber niemand sie ihm brachte, traf er zwar keine ausdrückliche Bestimmung über die *Aeneis*, [40] im Übrigen jedoch vermachte er demselben Varius und zugleich dem Tucca seine Schriften unter der Bedingung, nichts herauszugeben, was nicht von ihm herausgegeben worden sei. [41] Varius aber gab auf Veranlassung des Augustus ⟨die Schriften Vergils⟩ heraus, aber nur oberflächlich emendiert; denn er ließ sogar etwa vorkommende unvollständige Verse stehen; diese ⟨Halbverse⟩ versuchten dann viele zu ergänzen, hatten aber durchaus keinen Erfolg wegen der Schwierigkeit, dass bei Vergil fast alle Halbverse einen vollständig in sich abgeschlossenen Sinngehalt haben, abgesehen von jenem einen Vers »den dir schon Troja«. [42] Der Philologe Nisus sagte, er habe von älteren Leuten gehört, Varius habe die Reihenfolge zweier Bücher geändert, und zwar das jetzt an zweiter Stelle stehende Buch an die dritte umgestellt; er habe auch den Anfang des ersten Buches durch Tilgung folgender Verse verbessert:

»Ich, jener Dichter, der einst seine Lieder auf zierlichem Halme
spielte und dann, den Wäldern entschritten, Nachbargefilde

ut quamvis avido parerent arva colono,
gratum opus agricolis, at nunc horrentia Martis –
arma virumque cano.'

[43] Obtrectatores Vergilio numquam defuerunt, nec mirum, nam nec Homero quidem. prolatis Bucolicis Numitorius quidam rescripsit Antibucolica, duas modo eclogas, sed insulsissime παρῳδήσας, quarum prioris initium est:

'Tityre, si toga calda tibi est, quo 'tegmine fagi'?'

sequentis:

'dic mihi, Damoeta: 'cuium' pecus anne Latinum?
non, verum Aegonis nostri; sic rure loquuntur.'

alius recitante eo ex Georgicis: 'nudus ara, sere nudus' subiecit: 'habebis frigore febrem'. [44] est et adversus Aeneida liber Carvili Pictoris, titulo Aeneidomastix. M. Vipsanius a Maecenate eum suppositum appellabat novae cacozeliae repertorem, non tumidae nec exilis, sed ex communibus verbis atque ideo latentis. Herennius tantum vitia eius, Perellius Faustus furta contraxit. [45] sed et Q. Octavi Aviti ὁμοιοτήτων octo volumina, quos et unde versus transtulerit, continent. [46] Asconius Pedianus libro, quem contra obtrectatores Vergilii scripsit, pauca admodum obiecta ei proponit eaque circa historiam fere et quod pleraque ab Homero sumpsis-

zwang, auf den Bauern, und sei er noch so gierig, zu hören,
Dichtung, dem Landmann lieb, jetzt aber des Mavors grause –
Waffen besinge ich und den Mann.«

[43] An hämisch-herabsetzenden Kritikern hat es Vergil nie gefehlt, kein Wunder! Ging es doch auch Homer nicht anders. Nach Veröffentlichung der *Bucolica* schrieb irgendein Numitorius *Antibucolica*, nur zwei Gedichte, aber höchst witzlos parodierend; der Anfang des ersten lautet so:

»Tityrus, wärmt dich die Toga – wozu ›mit der Decke der Buche‹?«

Das zweite beginnt:

»Sag mir, Damoetas, ›wem sein‹ Vieh, ist das wohl noch Hochdeutsch?
Nein, das unseres Geißmann; so sprechen sie hier auf dem Lande.«

Ein anderer fügte, als Vergil aus den *Georgica* vorlas »Pflüge nackt, säe nackt!« hinzu: »wirst bald schon Schüttelfrost kriegen.« [44] Es gibt auch gegen die *Aeneis* ein Buch des Carvilius Pictor mit dem Titel *Aeneisgeißel*. M. Vipsanius pflegte ihn als einen von Maecenas vorgeschobenen Erfinder einer neuen Art von schlechter Stilmanier zu bezeichnen, nicht einer geschwollenen noch dürftigen, sondern aus Wörtern der Alltagssprache hervorgehenden und daher versteckt bleibenden. Herennius sammelte nur Vergils Fehler, Perellius Faustus seine Plagiate. [45] Aber auch des Q. Octavius Avitus acht Bände »Übereinstimmungen« enthalten die Verse, die Vergil übernommen hat, und geben an, woher sie stammen. [46] Asconius Pedianus macht ihm in dem Buch, das er gegen die hämisch-herabsetzenden Kritiker Vergils geschrieben hat, nur sehr wenige Vorwürfe, und zwar durchweg mit Rücksicht auf die ⟨Behandlung⟩ der Geschichte und deshalb, weil er sehr viel von

set; sed hoc ipsum crimen sic defendere adsuetum ait: cur non illi quoque eadem furta temptarent? verum intellecturos facilius esse Herculi clavam quam Homero versum subripere. et tamen destinasse secedere, ut omnia ad satietatem malevolorum decideret.

Homer übernommen habe; aber er sagt, ⟨Vergil⟩ habe gerade diesen Vorwurf so abzuwehren gepflegt: Warum denn jene Kritiker nicht dieselben Plagiate versuchten? Aber sie würden bald einsehen, dass es leichter sei, Hercules die Keule als Homer einen Vers zu entreißen. Trotz allem habe er beschlossen, die Auslandsreise zu machen, um alles zur Befriedigung der Böswilligen zum Abschluss zu bringen.

Übersetzung: Karl Bayer, überarbeitet von Fabian Zogg

VITA SERVII

[1] In exponendis auctoribus haec consideranda sunt: poetae vita, titulus operis, qualitas carminis, scribentis intentio, numerus librorum, ordo librorum, explanatio.

[2] Vergilii haec vita est: [3] patre Vergilio matre Magia fuit; civis Mantuanus, quae civitas est Venetiae. [4] diversis in locis litteris operam dedit; nam et Cremonae et Mediolani et Neapoli studuit. [5] adeo autem verecundissimus fuit, ut ex moribus cognomen acceperit; nam dictus est 'Parthenias'. omni vita probatus uno tantum morbo laborabat; nam inpatiens libidinis fuit.

[6] Primum ab illo hoc distichon factum est in Ballistam latronem:

'monte sub hoc lapidum tegitur Ballista sepultus;
  nocte die tutum carpe, viator, iter.'

scripsit etiam septem sive octo libros hos: Cirin Aetnam Culicem Priapeia Catalepton Epigrammata Copam Diras. [7] postea ortis bellis civilibus inter Antonium et Augustum Augustus victor Cremonensium agros, quia pro Antonio senserant, dedit militibus suis. qui cum non sufficerent, his addidit agros Mantuanos, sublatos non propter civium culpam, sed propter vicinitatem Cremonensium: unde ipse in Bucolicis:

'Mantua vae miserae nimium vicina Cremonae.'

amissis ergo agris Romam venit et usus patrocinio Pollionis et Maecenatis solus agrum, quem amiserat, meruit. tunc ei proposuit

[1] Bei der Erklärung der Autoren ist Folgendes zu betrachten: das Leben des Dichters, der Titel des Werkes, die Beschaffenheit des Gedichtes, die Absicht des Schreibenden, die Zahl der Bücher, die Reihenfolge der Bücher, die Erklärung.

[2] Vergils Leben ist folgendes: [3] Er stammte vom Vater Vergil, von der Mutter Magia, ⟨und war⟩ Bürger Mantuas, einer Bürgergemeinde, die in Venetien liegt. [4] An verschiedenen Orten betrieb er die Wissenschaft; denn er hat in Cremona, in Mailand und in Neapel studiert. [5] Er war aber so überaus schüchtern, dass er auf Grund seines Wesens seinen Beinamen bekam; er wurde nämlich ›Parthenias‹ genannt. Im ganzen Leben bewährt, litt er nur an einer einzigen Krankheit; denn er konnte die Begierde nicht meistern.

[6] Zuerst wurde von ihm folgendes Distichon auf den Räuber Ballista verfasst:

»Hier unter diesem Steinberg liegt Ballista begraben;
wandle bei Nacht und Tag, Wandrer, auf sicherem Weg!«

Er schrieb auch folgende sieben oder acht Bücher: *Ciris*, *Aetna*, *Culex*, *Priapeen*, *Catalepton*, *Epigramme*, *Copa* und *Dirae*. [7] Als später die Bürgerkriege zwischen Antonius und Augustus ausgebrochen waren, gab der siegreiche Augustus die Ländereien der Bewohner von Cremona, weil diese sich für Antonius eingesetzt hatten, seinen Soldaten. Als sie nicht ausreichten, fügte er ihnen die Ländereien Mantuas hinzu, die den Bürgern nicht wegen einer Schuld der Bürger, sondern wegen der Nachbarschaft Cremonas weggenommen wurden. Daher sagt er selbst in den *Bucolica*:

»Mantua, wehe, benachbart zu sehr dem armen Cremona!«

Nach Verlust seines Grundbesitzes also kam er nach Rom, und durch den Schutz des Pollio und Maecenas gewann er allein den Grundbesitz, den er verloren hatte, wieder. Dann schlug ihm

Pollio, ut carmen bucolicum scriberet, quod eum constat triennio scripsisse et emendasse. [8] item proposuit Maecenas Georgica, quae scripsit emendavitque septem annis. [9] postea ab Augusto Aeneiden propositam scripsit annis undecim, sed nec emendavit nec edidit; unde eam moriens praecepit incendi.

[10] Augustus vero, ne tantum opus periret, Tuccam et Varium hac lege iussit emendare, ut superflua demerent, nihil adderent tamen; [11] unde et semiplenos eius invenimus versiculos, ut 'hic cursus fuit', et aliquos detractos, ut in principio; nam ab armis non coepit, sed sic:

'ille ego, qui quondam gracili modulatus avena
carmen et egressus silvis vicina coegi,
ut quamvis avido parerent arva colono,
gratum opus agricolis, at nunc horrentia Martis –
arma virumque cano.'

[12] et in secundo libro aliquos versus posuerat, quos constat esse detractos; quos inveniemus, cum pervenerimus ad locum, de quo detracti sunt.

[13] Periit autem Tarenti, in Apuliae civitate. nam dum Metapontum cupit videre, valetudinem ex solis ardore contraxit. sepultus est autem Neapoli; in cuius tumulo ab ipso compositum est tale distichon:

'Mantua me genuit, Calabri rapuere, tenet nunc
Parthenope; cecini pascua rura duces.'

Pollio vor, er möge bukolische Dichtung schreiben, die er bekanntlich in drei Jahren schrieb und vollendet herausgab. [8] Ebenso schlug Maecenas ihm die *Georgica* vor, die Vergil in sieben Jahren schrieb und vollendet herausgab. [9] Danach schrieb er die von Augustus vorgeschlagene *Aeneis* in elf Jahren, emendierte sie aber weder noch gab er sie heraus; daher ordnete er auf dem Sterbebett an, sie solle verbrannt werden.

[10] Augustus aber befahl, damit ein so großes Werk nicht untergehe, dem Tucca und Varius, es unter der Bedingung zu verbessern, dass sie Überflüssiges beseitigten, jedoch nichts hinzufügten; [11] daher finden wir denn auch seine Halbverse, z. B. »Hierhin ging der Kurs«, und ‹stellen fest›, dass irgendwelche Verse getilgt worden sind, z. B. am Anfang; denn er begann nicht mit »Waffen«, sondern so:

> »Ich, jener Dichter, der einst sein Lied auf zierlichem Halme
> spielte und dann, den Wäldern entschritten, Nachbargefilde
> zwang, auf den Bauern, und sei er noch so gierig, zu hören,
> Dichtung, dem Landmann lieb, jetzt aber des Mavors grause –
> Waffen besinge ich und den Mann.«

[12] Auch ins zweite Buch hatte er gewisse Verse gesetzt, die bekanntlich herausgenommen worden sind; wir werden sie vorfinden, wenn wir zu der Stelle gekommen sind, von der sie fortgenommen sind.

[13] Er starb aber in Tarent, einer Stadt Apuliens. Denn während er Metapont zu sehen verlangte, zog er sich infolge der Sonnenglut eine Krankheit zu. Begraben ist er aber in Neapel; auf seinem Grabhügel steht folgendes von ihm selbst verfasstes Distichon:

> »Mantua gab mir das Leben, Kalabrien nahm es, Neapel
> birgt mich; Weiden besang, Felder und Führer mein Lied.«

Übersetzung: Karl Bayer, überarbeitet von Fabian Zogg

ERLÄUTERUNGEN

Das Folgende beschränkt sich auf die wichtigsten für das Textverständnis erforderlichen Informationen. Angaben zu Personennamen enthält das Register. Aus der deutschen Übersetzung stammende Textstücke sind kursiv gedruckt.

Dirae

Textgrundlage ist die Ausgabe von »Dirae (Lydia)« (zu *Lydia* s. zu 104) durch E. J. Kenney in Clausen/Goodyear/Kenney/Richmond 1966. Das Gedicht ist an zahlreichen Stellen von der Überlieferung entstellt, oftmals gerade an solchen, die für die Deutung zentral sind. Interpretatorische Hypothesen und philologische Kompromisse waren deshalb unumgänglich. Übernommene Konjekturen werden als solche zum jeweiligen Vers und vor Kenneys Text genannt. Den genauen Nachweis liefert normalerweise dessen textkritischer Apparat; außer für V. 164 liefert ihn die Ausgabe von Salvatore/De Vivo/Nicastri/Polara 1997.

Titel *Dirae*: »Rachegöttinnen« (Erinnyen bzw. Furien) und »unheilvolle Warnzeichen, Verwünschungen, Flüche« (zu *dirus* »furchteinflößend, unheilvoll«).

1 *Stimmen der Schwäne*: Der »Schwanengesang« des sterbenden Tiers galt als besonders schön; zur zoologischen Erklärung vgl. Arnott, W. Geoffrey (1977): Swan Songs, *G&R* 24, 149–153.

2 *die verteilten Wohnsitze und Landgüter*: s. Einführung S. 16.

4 *Eher werden …*: Stilfigur des Adynaton (zu griech. *adýnatos* »unmöglich«).

7 *Hirtenflöte*: seit Vergils *Bucolica* ein Standardrequisit der lateinischen bukolischen Dichtung (*avena* wörtlich »Hafer«).

8 *Lycurgus*: der »Übeltäter« der *Dirae* (hier wohl als jemand zu verstehen, der die *érga* [Werke] eines *lýkos* [Wolf] tut). Der Name könnte entweder auf den mythischen König Lycurgus anspielen – weil er sich dem Weingott Bacchus entgegenstellt, bestraft Iuppiter ihn mit Blindheit und einem kurzen Leben – oder (und?) auf den (wohl) mythischen spartanischen Gesetzgeber Lycurgus, der zur Neuverteilung von Land Grundbesitzer enteignete.

9 *Trinakria*: Sizilien (zu griech. *ákra* »Spitze«: »dreispitzige« ⟨Insel⟩), die Kulisse der bukolischen Gedichte des griechischen Autors Theokrit (3. Jh.

v. Chr.), in deren Tradition Vergils *Bucolica* stehen. Mit den *Freuden* (*frevlerisch* sind sie, da aus der Sicht ›Vergils‹ unrechtmäßig zuteil geworden) könnte auf die Hirtendichtung, mit dem *alten Herrn* auf den griechischen Dichter angespielt sein.

14 *Zu* diesem und den anderen Refrains im Gedicht s. Einführung S. 17.

20 *Kränze der Venus*: zu Ehren der Liebesgöttin aufgehängte Kränze oder metonymisch für Venus erfreuende blühende Wiesen, auf die ›Vergil‹ zeigt (*diese*).

26 *lusibus* : *†ludimus†*.

verspielte Schriften: ›kleine‹ Poesie; s. Einführung S. 21–22.

28 *tondemus* : *†tondemus†*.

mähen wir … ab: ›Vergils‹ Fluchen beraubt die Bäume ihrer Blätter.

31 *Soldat*: Gemeint ist der neue Besitzer des Landguts, ein Veteran; s. Einführung S. 16.

38 *fulva* : *furva*.

41 *quae, Lydia* : *†tua lydia*.

42 *vicinae* : *vicinas*.

43 *aura* : *auras*.

45 *der frevelhafte Messstab*: eingesetzt bei der Neuverteilung der Ländereien (zu 31).

50 *Neptun*: metonymisch für das Wasser.

52 *Vulcanus*: hier ebenfalls Metonymie.

53 *eine wilde Syrte … eine weitere Schwester der afrikanischen*: Anspielung auf die Untiefen vor der Nordküste Afrikas.

58 *Dreizack*: Waffe Neptuns.

65 *wohlgesinnt*: Das sind dem Battarus die Quellen und Flüsse der bukolischen Landschaft.

66 Im Gegensatz zu Kenney halte ich den Vers nicht für unecht.

70 *Landstreicher*: Gemeint sind wohl die Veteranen (zu 31).

74 *occupet* : *†coculet†*.

81 *Ankömmling*: zu 8 und 31. Das Wort findet sich auch in Vergil, *Eklogen* 9,2.

82 *Prätoren*: für die Durchführung der Landumverteilung zuständige Beamte.

93 *en* : *†et*.

Vater: Gemeint ist der Ziegenbock, der Vater der Herde.

97 *nach dem letzten Lied*: ›Vergil‹ markiert den Übergang der zehnten ›Strophe‹ des Fluch-Teils zu dem Teil, in dem die Liebe zu Lydia im Zentrum steht.

98 *Eher wird …*: Weitere Adynata (zu 4) verbinden die zehnte ›Strophe‹ ringkompositorisch mit der ersten.

104 Für Kenney und andere Herausgeber beginnt hier (nach Friedrich Jacobs) ein neues Gedicht mit dem Titel *Lydia*, was allerdings nicht überzeugt (vgl. dazu van der Graaf 1945, 127–134 und Lorenz 2005).

106 *est* : *et*. Damit wird die Annahme einer Lücke nach 105 (so Kenney nach Goodyear) unnötig.

115 *Bacchus*: metonymisch für den Wein.

116 *bunten Blumen, den Gaben an Venus*: zu 20.

121 *labentes* : *†labentes*.

127 *meine Herrin*: insbesondere in der römischen Elegie eine übliche Bezeichnung für die Geliebte.

129 *Mythos … Stier … Goldregen*: Mit der Anspielung auf Iuppiter, der in Stiergestalt Europa entführt und, in einen Goldregen verwandelt, die Voraussetzung für die Vergewaltigung Danaës schafft, wird der Leser auf die zwei mythischen Einlagen (142–153 und 166–176) eingestimmt. ›Vergil‹ fürchtet den Gott als Rivalen.

138 *quicumque* : *quodcumque*.

143 *Phoebi* : *†phoebe*.

die goldene Scheibe: der Mond, hier als Mondgöttin Luna.

144 *der deine*: Endymion, der von Luna geliebte junge Mann.

146 *Lorbeerstaude*: Daphne (griech. »Lorbeer«), von Phoebus Apollo vergeblich geliebt und verfolgt, nach ihrer Verwandlung.

147 *nam silvis* : *†nisi silvis*.

denn in die Wälder …: d. h. in die bukolische Landschaft, in welche die oft mit sexueller Gewalt verbundenen Amouren der Götter mit sterblichen Frauen eher nicht passen.

148 *omnia vos estis* : *†omnia vos estis†*.

Ihr könnt alles: Während die Götter in der Liebe alles vermögen, muss ›Vergil‹ nicht nur sein Landgut, sondern auch seine geliebte Lydia verlassen.

150 *das Goldene Zeitalter*: paradiesische Epoche zu Beginn der Menschheitsgeschichte, auf die mit Silbernem und Eisernem Zeitalter Verschlechterungen der Daseinsbedingungen folgen.

152 *Minos-Tochter*: Ariadne, von dem potentiellen Bräutigam Theseus auf Naxos verlassen, geheiratet von Bacchus, der ihr Diadem als *Sternbild* an den Himmel versetzt.

153 *die Jungfrau …*: Medea, Helferin Iasons bei der Gewinnung des Goldenen Vlieses, folgt ihm nach Griechenland, wird aber dort von ihm einer anderen Frau zuliebe verlassen.

154 *unser Zeitalter*: das Eiserne (zu 150).

156 *ego* : *egon*.

157 *Kopfbinde*: d. h. ihre Keuschheit, die durch die *vitta* der Römerinnen symbolisiert wurde.

164 *impia fata* G. Hermann : †*impia vota.*

165 *Urheber heimlicher Liebe*: ›Vergil‹, der Lydia offensichtlich verführt hat, hebt hervor, nicht der »erste Erfinder« einer solchen Handlung zu sein – die Antike rekonstruierte einen *primus inventor* in den verschiedensten Bereichen –, sondern beruft sich auf Iuppiter als Begründer des vorehelichen Sex.

166 *schon früher*: vielleicht Anspielung auf den Mythos, demzufolge Iuppiter auch Iuno, seine künftige Ehefrau, zunächst vergewaltigt, nachdem er sich in Gestalt eines Kuckucks die Gelegenheit dazu verschafft hat (Pausanias, *Beschreibung Griechenlands* 2,17,4).

169 *Auch sie ...*: nicht Iuno, sondern Venus. Etwas abrupt wird zum nächsten ›Präzedenzfall‹ übergeleitet. Kenney vermutet deshalb mit Heinsius eine Lücke nach 168.

ihr Liebhaber: Adonis, der schöne junge Mann, mit dem *Cypria* (Venus) sowohl ihren Ehemann *Vulcanus* als auch ihren Liebhaber, den Kriegsgott *Mars*, betrügt.

170 *accumbebant* : *accumbebat.*

171 *bracchia* : †*grandia*†.

Cypria : †*gaudia*†.

173 *ein Werk*: Vulcanus, auch Schmied der Götter, fertigt z. B. die Rüstung für Aeneas an.

174 *barba* : †*barbam.*

175 *neuer Liebhaber*: Wer damit gemeint sein könnte, ist unklar. Anlass zu Tränen gibt ihr sicherlich ihr Bettpartner Tithonus, dem sie die ewige Jugend zu schenken vergessen hat. Ovid lässt sie u.a. deswegen in Anspielung darauf, dass sie die Morgenröte bringt, erröten (*Amores* 1,13,47).

176 *rosenfarbiges Gewand*: passend zu Aurora, der Göttin der Morgenröte.

177 *Die goldene Nachkommenschaft*: Die Heroen, denen der Weltzeitaltermythos (zu 150) eine eigene Epoche zuweist, vergnügen sich gleichfalls außerehelich.

182 *tantam fata meae carnis* : †*tantum vita meae cordis*†.

183 Offenbar Anspielung darauf, dass der elegisch Liebende aus Liebeskummer abmagert (vgl. z. B. Ovid, *Amores* 1,6,5f.), vielleicht aber auch auf den im Exil von seiner Frau getrennten Dichter Ovid (vgl. bes. *Epistulae ex Ponto* 1,4,5f.).

Ciris

Textliche Abweichungen von der Ausgabe F. R. D. Goodyears (in Clausen/Goodyear/Kenney/Richmond 1966) werden im Folgenden jeweils verzeichnet. Änderungen der Interpunktion geschehen dagegen stillschweigend – auch wenn sich der Sinn dadurch ändert. Soweit die abweichenden Lesarten im textkritischen Apparat der OCT-Ausgabe angegeben sind, werden sie zu dem betreffenden Vers vor der Lesart Goodyears genannt; Textvarianten, die dort nicht verzeichnet sind, werden mit dem Namen desjenigen angegeben, der die Konjektur als erster vorgeschlagen hat. In den Fällen, wo in meinem lateinischen Text Cruces desperationis oder Lücken stehen, biete ich in den Erläuterungen versuchsweise trotzdem eine hypothetische Lesart mit Übersetzung.

1–11: »Auch wenn ich nunmehr der Politik abgeschworen und mich der (epikureischen) Philosophie geweiht habe, so dass meine Interessen sich verschoben haben, werde ich dennoch meine dichterische Gabe an dich fertig stellen.«

3 *der athenische Garten*: Damit ist wohl der *kēpos* (»Garten«), die Schule des athenischen Philosophen Epikur, gemeint.

5 *ut mens* : *mensque, ut.*

10 *meine Musen*: Die Musen sind hier die Göttinnen der Dichtung und stehen zugleich metonymisch für das dichterische Tun des Schreibenden.

11 *ihr verlockendes Streben*: Der Dichter muss sich von seiner Musenliebe wie von einer langen erotischen Beziehung allmählich lösen.

12–41: »Wenn ich den Zenit der Philosophie bereits erreicht hätte, würde ich dich nicht mit einer solchen Gabe abspeisen, sondern vielmehr deinen Namen in ein Lehrgedicht einweben und so deine Persönlichkeit in meiner Gabe abbilden, ähnlich wie die Athener der Minerva an ihrem Festtag einen Peplos schenken, der ihre Taten abbildet.«

12 *Quod si, mirificum genus o Messalla …* : *†quod si mirificum genus omnes …* Da Messalla in V. 54 eindeutig als Adressat angesprochen wird, ist es hier plausibel, dass aus dem überlieferten *omnes* in V. 12 mit Leo *o Messalla* zu gewinnen ist. Am Ende von V. 12 versuche ich ⟨*Quiritum*⟩: »Wenn nun, mein Messalla, herausragender Sprössling ⟨der Römer⟩«.

13 *mirificum saecli* : *†mirificum sedi†.*

14 *tangeret* : *panderet.*

15 *heredibus addita* : *†heredibus est data.*

den vier großen alten Weisheitserben: d. h. den Häuptern der vier großen Philosophenschulen (Akademie, Peripatos, Stoa und Kepos; zum Kepos s. zu 3).

20 *weicher Versfuß*: Hier scheint ›leichtere Dichtung‹ (wozu auch das vorliegende Gedicht gehört) von ›schwererer‹ (wie sie einem Messalla eher zustünde, etwa einem großen wissenschaftlichen Lehrgedicht oder einem kriegerischen Epos) unterschieden zu werden (s. Einführung S. 21–22).

23 Beim Fest der Panathenäen wird der jungfräulichen Göttin Athene (*Minerva*) ein Gewand (*péplos*) dargebracht auf einem Wagen, der vom in den Peplos hineinfahrenden Wind bewegt wird (25). Dieser sakrale Brauch wird hier herangezogen, um die (irreale) Widmung einer ›schwergewichtigeren‹ Dichtung (zu 20) an Messalla zu illustrieren.

30 *Gigantenkampf*: In dieser Thematik des Peplos der Minerva muss nicht notwendig impliziert sein, dass das imaginierte Gedicht ein kriegerisches Epos wäre; das Tertium comparationis besteht nur darin, dass das imaginierte Werk eine inhaltliche Beziehung zu seinem Adressaten Messalla hätte wie die Abbildungen auf dem Peplos zur geehrten Göttin Minerva.

33 *Ossa … Olymp*: thessalische Berge.

36–41 Ob hier an eine kosmische Verstirnung (Katasterismos) des Adressaten (wie etwa diejenige des Werkadressaten Nero im Proömium der *Pharsalia* Lucans) gedacht ist, bleibt ungewiss; aus V. 40f. geht nur hervor, dass dessen Name mit dem Stoff des Gedichtes auf ewig verknüpft sein soll.

38 *Zweispänner*: Gängigerweise wird der Sonnenwagen als Vierspänner, der Mondwagen jedoch als Zweispänner vorgestellt.

40 *aeternum* : *aeterno*.

42–53: »Doch da ich diesen Zenit noch nicht erreicht habe, widme ich dir solange dieses Gedicht über die Liebe und Verwandlung der Scylla.«

47 Das Versende ist nicht überliefert. Eine mögliche Ergänzung wäre *tandem⟨que elaborata⟩* (»und jetzt endlich mühsam ausgeformt habe«), was allerdings einen recht ungewöhnlichen Versschluss mit fünfsilbigem Wort ergäbe. Leo ergänzte *tandem ⟨reddita voto⟩* »und jetzt endlich wunschgemäß überreicht habe«.

48 Für das korrupte Versende schlug Scaliger die Konjektur *exercita Amoris* vor: »Wie einst, vom monströsen Wirken des Liebesgottes gequält, …«.

52 Weitgehend geprägt von Vergil, *Georgica* 1,405; die dort folgenden Verse 406–409 werden wörtlich am Ende unseres Gedichtes zitiert (zu 538–541). *für das purpurfarbene Haar*: vgl. 116–128.

53 *Heimatstadt*: Megara (vgl. 101–109).

54–91: »Die abgelehnten Versionen, welche Scylla letztlich mit dem homerischen Meerungeheuer gleichsetzen, (1) als Tochter der Crataeis (66; vgl. Homer, Odyssee *12,124f.), (2) als Tochter der Echidna (nach Housmans Konjektur) (67), (3) als Allegorie für eine Liebeskrankheit (68f.), (4) als von der Giftmischerin Circe verwandeltes unschuldiges Mädchen, das sich später an deren Geliebtem Ulixes rächt (70–76), oder (5) nach einer sizilischen Lokalversion als eine von Venus als der zuständigen Gottheit strafweise verwandelte maßlose Prostituierte (77–88), werden in sukzessive zunehmender Ausführlichkeit dargestellt; der Dichter entscheidet sich demgegenüber seinerseits für die Erzählung über die in einen Seevogel verwandelte Scylla (90f.).«*

55 *Polyhymnia*: eine der Musen (zu 10); sie ist hier offenbar im Sinne der Stilfigur *pars pro toto* genannt.

58–61 Eine sehr enge Zitation von Vergil, *Eklogen* 6,74–77. Die Ausdrucksweise, die dort (im Gesang Silens) von der *fama* über die *Scylla Nisi* verwendet wird, wird hier auf die homerische Scylla übertragen.

60 *Dulichier*: Ulixes, so benannt nach einer zu seinem Reich gehörigen Insel.

62 *mäonischer Dichter*: Homer. Seine Herkunft ist sehr umstritten; teilweise wird sie in Mäonien (Lydien) lokalisiert.

63 *†malus† istorum* : *†malus istorum†*. Eine Möglichkeit wäre, *vetus … auctor* für überliefertes *malus … auctor* zu schreiben: »einen alten Gewährsmann«.

65 *addicantur* Lyne : *dicantur*.

kolophonischer Homer: Kolophon ist eine ionische Stadt an der lydischen Küste, die als möglicher Geburtsort Homers galt (zu 62).

68 *sive est neutra* : *sive necutra*. Sichere Parallelen für die Auffassung der Silbe *neut* als Länge fehlen bis einschließlich der Silbernen Latinität. Herausgeber, welche die *Ciris* vor Ovid oder gar vor Vergil setzen, müssen hier notwendig ändern (Vollmer konjiziert das von Goodyear übernommene *sive necutra* für überliefertes *sive est neutra*).

in diesem ganzen Gedicht: Damit ist natürlich nicht gemeint, dass Scylla eine Hauptfigur der homerischen *Odyssee* wäre; die Worte bedeuten »im Rahmen der (dann allegorischen) Gesamtkonzeption des Gedichts«.

70 Die hier vorausgesetzte Geschichte würde ich versuchsweise folgendermaßen rekonstruieren: Scylla wurde unfreiwillig zur Geliebten des *Meeresvaters* Neptun (72) und zog so – unschuldig – den Zorn von dessen Gattin *Amphitrite* auf sich, die wiederum Circe beauftragte, durch ihr Gift Rache an Scylla zu üben und diese in ein Seeungeheuer zu verwandeln. Viel später rächte sich hierfür wiederum Scylla an Circe, indem sie – als Seeungeheuer – die Flotte von deren Geliebtem Ulixes schädigte (hierzu vgl. Ovid, *Metamorphosen* 14,70f.).

72 *ipse* : *sive*.
sola : †*saeva*†.

74 Anakoluthischer Satzanschluss: Infolge der Parenthese drängt sich der Gedanke auf »(die Unglückliche wurde unschuldig bestraft), aber dennoch übte sie nach langer Zeit Rache«.

75 †*tuae*† : *sui*. Für das sinnlose *tuae* der Handschriften (niemand wird hier apostrophiert) erwäge ich *malae*, so dass Ulixes als *cura malae … coniugis* »der Geliebte der bösen Gemahlin« (Circe aus Sicht der von ihr geschädigten Scylla) umschrieben würde.

76 Goodyear nahm nach 76 eine Lücke an.

77 Nach der folgenden Version wäre Scylla eine menschliche Prostituierte gewesen, welche möglicherweise die Liebesgöttin Venus um den zustehenden Anteil an ihrem Lohn prellte.

79 †*et*† : *et*. Hinter dem überlieferten *et*, das neben *piscibus … canibusque* überflüssig ist, könnte ein auf den kausalen *cum*-Satz zurückverweisendes *hinc* »deshalb« stecken.
repente : *repente est*.
Haupt stellte V. 79 hinter V. 80, was Goodyear übernahm.

80–82 Die Verwunderung Scyllas über die sich an ihrem Körper vollziehende Verwandlung entnimmt unser Dichter einer Alternativversion, nämlich der ovidischen Erzählung, wie Scylla durch das Gift Circes verwandelt wird (*Metamorphosen* 14,60ff.).

84 Das in der zweiten Vershälfte Überlieferte ist unverständlich. Im Folgenden übersetze ich versuchsweise die konjekturale Textfassung *nocturnam* (Gärtner) *avertere* (Scaliger) *praedam* (Heinsius): »und ihre der Venus versprochene nächtliche Beute dieser wieder zu entwenden«. Wie es scheint, hatte nach dieser Version die Prostituierte Scylla der für sie zuständigen Liebesgöttin Venus ihre nächtlichen Erträge (oder einen Teil davon) als Weihgabe zugesagt, aber dann die Göttin darum geprellt (zu 77), so dass sie strafweise verwandelt wurde.

86 †*dixerat*† *atque animo meretrix iactata ferarum* : †*dixerat*† *atque modo meretrix vulgata ferarum*. Am Versanfang muss das *quam* regierende Prädikat gestanden haben. Nach Unger erwäge ich: *praedam* [zu 84] */, quam mala … / duxerat … meretrix* »Beute, welche die üble … Dirne … heimgeführt hatte«.

88 *Palaephatia* : *Palaepaphiae*. *Palaephatia* (Attribut zu *voce*: »mit einer dem Palaiphatos gleichen Stimme«) zwingt nicht, die Geschichte im Werk des Palaiphatos zu lokalisieren, sondern das Attribut heißt »nach Art des Palaiphatos«, d. h. nach Manier des Palaiphatos mythologische Figuren aus den Geschicken einfacher Menschen herleitend.

Sizilien: eig. Pachynus, das südliche Vorgebirge Siziliens, hier als *pars pro toto* für Sizilien.

90 *somnia sint* Gärtner (als Modifikation von Heinsius' Konjektur *somnia sunt*) : †*omnia sim*†.

91 †*non esse*† : *non esse*. Für *non esse* ist m. E. ein Ausdruck einzusetzen, der im weitesten Sinne den Begriff der »Auswahl« (d. h. zur dichterischen Darstellung) umschreibt, z. B. *placuisse* »dass wir uns so für diese eine Scylla von den vielen Mädchen entscheiden«.

92–100: Inspirationsbitte an die schon vielfach vom Dichter verehrten Musen.

92 Am Versende könnte *crebros* (*crebro* Schwabe) als Attribut zu *cantus* gestanden haben: »wenn ich häufig dichterischen Gesang übte«.

94 *altaria* : †*altaria*†.

98 *flaccet* Gärtner : *floret*. Da die anderen Blumen an den Tempeltoren der Musen natürlicherweise ihre Blüten verlieren und verwelken (V. 96 *deponunt flores*), befremdet hier das überlieferte *floret rosa* »erblüht die Rose«. Daher schreibe ich *flaccet rosa* »welkt die Rose«.

101–109: Beschreibung der Stadt Megara.

107 *Mauerstein*: Ein bestimmter Stein, auf welchem Apollo (*Phoebus*), als er *Alcathous*, den Stadtgründer von Megara, beim Mauerbau unterstützte, seine Leier ablegte, gibt immer noch, wenn man ihn anstößt, musikalische Klänge von sich.

110–115: Der berühmte kretische König Minos belagert Megara.

113 *von Karpathos und dem Fluss Kairatos*: Der Kairatos ist ein Fluss auf Kreta, Karpathos eine Insel zwischen Kreta und Rhodos; beide Örtlichkeiten umschreiben offenbar vage den Begriff ›Kreta‹.

114 *der Held von Gortyn*: Minos, nach der kretischen Hauptstadt Gortyn.

116–128: Der König Nisus verteidigt Megara furchtlos kraft seines mirakulösen purpurnen Haars.

118 *deicere* (mit Synizese zu lesen) : †*dicere*†. Alternativ schlug Leo eine Lücke vor diesem Vers vor (übernommen von Goodyear).

121 *candida caesarie florebant tempora cana* : †*candida caesarie florebant tempora lauro*. Am Ende von V. 121 ist korruptes *lauro* überliefert. Die konjektural hergestellte Junktur *caesaries ... cana* »graues Haupthaar« (vgl. auch die Alliteration mit *candida*) ergibt farblich wie sprachlich eine gute Antithese zu dem chiastisch gestellten *roseus ... crinis* »rosenfarbiges ... Haar« in V. 122 und zudem ein gewisses Oxymoron mit *florebant* »erblühten«. Vgl. (auch zur Alliteration) V. 319f.

128 *athenische »Grille«*: *cicada* bezeichnet hier entsprechend griech. *téttix* eine attische Haarnadel.

129–162: Scylla, die durch eine unglückliche Begebenheit Iuno und vor allem Amor verärgert hat, vereitelt durch ihre Liebe die Verteidigungsbemühungen des Nisus.

131 *Grab ihres unglücklichen Vaters*: zu 523.

133 *der bekannte üble Knabe*: Amor.

135 Wenn man *domitare* als historischen Infinitiv auffassen kann, sind weitere Änderungen (wie die Annahme einer Lücke nach 135, so Goodyear) unnötig. Vgl. Kühner, Raphael/Stegmann, Carl, Ausführliche Grammatik der lateinischen Sprache. 2. Teil, 1. Bd., Darmstadt ^{5}1976, 137 zu dessen Gebrauch bei klassischen Dichtern, insbesondere »von einer Wiederholung«, auch in enger Verbindung mit finiten Verben.

137 *simul* Gärtner : *etiam*. Die asyndetische Junktur *divos homines* hat Misstrauen erregt (*divos omnes* Heinsius, *duros homines* Baehrens). Nach der Erwähnung der wilden Tiere (135f.), deren Zähmung durch Amor als dessen besondere Leistung erscheint (*ille etiam* ...), kann zu Göttern und Menschen kaum mit derselben Ausdrucksweise *ille etiam* übergegangen werden (als seien auch diese *per se* der Liebe unzugänglich). Daher ändere ich in V. 137 *etiam* in *simul*, so dass Amor »gleichermaßen Götter und Menschen (bändigt)«: So ergibt sich eine passende (hierarchische) Steigerung gegenüber der Bezwingung wilder Tiere.

139 *gewaltige Iuno*: Die Götterkönigin Iuno spielt in der lateinischen Dichtung (seit Vergils *Aeneis*) häufig eine ungünstige oder sogar destruktive Rolle; nach der hier berichteten Geschichte ist sie auch am Unglück Scyllas beteiligt.

153 †*tua*† *semper* : †*tua semper*†. *tibi* (»zu deinem eigenen Vorteil«) scheint mir eine einfachere Verbesserung des überlieferten *tua* als die bisher vorgeschlagenen Alternativen.

156 *etsi* : *et, si*. Housman nimmt nach V. 156 eine Lücke an (ebenso Goodyear).

157 *ihr Bruder*: Iunos Bruder ist ihr Ehemann Iuppiter (diese ungewöhnliche Koinzidenz wird in der Dichtung öfter hervorgehoben), der als Blitzgott eigentlich für die Ahndung von Meineiden zuständig ist.

158 *fliegende Gott*: Amor.

159 *dicto* : *dictu*.

161 *certa et nimium terrentia visu* Keil : *certo, nimium, †thirintia† missu*. Eher als das korrupte *thirintia* in das Partizip eines Verbs des Treffens zu verwandeln (*tangentia* Lyne, *ferientia* Anonymus, *penetrantia* Heinsius), sollte man Keil folgen, der einfacher *terrentia* schreibt, daneben das überlieferte *visu* beibehält und zuvor *teret* bzw. *terret* nicht in *certo*, sondern in *certa et* (ebenfalls überlieferungsnäher) ändert.

163 *simul ac* : *simul ut*.

163–190: Das Gebaren der verliebten Scylla und ihr Plan, dem Vater das schicksalhafte Haar abzuschneiden.

165 *Bistonin … Edoner*: gelehrte Umschreibungen für »Thrakerin« bzw. »Thraker«.

166 *Cybele-Priesterin*: Der Kult der ›Göttermutter‹ Cybele (zu dem auch die *barbarische Flöte* gehört), gilt als besonders orgiastisch, weshalb er sich als Vergleich für die psychische Wirkung extremer Verliebtheit eignet.

168 *vincta* : *cincta*.

Storax-Strauch … sikyonische Schuhe: Es werden Accessoires genannt, auf die eine Prinzessin, wenn sie ihre Privaträume verlässt, nicht verzichten sollte (Sikyon: Stadt in der nördlichen Peloponnes, berühmt u. a. für ihre Manufakturen). Ihr Fehlen zeigt den zerrütteten Gemütszustand Scyllas.

173 *sibi* : *se*.

himmelhoher Turm: Die von vornherein pathologisch verliebte Scylla sucht Vorwände, den Turm (oder möglicherweise verschiedene Türme, wie Fabian Zogg zu bedenken gibt) zu ersteigen, um von dort Minos betrachten zu können.

175 Ein Genitivattribut zu *sedibus ex altis* aus dem korrupten *caeli* zu gewinnen erscheint nicht notwendig; passender wäre ein Attribut zu *amorem*. Lyne erwägt *pulchrum* »schön«; alternativ denkbares *laevum* (»nach ihrer verhängnisvollen Liebe«) würde dagegen auf den unheilvollen Charakter der sich anbahnenden Liebe fokussieren.

179 *am libyschen Webstuhl*: Der Webstuhl heißt wohl »libysch«, weil der Webekamm aus Elfenbein besteht.

185 *sacrum* : *†serum*.

186 *arguto*, das Heyne (gemäß Lyne 1978, 178) mit »vafro et callido« (»pfiffig und schlau«) erklärte, ergibt in Bezug auf Minos, mit dem Scylla keinen persönlichen Kontakt gehabt zu haben scheint, keinen Sinn (es sei denn, Minos hätte der vom Turm herabblickenden Königstochter in berechnender Absicht ›schöne Augen gemacht‹, wie Fabian Zogg erwägt). Besser leitet man das Wort als Partizip von *arguere* ab (*argutus … hostis* = »als Feind erwiesen«, vgl. Thesaurus Linguae Latinae, Bd. 2, 551,9ff.), so dass sich eine pointierte Juxtaposition mit *furtive* (m. E. zutreffende Konjektur Goodyears für *furtimque* bzw. *furtim atque*) ergäbe: »heimlich dem erwiesenen Feind«.

187 Der Vers kann sich nur auf die Überlegungen Scyllas beziehen; es gibt keinerlei Hinweis, dass sie zu diesem Zeitpunkt Kontakt zu Minos hätte.

191–205: Apostrophen an Nisus und andere durch Verwandlung entstandene Vögel.

199 *crudeles* : *crudeli*.
daulische Mädchen: Procne und Philomela, die beiden Athenerinnen, die in den Einflussbereich des thrakischen Königs Tereus (der aus dem phokischen Ort Daulis stammte) gerieten (s. zu Philomela im Personenregister).

203 *praeverrite* Heinsius : *praevertite*.
aethere Schrader : *aethera*.

206–219: Scylla macht sich bei Nacht auf den Weg, um ihrem Vater das schicksalhafte Haar abzuschneiden.

208 *in nichtigem Diensteifer*: Die Wachen vor dem Palast des Minos sind sinnlos, da die Gefahr für ihn aus seinem eigenen Haus kommt.

215 Der Vers, der beschreibt, wie Scylla »ihr heimliches Vorhaben vor den finsteren Schatten« bekundete, passt exakt an der Stelle, bevor sie sich in Bewegung setzt (V. 212f.; *prius* in 215 korrespondiert mit *tum* in 212). Dagegen zwischen V. 214 und V. 216, wo Scylla bereits durch ihre Furcht gehemmt wird, käme das Bekenntnis zu spät; zudem würde V. 215 hier den Anschluss von *nam* (V. 216) an V. 214 stören.

218 *celsi* : *clari*.

220–249: Die Amme Carme überrascht Scylla und stellt sie zur Rede.

220 *ogygisch*: thebanisch (nach dem thebanischen König Ogyges).

221 *pergere* Baehrens : *surgere*.

226 *suffudit* : *suffundit*.

227 *faceres* edd. vett. : *faceret*.

229 *Becher des Bacchus … Früchte der Ceres*: Durch Bacchus und Ceres werden Wein und Nahrung umschrieben. Gemäß antiker Topik zeigt sich Verliebtheit darin, dass die Verliebten weder trinken noch essen wollen.

238 *Araberin Myrrha*: Ein Missverständnis, welches auf der Figurenebene alexandrinische Gelehrsamkeit voraussetzt: Die Amme denkt, da sie Scylla auf dem Weg zum Schlafzimmer ihres Vaters antrifft, an die inzestuöse Liebe der Myrrha zu ihrem Vater (Ovid, *Metamorphosen* 10.300ff.).

246 *prima deum, quae (dulce!) mihi* : *prima deum dulcem mihi quae*. Der Ausdruck *prima deum* bezieht sich nach meiner Interpunktion auf das Vorige; im Folgenden interpungierte bereits Helm *quae (dulce mihi)*.

248 *filia* Heinsius : *milia*. *filia* ist eine sehr empfehlenswerte Konjektur, die das neben *omnia* überflüssige *milia* innerhalb des sehr überladenen Gesamtausdrucks *omnia … digna atque indigna laborum / milia* (»all die tausenden würdigen und unwürdigen Mühen«) zugunsten eines im Munde der Amme gut passenden Vokativs ersetzt.

250–282: Scylla erklärt sich ihrer Amme Carme.

250 *nudavit* Baehrens : *velavit*. Wie sich die Amme zuvor angekleidet hat, gehört kaum hierher: Mit Baehrens' Konjektur *nudavit* für *velavit* wird einfach gesagt, dass die Amme sich entkleidet, um Scylla einen warmen Umhang zu bieten.

257 Leos Einfügung von *sic* »so« würde den Hiat bei *me inquit* in der Hauptzäsur des Verses beheben.

264–267 Die Parenthese, in welcher Scylla über die Möglichkeit ihres Sprechens reflektiert, führt zu einem leichten Anakoluth.

283–339: Die Antwort der Amme auf die Eröffnung Scyllas; sie zerfällt dichotomisch in eine Klage über das Schicksal von Carmes eigener Tochter Britomartis (286–309) und ein Eingehen auf die Situation der Scylla (310–339).

284 *incomptos* Heinsius : *insontes*.

288 *†semper aut† … / †aut† Amor* : *†semper aut† … / aut amor*. Diese Partie, in welcher Carme die beiden Liebesverhältnisse offenbar pointiert einander gegenüberstellt, ist korrupt überliefert und kaum sicher zu heilen. Wenn *semper* richtig ist, läuft es auf den Gedanken »immer dieser Minos!« hinaus. Erwägen könnte man eine Textfassung wie *semper, ut ante* (Scaliger)

olim natae, te propter eundem / nunc (Némethy) *Amor insanae luctum portabit* (Bothe) *alumnae?* »Wird denn immer nur deinetwegen [*te propter eundem*] der Liebesgott, wie zuvor einstmals meiner Tochter, / so auch jetzt meinem wahnsinnigen Zögling Trauer bringen?«

290 *rapta* Schenkl : *capta.*

294 Wenn das überlieferte *ut quid* im Sinne von *cur* »wozu« (vgl. Hofmann, Johann B./Szantyr, Anton, Lateinische Syntax und Stilistik, München 1965, 460 und Weiteres bei Lyne 1978, 225, der jedoch seinerseits Helms Konjektur *at quid* präferiert) richtig ist, ergibt sich ein Datierungsindiz, da dieses spätantike Idiom (das man nur ungern als ein zufälliges Ergebnis einer Textkorruptel betrachten möchte) in der Dichtung erstmals bei Martial begegnet.

295 *mihi* Gärtner : *mei.*

299 Da man üblicherweise zum Ziegenhüten keine Pfeile mitnimmt, vermag ich den Versen 299f. nur Sinn abzugewinnen, wenn ich die Bedeutung der Negation *nec* »auch nicht« auf das Partizip *contendens* (zu *contendere* »spannen«) beschränke (Helm nahm eine Lücke zwischen V. 299 und 300 an). Dann bedauert Carme, dass Britomartis es nicht beim üblichen Ziegenhüten beließ, sondern mit den Männern auf die Jagd ging (wobei sich dann Minos in sie verliebte).

kretische Pfeile mit einem parthischen Bogen: *Cnosius* ist eine gängige Metonymie für »kretisch« nach der Stadt Gnosos oder Knosos; der Bogen heißt »parthisch«, da das Bogenschießen geradezu sprichwörtlich als eine spezielle Qualität der Parthersoldaten gilt.

300 *Dikte-Berg*: eine kretische Lokalität.

302 Der Sprung der Britomartis von einer Anhöhe fehlt unter den bei Antoninus Liberalis 40 erzählten Versuchen der Britomartis, sich Minos zu entziehen, findet sich aber bei Kallimachos (*Artemishymnos* 195ff.), wo ausdrücklich von ihrer Rettung durch Netze (daher ihr Name *Luna Dictynna* in V. 305, abgeleitet von griech. *díktyon* »Netz«) die Rede ist.

304 *Virgo Aphaea*: *Aphaea* von griech. *aphanēs* »unsichtbar« gemäß Antoninus Liberalis 40; also *Virgo Aphaea* etwa »das unsichtbar gewordene Mädchen«.

305 *Luna Dictynna*: zu 302.

307 *vertice montis* : *vertice …*

308 *hyrkanische Begleiter*: d. h. Jagdhunde (Hyrkaner: asiatisches Volk).

311 *manebat* Heinsius : *maneret.*

312 *et* : *nam.*

315 *lepore* Heinsius : *sopore.*

317 *korykisch*: zu *Maecenas* 133.

318 *quo … aut quo* : *quo … aut quae.*

326 *parcere, saeva, precor, per †flumina elithie†* : *†perdere seva precor per flumina elithie.* Hinter überliefertem *perdere* vermute ich Vollmers *parcere* »Abstand zu nehmen«. Am korrupten Versschluss wäre als vage Vermutung *per numina et Adrasteae* »und bei der Gottheit der Unentrinnbaren« (vgl. 239) denkbar.

328–339 Der Plan der Amme läuft darauf hinaus, dass Scylla zunächst versuchen soll, von ihrem Vater eine reguläre Verheiratung mit Minos zu erwirken; für den Fall, dass dies nicht gelingt, sichert sie Scylla ihre Unterstützung dabei zu, die Liebe durch Verrat am Vater zu realisieren.

335 *tamen* : *tandem.*

aliquo Gärtner : *pio. pio cum iure* »mit frommem Recht« wäre in jedem Fall ein eigentümlich unpassender Ausdruck für das verbrecherische Vorhaben der Scylla.

336 *furti* Gärtner : *facti.* Erst mit der Konjektur *furti* für überliefertes *facti* wird das Charakteristische von ›Plan B‹, nämlich das »heimliche Vorgehen«, deutlich.

340–348: Die Amme tröstet Scylla in der Nacht liebevoll.

347 *morientis* : *marcentis.*

349–368: Scylla versucht ihren Vater zu überzeugen, den Krieg mit Minos zu beenden und sie mit ihm zu verheiraten.

350 *Oita-Gebirge*: eine thessalische Gebirgskette, an der Hercules seine Selbstverbrennung vollzog; das Oita-Gebirge wird vielfach topisch mit dem Sonnenuntergang oder -aufgang in Verbindung gebracht (vgl. Lyne 1978, 250f.).

351 *ängstliche junge Mädchen*: Gemeint ist in diesem Vers und im Folgenden die Furcht von jungen Mädchen (wie Scylla) vor der Nacht.

356 *nullus inepte* Gärtner : *multus inepto.* Es besteht kein Anlass, dass der Erzähler die geschickte Argumentation der Scylla, die (von Amor redegewandt gemacht) die Vorzüge des Friedens herausstellt, mit dem Attribut *ineptus* »töricht« bezeichnen sollte. Daher ändere ich *multus* bzw. *multis* in *nullus* und entscheide mich für die adverbiale Überlieferungsvariante *inepte.*

359 *der unparteiische Kriegsgott*: Der Kriegsgott gilt als »unparteiisch« (*communis*, griech. *koinós*), weil er jedem Kriegsteilnehmer zunächst die gleiche Chance einräumt.

361 *mit Iuppiter gemeinsame Enkel*: Insofern Minos ein Sohn des Iuppiter und der Europa ist, wären Kinder Scyllas mit Minos die Enkel zugleich Iuppiters wie auch des Nisus. Daher wäre Minos (von der momentanen Feindschaft abgesehen) eigentlich als Schwiegersohn für Nisus ›eine gute Partie‹.

369–377: Die Amme versucht, auch magisch auf Nisus einzuwirken.

373 Das dreifache Spucken in den eigenen Schoß ist eine apotropäische Geste (vgl. Lyne 1978, 260).

374 *fert sedula* : *†frigidula†*.

Iuppiter der Magie: Nach der hier gewählten (durchaus umstrittenen Textgestaltung) dürfte in *mago … Iovi* eine Umschreibung für den Totengott Dis vorliegen; der Göttername Iuppiter wird oft zur Umschreibung anderer Götter, besonders des Totengottes (z. B. *Iuppiter infernus*), verwendet.

376 *mit Zweigen aus Amyklai*: Die hier erwähnte magische Praxis ist nicht sicher zu erklären (zu Amyklai vgl. zu 489).

377 *Iolkos*: eine thessalische Stadt; Thessalien gilt als Hochburg magischer Künste.

378–385: Als alle Versuche am Vertrauen des Nisus auf sein mirakulöses Haar scheitern, unterstützt die Amme Scylla bei ihrem erneuten Versuch, dieses abzuschneiden.

383 *schon so lange bestehende Liebe*: Da die Amme durch ihre nächtliche Intervention das Unterfangen der Scylla verzögert hat, liegt es am nächsten, *tam longo … amori* auf diese Verzögerung zu beziehen und im Sinne der ungeduldigen Scylla zu verstehen.

384 *nec minus ipsa* Gärtner : *non minus illa*.

386–390: Scylla schneidet das mirakulöse Haar ihres Vaters ab, Minos nimmt Megara ein, verstößt aber Scylla und schleift sie an seinem Schiff durch das Meer.

382 Der Hexameter kann m. E. (zumal wegen *rursus*) nur von Scylla, nicht von der Amme gesagt werden (Fabian Zogg deutet *parat* versuchsweise in dem Sinne »hilft bei der Vorbereitung«); weder *para⟨n⟩t* (Schenkl) noch *nutrix* für *rursus* (Hertzberg) lösen das Problem. Man muss den Vers entweder tilgen oder nach V. 386 versetzen (so Knecht und Luppe). Für Letzteres habe ich mich in Text und Übersetzung entschieden.

387 *in sidonischem Purpur*: Sidon ist eine Stadt in Phönizien, »sidonisch« bedeutet so viel wie »phönizisch«.

391–399: Die Reaktionen der Umgebung auf die durch das Wasser geschleifte Scylla.

394 *auch jene*: die Meeresgöttin *Leucothea*, die in V. 396 zusammen mit ihrem Sohn *Palaemon* namentlich erwähnt wird. Sie entstand durch Verwandlung in eine Göttin aus der Thebanerin Ino, welche sich mit ihrem kleinen Sohn Melicertes ins Meer stürzte.

397 *auch jene beiden*: die *Tyndariden* (V. 399) Castor und Pollux, die per Verstirnung (Katasterismos) an den Himmel versetzt wurden und dort abwechselnd (V. 397) den Menschen in Seenot beistehen. Auffälligerweise sind auch diese ›Seewesen‹, wie zuvor Leucothea und Palaemon (zu 394), durch Verwandlung aus Menschen entstanden.

400–458: Die Klagerede der Scylla.

404 *tardati* Gärtner : *turbati*. Da die Winde einen Moment schweigen sollen, während Scylla ihre Klagen vorträgt, passt *tardati* besser als das überlieferte *turbati*.

408 *olim humana* Haury : *†o numantana†*.
volatis Gärtner : *venitis*. Durch die Aufnahme von Haurys Vorschlag *olim humana* und meiner Konjektur *volatis* für *venitis* soll verdeutlicht werden, dass es sich bei den Angeredeten um in Vögel verwandelte Menschen handelt.
euch, die ihr …: Zuvor in 198ff. hat sich bereits der Erzähler in recht ähnlicher Form an die durch Verwandlung entstandenen Vögel, insbesondere an diejenigen des thrakischen Mythos (*Procne*: zu 199), gewandt.

413 *Hellespont*: zu *Culex* 30.

415 *audi* : *audis*.

420 *unwissend*: *ignara* ist zu Unrecht durch Konjekturen angefochten worden; Scylla empfindet jetzt im Nachhinein ihren Verrat an der Heimat besonders deshalb als Untat, weil sie die tatsächliche Grausamkeit des Minos erst bei ihrer Zurückweisung durch ihn erkannt hat (also damals noch nicht kannte).

421 *scelerate* Gärtner : *scelerata*. Da Scylla die ihr zuteilwerdende Behandlung in dem Falle, dass die von ihr verratenen Mitbürger Rache übten, gerade nicht »frevelhaft« fände, scheint es angebracht, das überlieferte *scelerata* in einen auf Minos bezüglichen Vokativ *scelerate* zu ändern.

432 *formae vel sidere falli* Anonymus : *†forma vel sidera fallar*.
Gestirn deiner Schönheit: *formae sidere* bedeutet gemäß der hier gewählten konjekturalen Textgestalt so viel wie *forma siderea* »sternengleiche Schönheit«.

434 *tränenreicher Bernstein*: Das Attribut des Bernsteins erklärt sich daraus, dass Bernstein in verschiedenen mythologischen Zusammenhängen ätiologisch aus Tränen entstanden sein soll (z. B. aus denen der Heliaden bei Ovid, *Metamorphosen* 2,364f.).

437 Hier wird ein bekannter Hexameteranfang aus Vergil, *Eklogen* 10,69 zitiert: *omnia vincit* [andere Lesart: *vicit*] *Amor: et nos cedamus Amori* »Alles besiegt die Liebe; auch wir wollen der Liebe nachgeben«.

438 *Myrrhe … Pinienfackel … ein libysches Brautbett*: Myrrhe und Pinienfackel gehören zum antiken Hochzeitsritual. Dass das Brautbett »libysch« heißt, erklärt sich wohl wieder (zu 179) durch Elfenbein.

440 *mit assyrischem Purpur*: zu *Culex* 62.

442 *Tellus* : *tellus*.

455 *solam* : *Scyllam*.

459–477: Geographische Ekphrasis des langen Weges der durch das Meer geschleiften Scylla (eine sehr umstrittene Partie, da die hier detailliert beschriebene Route genaugenommen zu einem absurden Zickzackkurs führen würde).

477 *Aeginamque* : *†aeginamque*.

448–453, 478–519: Amphitrite erbarmt sich der erschöpften Scylla und verwandelt sie in einen Meeresvogel.

448–453 Die Beschreibung der Erschöpfung der Scylla und der Reaktion der Meeresbewohner hierauf ist zu detailliert, als dass sie in die pathetische Rede der Protagonistin (wo sie überliefert ist) passen könnte. Die sechs Hexameter sind mit Sudhaus vor V. 478 zu setzen; die Erschöpfung der Scylla fügt sich bestens an das Ende der die lange Strecke beschreibenden geographischen Ekphrasis. Die Verwirrung der ursprünglichen Versfolge scheint durch einen Augensprung von *iam tandem* (454) zu *iam fessae* (448) zustande gekommen zu sein (Goodyear im Apparat seiner Ausgabe).

478 *ad obvia* Watt : *ad omnia*. Watt 2001, 289 (zu *Aetna* 69) ändert ansprechend das vage *iactatur ad omnia* »sie stößt an allem an« in *iactatur ad obvia* »sie stößt an allem, was ihr entgegenkommt, an«: Die durch das Meer geschleifte Scylla stößt an alle möglichen Widerstände; *ad obvia* führt die hostile Implikation von *minitantur* »drohen« aus dem vorigen Vers (453) fort.

480 *Africus*: Im Lateinischen steht *Afer* für *Africus*, den bekannten gefährlichen Sturmwind.

481 *Gattin Neptuns*: Amphitrite (486, 509, vgl. schon V. 73).

484 *aeternum* Kreunen : †*aeternam*†.

488 *dessen Name ihrer Tat entspricht*: Der Name *ciris* »Meeresvogel« wird abgeleitet von griech. *keírein* »scheren; abschneiden«.

489 *der Schwan der Leda aus Amyklai*: *anser* (eig. »Gans«) hier metonymisch ungenau für »Schwan«, in welchen sich Iuppiter nach der herkömmlichen Mythenversion vor der erotischen Kontaktaufnahme mit Leda (aus Amyklai in der Nähe von Sparta) verwandelt.

490 *tenerae* : *tenera est*.

491 *animantur* : *animantis*.

495 *nutabant* Heinsius : *mutabant*. Dass die im Verwandlungsprozess befindlichen Glieder der Scylla selbst eine verwandelnde Wirkung ausüben sollen, ist schwer verständlich. M. E. zu Recht verbesserte Heinsius das überlieferte *mutabant* »veränderten« (ein naheliegender Influenzfehler vor *mutabantur* »wurden verändert« im gleichen Vers) in *nutabant* »schwankten« und gab so *fluitant* »wabern« (492) im Ei-Vergleich sein Pendant zurück.

503 *der marmorgleiche Körper*: Dies entspricht dem antiken Schönheitsideal einer das Haus hütenden und daher nicht sonnengebräunten Frau.

506 *pelle* ed. Plant. 1566 : *pelli*.

511 *renitentem* : *retinentem*.

die purpurnen Haarbinden … von syrischem Amomum: Dies gehört wiederum zum antiken Hochzeitsritual (zu 438).

516 *aethera* Gärtner : *aequora*. Dass das aufspritzende Wasser ins Meer (*aequor*) zurückgelangt, ist unvermeidlich, aber weniger eindrucksvoll, als wenn es »in den Äther« emporspritzt. Zudem passt *late* »weithin« weniger gut zu zurückfließendem Wasser.

520–541: Als Bestrafung für Scylla verwandelt Iuppiter auch Scyllas Vater Nisus in einen Meeres(raub)vogel, der dann die ständige Verfolgung seiner verwandelten Tochter aufnimmt.

520 *Götterkönig*: Iuppiter.

521 *terrarum milia* neben *omnia* muss befremden (»all die tausenden von Ländern« [?], s. auch zu 248). Hier liegt entweder eine Korruptel vor (vielleicht aus *terrae molimina* oder *terrae moderamina*?), oder der Vers ist mit Heyne als ein »figmentum monachi«, eine »Eindichtung eines Mönchs«, zu tilgen.

523 *ausgelöscht in der finsteren Nacht der Unterwelt*: Dass Nisus bereits tot war (wohl bei der Einnahme von Megara umgekommen) und jetzt von Iuppiter als Raubvogel zu neuem Leben erweckt wird, ist ein Zug, welcher von

Ovid, *Metamorphosen* 8,145ff., wo Nisus früher als Scylla in einen Vogel verwandelt wird, abweicht; erst durch den zwischenzeitlichen Tod des Nisus wird die Vorstellung von Scylla als *Grab ihres unglücklichen Vaters* (V. 131) sinnvoll.

529 *coruscus* : *coruscis*. Vielleicht ist aber auch der ganze Vers mit seiner etwas naiv wirkenden Begründung interpoliert.
Blitze … Adler: wichtige Attribute von Iuppiter.

531 *seines Sohnes und seiner Gattin*: Mit dem Sohn und der Gattin Iuppiters sind Amor und Iuno gemeint, mit denen Scylla in ihrer Jugend in einen verhängnisvollen Konflikt geriet (vgl. 129–162).

533 *munere* : *limite*.
im ätherischen Wirkkreis der Gestirne: Die Entstehung zweier feindlicher Meeresvögel durch Metamorphose wird kunstvoll abgebildet durch das einzige Sternbild, welches zwei feindliche Wesen vereint, nämlich *Orion* und den *Skorpion*.

538–541 Wörtlich aus Vergil, *Georgica* 1,406–409 (vgl. zu 52).

Culex

Dem lateinischen Text liegt derjenige von W. V. Clausen in Clausen/Goodyear/Kenney/Richmond 1966 zugrunde. Ich habe an mehreren Stellen stillschweigend die Interpunktion geändert – das ist hier auch dann, wenn sich der Sinn dadurch ändert, nicht angezeigt – und in mehreren Fällen andere Lesarten bevorzugt. Soweit diese im textkritischen Apparat der Ausgabe angegeben sind, werden sie zu dem betreffenden Vers vor der Lesart der Ausgabe Clausens genannt; für Textvarianten, die dort nicht verzeichnet sind, verweise ich auf Seelentag 2012, wo die hier getroffenen textkritischen Entscheidungen ausführlich begründet sind.

1–41: Proömium.

1–10: Gattungstypologische Vorbemerkung.

11–23: Anrufung Apollos und der Pales.

13 *Arna*: lykisch für Xanthos im Tal des gleichnamigen Flusses in Westlykien.

14 *Chimaira*: Berg in Lykien.

15 *Asteria*: mythischer Name für Delos, Phoebus Apollos Geburtsort.
dort, wo: in Delphi am Fuß des Parnass und bei der Quelle *Kastalia*.

24–41: Bitte an Octavius um Beistand für ein Werk nicht der ›großen‹ Dichtung (s. Einführung S. 21–22) und gute Wünsche für den Herrscher.

24 *Blätter*: Auch *Seite(n)* genannt (V. 26), bilden sie zusammengesetzt die Papyrusrolle, auf die der *Culex* geschrieben wurde.

26 *bitterer Krieg Iuppiters*: die Gigantomachie, der Kampf der olympischen Götter gegen die riesenhaften Giganten in der Ebene von *Phlegra* in Makedonien (vgl. *Aetna* 41–73).

27 *und stellt [...]*: Überliefert ist der Abschreibfehler *canit non pagina bellum* (aus V. 26). Eine mögliche Ergänzung der Lücke bietet die Konjektur Büchelers: *ponitque ⟨acies, quibus horruit olim⟩ / Phlegra* – »und stellt ⟨die Schlachtreihen auf, vor denen⟩ Phlegra ⟨einst erzitterte⟩«.

30 *die Burg des Erichthonius*: Athen (hier nach dem mythischen König benannt), im zweiten Perserkrieg 480 v. Chr. zerstört von Xerxes, der den *Hellespont* (die Dardanellen) vergebens zu überbrücken versuchte und den Berg *Athos* für den Bau eines Kanals durchstieß.

35 *currentia* Schmidt : *decurrens*.

39 *in frommen Gefilden*: im Elysium, dem Ort für die Guten im Hades.

40 *remoretur* : *memoretur*.

42–97: Morgen: Hirte und Herde ziehen auf die Weide.

42–57: Bukolische Idylle.

42 *penetrarat* : *penetrabat*.

43 *Wagen*: derjenige des Sonnengottes.

57 *in* : *†in*.

58–97: Lob des Hirtenlebens.

59 *illi* Heyne : *illis*.

62 *mit assyrischer Farbe*: mit Purpur aus dem Orient.

63 *attalisches Vermögen*: Der Reichtum der Attalidendynastie in Pergamon war sprichwörtlich.

71 *novat* Heinsius : *notat*.

72 *des Schilfrohrs aus dem Sumpf*: d. h. der Hirtenflöte.

75 *ein tmolisches Dach*: Weinlaub; das Adjektiv weist es dem Berg Tmolos in Lydien zu.

87 *panchaischer Weihrauch*: Die Insel Panchaia im Indischen Ozean war als Lieferant besonders berühmt.

94 *Hirtengötter*: wörtlich »Pane«, Plural zu dem Hirtengott Pan.

95 *frigus* : *†fontis†*.

96 *der askräische Dichter*: Hesiod (um 700 v. Chr.), der sich in seiner *Theogonie* als Hirte präsentiert.

98–201: Mittag: Rast des Hirten in einem Hain und Kampf mit einer Schlange.

98–156: Beschreibung des Hains mit Baumkatalog.

110 *delische Göttin*: Diana, auf Delos geboren.

115 *Hirtengötter*: zu 94.

118 *Hebrus*: Fluss in Thrakien.

124 *ruchloser Lotos*: Als Gefährten des *Ithakers* Ulixes im Land der Lotophagen (Lotosesser) davon kosten, vergessen sie die Heimkehr.

127 *insigni* : *ignipedum*.

134 *Eichen*: Sie verkünden im Zeus-Heiligtum von Dodona die Zukunft und bieten den Menschen vor der Einführung des Ackerbaus durch *Ceres* Nahrung.

137 *edita* : *addita*.

das Argo-Schiff: Aus Fichten vom Berg Pelion in Thessalien erbaut, trägt die Argo die Argonauten, die unter der Führung Iasons das Goldene Vlies aus Kolchis am östlichen Schwarzen Meer nach Thessalien holen.

138 *proceras* : *proceros*.

139 *montibus* : *motibus*.

140 *die niemals frohe Zypresse*: Ursprünglich der von Apollo geliebte junge Mann Cyparissus, der aus Versehen einen von ihm geliebten Hirsch tötet und als ewig Trauernder in den Totenbaum verwandelt wird.

141 *Pappel*: s. zu Heliaden im Personenregister.

143 *excedunt* : *ascendunt*.

145 *Myrte*: Gemeint ist entweder die Venus-Priesterin Myrene, die, zur Heirat gezwungen, von der erzürnten Göttin in die Myrte verwandelt wird, oder eine von Minerva geliebte gleichnamige Schöne, die, als enttäuschte Freier sie töten, von der Göttin derselben Metamorphose unterzogen wird.

149 *acta* : *orta*.

151 *die klagenden Stimmen*: Das Quaken der von Latona in Frösche verwandelten Bauern; vgl. Ovid, *Metamorphosen* 6,331–381.

157–201: Abend und Nacht: Der Hirte, von einer Mücke zur Warnung vor einer Schlange durch einen Stich aus dem Schlaf geweckt, tötet erst diese und dann das Reptil.

168 *aurae* : *†aurae.*
173 *aspectusque* Helm : *aspectuque.*
micat flammarum lumine : *micant flammarum lumina.*
183 *ein winziger Zögling des Wassers*: Die Mücke, die in komisch epischem Stil in die Handlung eingeführt wird.
188 *diesem wurde die ganze Seele zerstreut*: Gemeint ist wohl, dass sie sich entsprechend der epikureischen Lehre in ihre Atome auflöste.
197 *cristam* : *cristae.*
198 *remoto* : *remoti.*
199 *nec prius* : *†nescius.*

202–384: Dem heimgekehrten Hirten erscheint im Traum die Mücke und schildert ihm die Unterwelt.

202–209: Heimkehr des Hirten und Traumerscheinung der Mücke.

203 *Oita*: Berg in Thessalien.
Vesper: der Abendstern.

210–384: Bericht der Mücke über die Unterwelt.

210–258a: Unterweltsfahrt bis zu den Frevlern im Tartarus.

212 *der leere Raum*: Gemeint ist der leere Raum der Unterwelt.
215 *Manen*: die Geister der Verstorbenen.
die lethäischen Wogen: Lethe, der Unterweltsfluss, aus dem die Toten Vergessen trinken.
217 *in den Gefahr androhenden Tempeln*: d. h. in der Unterwelt.
219 *poenae* : *pone.*
220 *et* : *ut.*
226 *iure* : *rure.*
229 *sit* : *fit.*
232 *die kimmerischen Wälder*: Das Gebiet der Kimmerer, sonst außerhalb der Unterwelt lokalisiert, ist hier in sie hinein verlegt.
234 *victus … devinctus* : *vinctus … devinctum.*

241 *er, der* ...: Tantalus, Günstling der Götter, der *Nektar* und Ambrosia von ihrer Tafel stiehlt und seinen Freunden gibt. In der Unterwelt steht er bis zum Hals im *stygischen Gewässer* (= dem Unterweltsfluss Styx), das zurückweicht, wenn er trinken will.

243 *den* ..., *der*: Sisyphus, ein notorischer Betrüger; er muss in der Unterwelt ständig einen Stein, der wieder hinunterrollt, auf einen Berg hinaufwälzen.

245 *Mädchen*: die Danaïden, die 50 Töchter des Danaus, die – mit einer Ausnahme – auf seinen Befehl in der Hochzeitsnacht ihre Ehemänner, die Söhne des Aegyptus, töten. In der Unterwelt schöpfen sie vergeblich Wasser in durchlöcherte Fässer.

246 *Erinnye*: Rachegöttin, die statt des Hochzeitsgottes *Hymen* bei der Vermählung der Danaïden die dabei rituelle *Formel* spricht.

247 Nach diesem Vers ist offensichtlich ein Vers ausgefallen.

249 *Mutter aus Kolchis*: Medea aus Kolchis an der Ostküste des Schwarzen Meeres. Sie ermordet ihre Kinder von Iason, als dieser sich mit einer anderen Frau verlobt hat.

251 *Pandionias* : *Pandionia*.

253 *der bistonische König*: der thrakische König Tereus.

254 *die streitenden Brüder aus dem kadmeïschen Samen*: Eteocles und Polynices, Nachkommen des Theben-Gründers Cadmus (Kadmos) und Söhne des Oedipus, die sich im Kampf um die Herrschaft in der Stadt gegenseitig töten.

258b–267: Heroinen im Elysium.

264 *Chalkodon*: Berg beim thessalischen Ort Pherai, dessen König *Admetus* ist.

265 *die Gemahlin des Ithakers*: Penelope, Tochter des *Icarius* und Ehefrau des *Ithakers* Ulixes, welche während der zwanzig Jahre seiner Abwesenheit das Werben ihrer *Freier* nicht erhört; der Held tötet diese nach seiner Rückkehr.

266 *decus, manet et procul illam* : *manet, manet et procul illa*.

268–295a: Orpheus und Eurydice.

272 *furens* : *furentem*.
Phlegethon: einer der Unterweltsflüsse, der Flammen anstelle von Wasser führt.

274 *Tartarus*: Aufenthaltsort der Frevler in der Unterwelt.

275 *Richter*: Minos, Rhadamantus oder Aeacus.

279 Es gilt als unwahrscheinlich, dass die Lesart *orphei* der Handschrift korrekt ist.

281 *bewegt […] und*: In den Handschriften sind die Wörter *steterant amnes* irrtümlich aus V. 278 wiederholt, weswegen eine Textlücke anzusetzen ist.

287 *Eurydicen* Seelentag : *Eurydicenque*.
ultro : *viro*.

288 *ius* Baehrens : *divae*.

289 *Manen*: zu 214.

294 *gratum* : *veniam*.

295b–357: Die Heroen des Troja-Mythos.

295 *Wohnsitz der Frommen*: zu 39.

297 *die Tapferkeit Telamons*: d. h. der tapfere Telamon. Der Dichter imitiert hier wie an vielen anderen Stellen die Diktion des großen Epos.

299 *Venus … Virtus*: metonymisch für Liebe und Tapferkeit.

300 *serva* : *†ferit†*.
Sklavin … Nereide: Telamons erste Ehefrau Periboea und Thetis, die Tochter des Meergotts Nereus, die Peleus heiratet.

302 *in excessum* : *†in excisum†*.
der eine: Aiax, der im zehnten Jahr des Trojanischen Krieges das *phrygische* (= trojanische) *Feuer*, das Hector, der stärkste Kämpfer der Trojaner, zu den *argivischen* (= griechischen) *Schiffen* trägt, abwehren kann.

306 *teukrisch*: trojanisch.

307 *praeter* : *propter*.
Simoïs … Xanthos: Flüsse in der Ebene von Troja, die am *sigeïschen* (auch *rhöteïschen*) *Strand* ins Meer münden.

309 *truderet* : *†videre†*.
pelasgisch: griechisch.

311 *vagis* : *iugis*.
Ida: Gebirge südöstlich von Troja.

314 *rhöteïsch*: zu 307.
tränende Fackeln: Metapher für das herabtropfende Pech.

318 Das überlieferte (unvollständige) Versende *†est a turbine ni* ergibt keinen Sinn, und in V. 319 steht am Schluss *Sigeaque praeter* aus V. 307 (zu 281).

321 *vulkanische Wunden*: d. h. das Feuer, für das der Gott Vulcanus hier metonymisch steht.

323 *der andere*: Achilles, der nach seinem Sieg über Hector dessen Leiche um die Stadt schleift.

Dardanien: Troja.

324 *Hectoreo victor lustravit corpore* : *Hector lustravit devicto corpore*.

325 *den einen … des anderen*: Achilles, der durch einen Pfeilschuss des trojanischen Kämpfers Paris in seine Ferse starb, und Aiax. Letzteren besiegt der *Ithaker* und *Sohn des Laërtes* Ulixes in einem Rededuell, das entscheidet, wer die Waffen des Achilles erbt.

326 *alta* : *†arma†*.

329 *Pallas*: d. h. das Palladium, ein Standbild der Pallas Athene (Minerva), das Trojas Sicherheit gewährleistet und von Ulixes zusammen mit Diomedes geraubt wird.

330 Das überlieferte (unvollständige) Versende *†lestrigone* gibt lediglich einen Hinweis über den ursprünglichen Wortlaut.

331 *molossische Hunde*: waren besonders gefährlich.

333 *Tartarus*: zu 274. Ulixes begibt sich auf seiner Irrfahrt auch zur Unterwelt.

335 *Argiver … dorisch*: Griechen … griechisch.

336 *erichthonische Burg*: hier nicht Athen (zu 30), sondern Troja (nach Erichthonius [2] im Personenregister).

338 *Hellespont*: zu 30. Hier ist offenbar damit die Ägäis gemeint.

344 *erichthonische Burg*: zu 336.

345 *Nereide*: zu 300. Wahrscheinlich ist auch hier Thetis gemeint.

354 *Kaphereus:* das südöstliche Kap von *Euböa*, an dem der Schiffbruch der griechischen Flotte lokalisiert wird.

356 *Phrygien*: zu 302.

358–371: Die römischen Heroen.

360 *suscipit* : *suspicit*.

die Roma … empfing: d. h. die ihr gezeugt wurden.

361 *die Tapferkeit des …* : zu 297.

364 *bellis* : *†bellis†*.

366 *lydisch*: etruskisch, gemeint ist Porsenna.

368 *Flaminius* : *†Flaminius*.

369 Nach diesem Vers ist offensichtlich ein Vers ausgefallen.

370 *die scipiadischen Feldherren*: P. Cornelius Scipio Africanus, Sieger über Hannibal bei Zama im Jahre 202 v. Chr., und sein Adoptivsohn P. Cornelius Scipio Aemilianus Africanus, Held des Dritten Punischen Krieges (146 v. Chr.).

371 *Romanis* : *†rapidis†*.

372–384: Epilog der Mücke.

373 *das Licht des Phoebus*: die Sonne.

374 *quo maxima Minos … discernit* : *quo, maxime Minos, … discernis.* *Phlegethon*: zu 272.

380 *tamen, ut vadis* : *†tamen ut vadis†.*

383 *rapiuntur* : *rapiantur.*

385–414: Morgen des nächsten Tages: Die Errichtung eines Grabmals für die Mücke durch den Hirten.

393 *gramineam viridi fodiens* : *gramineam ut viridi foderet.*

399 *†crescent†* : *crescent.* Das Futur und der Plural der Verbalform sowie der Akkusativ von *purpureum … roborem* lassen an der Echtheit dieses in zwei Handschriften überlieferten Wortlauts zweifeln.

401 *auf kilikischem Feld*: Kilikien im Südosten Kleinasiens war bekannt für seinen Krokus.

402 *Zierde des Phoebus*: Der Lorbeerbaum war dem Gott heilig.

404 *Wacholder*: Sein Holz wurde zum Verräuchern und somit als Ersatz für den teuren Weihrauch verwendet.

406 *Bocchus*: Unbekannte und unidentifizierbare Pflanze, benannt nach einem der beiden nordafrikanischen Könige mit Namen Bocchus (1. Jh. v. Chr.).

407 *pinus* : *tinus.*

Catalepton

Da ich der Überzeugung bin, dass die drei Priapeen das *Catalepton* eröffnen, dieses also 18 Gedichte umfasst, habe ich durchgezählt und nenne deshalb ab meiner Nr. 4 jeweils in Klammern die in den Ausgaben übliche Nummer des Epigramms. Dem lateinischen Text liegt derjenige von J. A. Richmond in Clausen/Goodyear/Kenney/Richmond 1966 zugrunde. Ich habe an mehreren Stellen stillschweigend die Interpunktion geändert und in einigen Fällen andere Lesarten bevorzugt. Soweit diese im textkritischen Apparat der Ausgabe angegeben sind, werden sie zu dem betreffenden Vers einfach vor der Lesart der Ausgabe Richmonds genannt; für die eine Konjektur, die dort noch nicht berücksichtigt ist, mache ich die bibliographische Angabe.

1

Versmaß: elegisches Distichon.

– ⏔ – ⏔ – ⏔ – ⏔ – ⏔ – ⏒

– ⏔ – ⏔ – | – ⏑⏑ – ⏑⏑ ⏓

2 *Ähren*: Opfergaben für den Gott.

3 *der hölzerne Gott hier*: Priapus, der von sich selbst spricht.

2

Versmaß: reiner jambischer Trimeter (*iambi puri*).

⏑ – ⏑ – ⏑ – ⏑ – ⏑ – ⏑ ⏓

1 *Ich*: Wieder spricht ein Priapus, wie auch im nächsten Gedicht.

4 *armer Besitzer*: Wahrscheinlich ist ›Vergils‹ Vater gemeint (vgl. *Sueton-Donat-Vita* 1 und *Servius-Vita* 3).

6 *Kranz … Ähren …*: zu 1,2.

14 *tenella* : †*teneraque*.

17 *die Hände hoch halten*: zum Zeichen, dass er nichts stehlen will.

19 *Ich möcht's aber*: Er dürfte »stehlen« meinen, aber man kann auch verstehen: »von deinem großen Phallus von hinten penetriert werden.«
doch, beim Pollux, sieh her: Amüsanterweise schwört hier ein Gott (Priapus) bei einem anderen.

3

Versmaß: Priapeus.

– ⏓ – ⏑ ⏑ – ⏑ – | – ⏓ – ⏑ ⏑ – ⏒

1 *das Landhäuschen neben dem Sumpf*: Mantua (zu 11 [8],6) lag zwischen Seen und Sümpfen.

3 *formata arte* Barnes, Edward J. (1962): *Priapea* 3.3 (*App. Verg.*), *CPh* 57, 33f. : *fomitata*.

4 *es*: das Landhäuschen.

6 *der Vater und sein heranwachsender Sohn*: wahrscheinlich ›Vergil‹ und sein Vater (zu 2,4).

7 *colens* : *cavens*.

15 *diese Waffe da*: Er meint seinen Phallus; daher wohl auch das vorausgehende »doch schweigt!«.

20 *Priapus* : *Priapi*.

4 (1)

Versmaß: elegisches Distichon (zu 1).

2 *Verborgen wird sie …*: ›Vergil‹ befindet sich in der Situation des *amator exclusus* (»ausgeschlossener Liebhaber«), die oft in der antiken erotischen Poesie thematisiert wird.

ihres Mannes: Es muss sich nicht um den Ehemann handeln, da *vir* auch den ständigen Partner einer Freigelassenen bezeichnen kann.

4 *anfassen*: Das Verb *tangere* ist hier erotisch konnotiert.

5 (2)

Versmaß: Hinkjambus (Choljambus).

⏓ – ⏑ – ⏓ – ⏑ – ⏑ – – ⏓

1 *Liebhaber korinthischer …*: Vom vorausgehenden erotischen Gedicht her kann man »leichter Mädchen« (*scortorum*) erwarten, da Korinth für seine Prostituierten bekannt war. Berühmt waren aber auch korinthische Bronzegefäße, die man aus alten Gräbern holte, und ihnen entsprechen die künstlich altertümlichen Wörter des Angesprochenen.

2 *quatenus totus* : *†quatenus totus†*.

der Rhetor da: Quintilian (ca. 35–nach 96 n. Chr.), der in seiner *Institutio oratoria* (»Unterweisung für den Redner«) V. 1 und 3–5 als vergilisch zitiert (8,3,28), behauptet, der in der Zeit Ciceros (106–43 v. Chr.) lebende Rhetor T. Annius Cimber sei gemeint.

3 *attisches Fieber*: Gemeint ist ein übertriebener Attizismus in der Rhetorik, der es mit dem Gebrauch obsoleter Sprachelemente (zu 4) übertrieb.

4 *et – male illi sit! –* : *ut male illisit.*

das gallische tau, min *und* sphin: Attisch (aber nicht Thukydides) verwendete den Buchstaben Tau statt Sigma in bestimmten Wörtern (z. B. *glōtta* statt *glōssa* »Zunge, Sprache«) und die obsoleten Personalpronomina *min* (»ihn«) und *sphin* (»ihnen«). Inwiefern Gallisch (Keltisch) zusätzlich auf die Sprache des angegriffenen Rhetors eingewirkt haben könnte, ist bis heute nicht befriedigend geklärt.

5 *ista* : *ita.*

seinem Bruder ⟨als Gift⟩ gemischt: Laut Quintilian (zu 2) tötete Cimber seinen Bruder; hier wird ihm komisch unterstellt, er habe es mit Wörtern getan.

6 (3)

Versmaß: elegisches Distichon (zu 1).

1 *ihn*: Wer gemeint ist, hat man immer wieder herauszufinden versucht – man schlug z. B. Alexander den Großen oder Pompeius vor –, dabei aber nicht bedacht, dass der unbekannte Autor des *Catalepton* offenbar ganz bewusst nur selten Eigennamen nennt und so ein Rätselraten provoziert, das zu keinem klaren Ergebnis führen kann.

8 *et* : *e*.

9 *Göttin*: die Schicksalsgöttin Fortuna.

10 *hora* : *†hora*.

7(4)

Versmaß: elegisches Distichon (zu 1).

5 *Schwestern der Götter*: Gemeint sind wohl einfach die Göttinnen.

6 *Musa*: vermutlich Octavius Musa, mit dem Octavius in 14 (11) identisch. Hier dürfte der Name auch deshalb gewählt sein, weil der Mann ein Dichter ist, der sich von den Musen inspirieren lässt.

7 *der Chor des Phoebus*: die Musen als Chor des Dichtergottes Phoebus Apollo.

10 *nam certe* : *†nam certe*.

Clio: die Muse der Geschichtsschreibung; man soll sich Musa wohl als Verfasser eines historischen Epos vorstellen, was 14 (11),6 mit dem Hinweis auf *Romana historia* im Zusammenhang mit Octavius bestätigen würde.

8 (5)

Versmaß: Hinkjambus (Choljambus; zu [2]).

2 *mit unachaischem Gerausche*: Das pathetisch für »griechisch« verwendete homerische »achaisch« steht hier für »attisch«. In Konkurrenz zum Attizismus (zu 5 [2],3) stand der Asianismus, der, auf dem in Westkleinasien gebräuchlichen Griechisch fußend, im Gegensatz zu der eher einfachen und sachbezogenen Diktion des Attizismus auf Redeschmuck und Klangfiguren setzte und deshalb von den Attizisten als Bombast und Schwulst kritisiert wurde.

4 *Schulstubengelehrte*: Als *scholastici* konnten Rhetoriklehrer und -schüler bezeichnet werden.

die von Fett trieft: Metapher für den Schwulst der von ›Vergil‹ abgelehnten Rhetorik.

8 *zu den glückseligen Häfen*: zu einem Ort, wo Glückseligkeit das Ziel der Beschäftigung mit Moralphilosophie, hier des Epikureismus, ist. Gemeint ist offensichtlich Neapel, wo der Epikureer Philodem von Gadara (1. Hälfte des 1. Jh. v. Chr.) lehrte. Wir wissen aus den in Herculaneum gefundenen Papyri seiner Werke, dass mit ihm der historische Vergil und dessen Freunde Plotius Tucca, Varius Rufus und Quintilius Varus in Kontakt standen.

14 *mit Anstand und selten*: ›Vergil‹ wendet sich nur insoweit von den Musen ab, als er künftig nur »mit Anstand«, also z. B. nicht obszön wie in 2, und »selten« zu dichten gedenkt.

9 (6)

Versmaß: reiner jambischer Trimeter (*iambi puri*; zu 2).

2 *Noctuinus*: sprechender Name (»Nachteule«). Der Mann wird in 15 (12), der Fortsetzung zu 9 (6), wieder angeredet.

4 *gestoßen*: offensichtlich obszön zu verstehen. *Fort aufs Land* ist sie dann wohl vor der Geilheit der beiden geflohen.

5 *der bekannte Vers*: ›Vergil‹ zitiert V. 24 von Catulls Gedicht 29, einem gegen Caesar (Schwiegervater) und Pompeius (Schwiegersohn) gerichteten Spottgedicht, fast wörtlich: Im Original steht *socer generque*.

10 (7)

Versmaß: elegisches Distichon (zu 1).

2 *Pothus*: mehrdeutig, da das griechische Wort (*póthos*), klein geschrieben (die Römer schrieben nur in Majuskeln), für erotisches Verlangen, groß geschrieben für den Gott des erotischen Verlangens oder für den von ›Vergil‹ geliebten Knaben steht.

3 *die Regeln*: zweideutig, da einerseits die epikureische Lehre den Einfluss von Göttern auf menschliches Handeln leugnet, andererseits Puristen die Verwendung griechischer Wörter in einem lateinischen Text ablehnen. Hinzu kommt, dass ›Vergil‹ seinen Verstoß gegen die Regel, Eigennamen zu meiden (zu 6 [3],1), die er sich offensichtlich selbst auferlegt hat und gegen die er nur selten verstößt, hier korrigiert: Er schreibt statt des Eigennamens *puer* (Hinweis von Regina Höschele). Vgl. auch zu 16 (13),34.

11 (8)

Versmaß: elegisches Distichon (zu 1).

1 *armes Äckerchen, jedoch auch du Reichtum*: Da der Epikureer grundsätzlich auf das Unverfügbare verzichtet, ist er entsprechend bescheiden.

4 *Trauriges über die Heimat*: Anspielung darauf, dass Vergils Familie ihr Landgut verloren haben soll – historisch ist das nicht einwandfrei nachweisbar (s. Einführung S. 16) –, als Octavianus und Antonius nach den Schlachten bei Philippi (42 v. Chr.) Grundbesitz u. a. in der Gegend von Mantua (zu 6) konfiszierten und ihren Veteranen überschrieben; Siros *villula* und *agellus* (vgl. 2,3f. und 3,1) sollen also Ersatz bieten.

5 *insbesondere meinen Vater*: ›Vergil‹ verrät hier dieselbe liebevolle Ehrfurcht (*pietas*) gegenüber seinem Erzeuger wie die Figur seines Aeneas gegenüber Anchises.

6 *Mantua*: Oberitalienische Stadt, in der (oder in deren Nähe) der historische Vergil geboren wurde.

Cremona: 65 Kilometer von Mantua entfernte Stadt am Po, in der der historische Vergil laut *Sueton-Donat-Vita* 6 aufwuchs.

12 (9)

Versmaß: elegisches Distichon (zu 1).

1 *dem schneeweißen Phoebus*: Möglichst helle Hautfarbe galt als schön bei Frauen und bei jungen Männern vor der ersten Bartschur, die in einer mann-männlichen Beziehung den passiven Part übernahmen. Als Idealgestalt eines solchen femininen Jünglings galt außer Mercurius Phoebus, der hier wie in 7 (4),7 als Dichtergott genannt wird.

3 *Der Sieger*: In V. 40 als zur Familie der *Messallae Publicolae* zugehörig genannt, wird er, obwohl der Beiname nicht passt, mit M. Valerius Messalla Corvinus (64 v. Chr. – 8 n. Chr.) zu identifizieren sein. Der Patron und Förderer Tibulls und Ovids erscheint hier in derselben Funktion gegenüber ›Vergil‹. Dieser kann ihn aus der fiktiven Situation seiner frühen Jahre heraus nur als *victor* bezeichnen, wenn er auf Messallas Sieg unter Brutus am 3. Oktober 42 v. Chr. in der Schlacht bei Philippi als Befehlshaber des rechten Flügels anspielt (Plutarch, *Brutus* 40f.).

13 *auf meine Blätter übergegangen*: ›Vergil‹ will offenbar sagen, dass er einige griechische Gedichte Messallas bearbeitete.

14 *Cecropio* : *Cecropia*.

kekropisch: attisch (nach Kekrops, dem mythischen Gründer Athens).

15 *den Phrygier … den pylischen Alten*: König Priamus von Troja und König Nestor von Pylos, die dem Mythos zufolge ein extrem hohes Alter erreichten. Dieses, so prophezeit ›Vergil‹, werden Messallas Gedichte noch weit übertreffen.

17 *Weich ruhten hier …*: *Moeris* und *Meliboeus* sind Hirten innerhalb von Gedichten der Gattung Bukolik, die von dem als *Trinakrias* [= Siziliens, zu *Dirae* 9] *gelehrter junger Mann* bezeichneten griechischen Dichter Theokrit aus Syrakus (1. Hälfte 3. Jh. v. Chr.) begründet wurde. Hier erscheint als einer ihrer Vertreter, der Griechisch schreibt, Messalla ›Vergil‹ als späterer Verfasser der *Bucolica* – und bei ihm, nicht bei Theokrit, erscheinen die Namen Moeris und Meliboeus; außerdem spielt V. 17 auf *Eklogen* 1,1 an – präsentiert sich also als von seinem Patron beeinflusst.

21 *divi* : *divae.*

die Heldin … Geliebte: Die (wieder einmal) ungenannte junge Frau (*puella*) erscheint als diejenige, die im Zentrum von Messallas Gedichten steht, also wohl von den Hirten seiner bukolischen Gedichte besungen wurde.

25 *sie nicht*: Atalanta, die nur den Mann heiraten will, der sie im Wettlauf besiegt. Das gelingt *Hippomenes* mit Hilfe goldener Äpfel (*der Gabe der Hesperiden*), die er während des Laufens fallen lässt. Weil Atalanta diese aufliest, verliert sie.

29 *nicht sie*: Hippodamia, Tochter des Königs Oenomaus von Pisa auf der Peloponnes, der die Freier seiner Tochter zwingt, gegen ihn im Wagenrennen anzutreten, und sie tötet, wenn sie verlieren.

30 *gravidae* : *†gravide.*

jede … wünschte: Sie hatte alle Reichen als Freier.

31 *Seele … heraussog*: sehr pathetisch für den Vorgang des Tötens.

35 *sie nicht*: Lucretia. Sie wird von Sextus Tarquinius vergewaltigt, woraufhin er und sein Vater Tarquinius Superbus, der letzte König der Römer, aus der Stadt vertrieben werden. Von da an stehen an der Spitze des römischen Volkes zwei Konsuln.

43 *te castra* : *solitos.*

44 *gnato* : *†gnato†.*

50 *dass … gemeinsam ist*: d. h., dass Mars bald die eine Seite, bald die andere unterstützt (zu *Ciris* 359).

51 *Afrer*: nordafrikanischer Volksstamm.

52 *Tagus*: Fluss in Spanien, heute der Tajo, der Gold mit sich geführt haben soll.

61 *Kyrene*: Stadt in Nordafrika, in der der hellenistische Dichter Kallimachos (ca. 320–nach 245 v. Chr.) geboren ist. Dorthin zu gelangen bedeutet für

›Vergil‹, dass er in der Nachfolge des Kallimachos ›kleine‹ Poesie schreiben möchte, also nicht über Könige und Kriege, sondern über alltägliche Begebenheiten, wie sie ja auch überwiegend das Thema des *Catalepton* sind.

64 *mit dem feisten Volk*: Mit ungebildeten Menschen; *pinguis* steht metapoetisch in Antithese zu dem kallimacheischen Ideal eines feinen (griech. *leptós*; vgl. *Catalepton*) Stils.

13 (10)

Versmaß: reiner jambischer Trimeter (*iambi puri*; zu 2).

1 *Jener Sabinus …*: Der Name ist wohl eher fiktiv, aber man hat den Mann natürlich immer wieder zu identifizieren versucht. Das Gedicht ist durchgehend eine Parodie von Catull 4 und entpuppt sich wie dieses am Ende als Weihinschrift:

Phaselus ille, quem videtis, hospites,
ait fuisse navium celerrimus
neque ullius natantis impetum trabis
nequisse praeterire, sive palmulis
opus foret volare sive linteo.
et hoc negat minacis Hadriatici
negare litus insulasve Cycladas
Rhodumque nobilem horridamque Thraciam
Propontida trucemve Ponticum sinum,
ubi iste post phaselus antea fuit
comata silva; nam Cytorio in iugo
loquente saepe sibilum edidit coma.
Amastri Pontica et Cytore buxifer,
tibi haec fuisse et esse cognitissima
ait phaselus: ultima ex origine
tuo stetisse dicit in cacumine,
tuo imbuisse palmulas in aequore
et inde tot per impotentia freta
erum tulisse, laeva sive dextera
vocaret aura, sive utrumque Iuppiter
simul secundus incidisset in pedem;
neque ulla vota litoralibus deis
sibi esse facta, dum veniret a mari

novissime hunc ad usque limpidum lacum.
sed haec prius fuere: nunc recondita
senet quiete seque dedicat tibi,
gemelle Castor et gemelle Castoris.

(Jene Jacht, die ihr seht, Fremde, sagt, sie sei der Schiffe schnellstes gewesen, und keines schwimmenden Balkens Ungestüm habe sie überholen können, ob es der Ruder [5] bedurfte, dass sie dahin sauste, oder des Segels. Und sie bestreitet, dass dies der drohenden Adria Küste bestreiten könnte oder die Kykladeninseln und das berühmte Rhodos und die schaurige thrakische Propontis oder der grimmige pontische Golf, [10] wo diese spätere Jacht vorher stand als belaubte Waldung. Denn auf dem kytorischen Joch ließ sie oft ein Rauschen vernehmen mit flüsterndem Laub. Pontische Amastris und buchsbaumtragender Kytoros, dir sei dies bestens bekannt gewesen und sei es noch, [15] sagt die Jacht. Seit ihrer sehr lange zurückliegenden Geburt habe sie, sagt sie, auf deinem Gipfel gestanden, habe in deine Wasserfläche getaucht die Ruder und von dort durch so viele ungebändigte Meeresfluten ihren Herrn getragen, ob links oder rechts [20] der Wind rief oder ob Iuppiter günstig auf beide Schoten zugleich gedrückt hatte. Und keine Sühneopfer seien jemals den Küstengöttern von ihr dargebracht worden, bis sie gekommen sei vom Meer zu guter Letzt bis zu diesem klaren See. [25] Doch das war früher. Jetzt ist sie geborgen und altert in Ruhe, und sie weiht sich dir, Zwillingsbruder Castor, und dir, Zwillingsbruder Castors.)

4 *Mantua*: zu 11 (8),6.

5 *Brixia*: Stadt in Oberitalien, 30 Kilometer vom südwestlichen Gardasee entfernt, heute Brescia. Als Mutterstadt von Catulls Geburtsort Verona (Catull 67,32) passt die Stadt gut in eine Catull-Parodie.

8 *vorher Quinctio*: Über den Grund für die Namensänderung von Quinctio in Sabinus (zu 1) kann man nur spekulieren.

10 *kytorisch*: Adjektiv zu Kytoros, einem Gebirge in Paphlagonien an der mittleren Nordküste Kleinasiens mit Buchsbaumpflanzungen. Das Joch der Maultiere ist also aus Buchsbaumholz.

12 *Cremona*: zu 11 (8),6.

19 *utrumque* : †*utrumque*.

22 *proximumque* : †*proximumque*.

23 *auf dem elfenbeinernen Sitz*: auf der *sella curulis*, dem Amtssitz eines römischen Magistrats.

25 *Castor*: Zwei Meilen von Cremona entfernt stand ein Tempel des Gottes.

14 (11)

Versmaß: elegisches Distichon (zu 1).

1 *Octavius*: wohl identisch mit Musa in 7 (4). Es spricht viel dafür, dass er nicht als Toter, sondern als am Boden liegende Weinleiche auf die Frage des offenbar gleichfalls betrunkenen ›Vergil‹ antwortet; so sagt er z. B. statt normalem *quisque sua fata sequitur* offenbar im Rausch *sua quemque sequuntur fata.*

6 *deine römische Geschichte*: zu 7 (4),10.

7 *Manen*: hier nicht die Geister der Verstorbenen, sondern die Götter der Unterwelt.

8 *warum missgönntet ihr ihm, seinen Vater zu überleben*: Dieser hat Octavius entsprechend der zu V. 1 vorgeschlagenen Interpretation nicht im wörtlichen Sinne überlebt, sondern war noch einigermaßen nüchtern und musste ihn offenbar heimtragen.

15 (12)

Versmaß: reiner jambischer Trimeter (*iambi puri*; zu 2).

1 *Noctuinus*: zu 9 (6),2.

7 *Heim führt er … einen Leistenbruch*: Nach *ducere* in der Bedeutung »heiraten, ⟨eine Braut⟩ heimführen« erwartet man in diesem Epigramm mit seinen vielen Wiederholungen *feminas / duas* o. ä. Aber *ducere* bedeutet auch »sich ⟨eine Krankheit⟩ zuziehen«, und das ist in diesem Falle, wie Watson 2008 m. E. überzeugend zeigt (vgl. auch 16 [13],39), ein Leistenbruch, den Noctuinus laut ›Vergil‹ als Bettpartner von zwei Frauen bekommen wird.

9 *Thalassio*: ein Hochzeitsruf.

16 (13)

Versmaß: jambischer Trimeter im Wechsel mit jambischem Dimeter (Epode).

⏓ – ⏑ – ⏓ – ⏑ – ⏑ – ⏑ ⏒
⏓ – ⏑ – ⏑ – ⏑ ⏒

6 *adsiem* : †*assim*.

helfen: auch im Lateinischen offenbar sarkastisch im Sinne von »Warte, ich will dir helfen« gemeint.

9 *Caesar*: ›Vergil‹ kann nur Octavianus, Caesars Adoptivsohn, meinen.

16 *Thalassio*: zu 15 (12),9.

17 *du Weib*: Luccius, in V. 14 als Mann beschimpft, der sich von anderen Männern anal penetrieren lässt, ist somit ein *cinaedus* (»Tunte«) und gilt nach den Kategorien des römischen Geschlechterdiskurses als weiblich.

19 *Schöne*: zu 17.

21 *in stola* : *†ratulam.*

29 *aquis* : *†aquis.*

31 *docte* : *†docte†.*

32 *culumque* : *†osiculisque†.*

34 *Sogar deinen Namen schreibe ich dazu*: Da ›Vergil‹ Namen meidet (zu 6 [3],1 und 10 [7],3), klingt das geradezu metapoetisch.

17 (14)

Versmaß: elegisches Distichon (zu 1).

2 *o du, …*: Venus, die auf Zypern in berühmten Heiligtümern in der Stadt *Paphos* und im Gebiet der Stadt *Idalion* verehrt wurde. ›Vergil‹ bittet sie als Mutter des Aeneas um Hilfe bei der Vollendung seiner *Aeneis.*

7 *hos aries humilis* : *†hos aries humilis†.*

9 *aut* : *†aut†.*

11 *Caesar*: zu 16 (13),9.

12 *am sorrentinischen Gestade*: In Sorrento am Golf von Neapel befand sich auch ein Venustempel.

18 (15)

Versmaß: elegisches Distichon (zu 1).

1 *der syrakusische Sänger*: Theokrit (zu 12 [9],17), den nach Meinung des *Catalepton*-›Herausgebers‹ Vergil, der *göttliche Dichter*, mit seinen *Bucolica* übertrifft, so wie er bedeutender als Hesiod (um 700 v. Chr.), der Dichter des Lehrgedichts *Werke und Tage*, mit seinen *Georgica* und als Homer (Mitte 8. Jh. v. Chr.), der Dichter der *Ilias* und der *Odyssee*, mit seiner *Aeneis* ist.

2 *nicht geringer als die homerische Redeweise*: d. h. nicht geringer in seiner Redeweise als Homer.

4 *Calliope*: die erste der Musen, die hier metonymisch für Poesie steht.

Aetna

Der überlieferte Text der *Aetna* ist an vielen Stellen sehr problematisch. Grundsätzlich wird die Ausgabe von Clausen/Goodyear/Kenney/Richmond 1966 zugrunde gelegt. Der Herausgeber der *Aetna*, F. R. D. Goodyear, hat seine Textentscheidungen in einem 1965 erschienenen Kommentar begründet. Für einen Übersetzer schwierig bis unmöglich ist allerdings, dass er über 50 von 645 Versen mit der sogenannte Crux desperationis (†) versehen hat. Um an diesen Stellen überhaupt ins Deutsche übersetzen zu können, habe ich jeweils entweder das zweifelhafte Latein zu verstehen versucht oder eine möglichst plausible Konjektur gewählt (ähnlich war schon der englische Übersetzer Hine 2012 vorgegangen). Soweit diese Textvarianten im kritischen Apparat von Goodyear angegeben sind, werden sie zu dem betreffenden Vers vor der Lesart in seiner Ausgabe genannt (Anpassungen bei der Interpunktion habe ich stillschweigend vorgenommen). Ferner muss betont werden, dass sich Goodyear auch abgesehen von diesen besonders problematischen Versen oft zwischen sehr unterschiedlichen Lesarten in den Handschriften entscheiden musste, diverse Konjekturen anderer übernahm und weitere eigene in den Text setzte sowie mehrere Vers-Umstellungen und einige Lücken postulierte. Wie bei Properz gilt auch bei diesem Text daher: *quot editores, tot Aetnae*. Für Anregungen und Verbesserungsvorschläge danke ich Niklas Holzberg, Hans Jörg Schweizer und Horst Sitta.

1–93: Einleitung.

1–8: Proömium mit erster Inhaltsangabe und Anrufung des Gottes Apollo und der Musen.

4 *du*: Zur Inspiration des Dichters angerufen werden Phoebus Apollo und *die Schwestern … von der piërischen Quelle*, die aus dem makedonischen Gebirge Piëria stammenden neun Musen.

5 *Kynthos*: Berg auf der Insel Delos, Geburtsort von Phoebus Apollo. Wie in einem Hymnus nennt der Dichter verschiedene Orte, wo sich Apollo aufhalten könnte. Damit soll sichergestellt werden, dass er die Bitte hört.
Hyla: Stadt auf Zypern mit einem Apollo-Kult.
Delos: eine der Kykladen in der Ägäis, Orakelstätte und Kultort Apollos.

6 *Dodona*: Obwohl der Ort in Epiros als Orakelstätte des Zeus berühmt ist, könnte hier auch Apollo verehrt worden sein. Der Hinweis auf einen entlegenen Kult würde zur alexandrinisch geprägten Dichtungstradition der *Aetna* passen. Die Überlieferung ist allerdings umstritten.

9–28: Ablehnung abgedroschener (mythischer) Themen und zweite Inhaltsangabe.

9 *der sorgenfreie König*: Saturnus, der im Goldenen Zeitalter herrschte.

10 *Ceres*: Die Göttin des Ackerbaus wird metonymisch für ihre Gaben, die Saat, genannt (vgl. auch *Bacchus* und *Pallas* in 13f.).

13 *wegen seiner eigenen Füße*: Die Bedeutung des Ausdrucks *suo … pede* ist nicht recht klar. Hier wird die Erklärung von Munro 1867, 44 bevorzugt, nach der im Goldenen Zeitalter niemand den Saft aus den Trauben treten musste, sondern *Bacchus*, der hier metonymisch für den Wein selbst genannt ist, dies selbst tat.

14 *Pallas*: hier metonymisch für den Olivenbaum, der Minerva heilig ist.

15 *secretos amnis ageret, tum* : *†secretos amnis ageret tum*. Trotz des hier zugrunde gelegten Versuchs von Groß, Nikolaus (1999): De carminis Aetnae locis desperatis (II), *VoxLat* 35, 541–543, den überlieferten Text in 14f. zu verstehen, bleibt die Deutung unsicher.

16 Im Goldenen Zeitalter lebte es sich am besten; man sehnte sich nicht nach einer anderen Zeit.

17 *Kolcher*: Iasons Argonautenfahrt führt nach Kolchis an die Ostküste des Schwarzen Meeres, wo er sich mit Hilfe von Medea des Goldenen Vlieses bemächtigen kann.

18 *Pergamon*: Der Name von Trojas Akropolis, auf deren Eroberung durch die Griechen, die hier als Bewohner der *Argolis* auf der Peloponnes bezeichnet werden, angespielt wird.

19 *inpositam et tristi natorum funere matrem* : *†inpositam et tristi natorum funere mentem*. Anstelle des unverständlichen *mentem*, das wegen *dentem* in 20 entstanden sein könnte, übernehme ich das in späteren Handschriften bezeugte *matrem*.

Mutter: Hecuba, Priamus' Ehefrau, die ihre im Kampf getöteten trojanischen *Söhne* (z. B. Hector) beklagen muss, oder Niobe, deren Kinder von Apollo und Diana (Artemis) getötet werden, weil sie damit angegeben hat, dass sie so viele Kinder hat.

20 *das Tageslicht, das sich abwandte*: Atreus setzt seinem Bruder Thyestes aus Rache die eigenen Kinder zum Essen vor, woraufhin sich der Sonnengott abwendet und es dunkel wird.

die als Samen ausgestreuten Zähne: Cadmus erlegt einen Drachen und sät dessen Zähne; daraus entstehen die Krieger Thebens.

21 *Wer hat nicht gelitten unter …*: Die *Tochter* des kretischen Königs *Minos*, Ariadne, hilft Theseus bei der Tötung des Minotaurus mit dem sprichwörtlich gewordenen ›Ariadnefaden‹, wird jedoch von ihm am Strand von Naxos allein zurückgelassen. Seinem Vater Aegeus hat Theseus versprochen, bei der Rückkehr nach Athen mit weißen Segeln zu fahren, falls

seine Expedition erfolgreich ist. Da er dies vergisst, was in *das meineidige Schiff* angedeutet ist, geht der Vater vom Tod seines Sohnes aus und bringt sich um (vgl. auch 583f.).

25 *qui tanto motus operi, quae causa perennis* : *qui tanto motus operi, quae tanta perenni*. Statt *quae tanta perenni* in den Text zu setzen und nach 25 eine Lücke anzunehmen (so Goodyear nach Munro), habe ich mich für die in späteren Handschriften bezeugte Lesart *quae causa perennis* entschieden; vgl. De Vivo, Arturo (1985): Motivi proemiali nell'*Aetna*, *Vichiana* 14, 266–269.

29–73: Ablehnung mythologischer Erklärungen für die Aktivität des Ätna (29–35: Vulcanus; 36–40: Kyklopen; 41–73: Gigantomachie).

31 *Vulcanus*: Der Gott des Feuers verrichtet *fleißig* Schmiedearbeiten für die Götter.

41 *Als nächstes stört ….*: In *Phlegra*, dem westlichsten der drei Finger der Halbinsel Chalkidike, erstellen die Giganten (riesige Ungeheuer) – hier ganz nach römischem Brauch – *Kriegslager*, um Iuppiter zu entthronen. Vgl. zur Gigantomachie in der *Aetna* auch Hildebrandt, Richard (1907): Eine römische Gigantomachie, *Philologus* 66, 562–589.

49 *Pelion … Ossa … Olymp*: Die Giganten türmen diese griechischen Berge aufeinander, um Iuppiter im Himmel näher zu kommen.

53 *provocat admotisque trementia sidera signis* : *provocat †admotisque tertia† sidera signis*. Überliefert ist das metrisch fehlerhafte *tertia sidera*, was auch mit dem leichten Eingriff ⟨*ad*⟩ *tertia sidera* kaum sinnvoll erklärt werden kann (für einen Versuch vgl. z. B. Hildebrandt 1907, 568f. [zu 41]). Daher setze ich die Konjektur *trementia* von Bormans in den Text (für eine Erklärung des Fehlers vgl. Munro 1867, 46).

57 *der Vater*: der höchste römische Gott, Iuppiter.

63 *secus* : *†deus†*. Das überlieferte und unsinnige *deus* könnte wegen *deorum* in der vorangehenden Zeile entstanden sein; nach *utrimque* liegt die Konjektur *secus* von Haupt nahe.

64 *victor* : *†victo†*. Das mehrheitlich überlieferte *victo* ergibt keinen Sinn. Von den vorgeschlagenen Konjekturen bevorzuge ich das bereits in späteren Handschriften bezeugte und nur geringfügig von der Überlieferung abweichende *victor*.

67 *ihre Mutter*: Gaia, die Göttin der Erde, versucht vergeblich, ihre Söhne, die Giganten, anzutreiben.

69 *tum liber cessat, venit* : *†tum liber cessat venit*. Es ist zweifelhaft, ob der überlieferte Text sprachlich haltbar (z. B. Präsens *cessat* neben Perfekt *venit*; vgl.

jedoch auch *erat* in 62 vor *stant* in 63) und wirklich verständlich ist. Die Übersetzung orientiert sich am Erklärungsversuch von Sudhaus 1898, 108. Stärkere Eingriffe in den überlieferten Text schlagen Groß, Nikolaus (2000): De carminis Aetnae locis desperatis (III), *VoxLat* 36, 86f. und Watt, William S. (2001): Notes on the *Appendix Vergiliana*, *Eikasmos* 12, 285 vor.

71 *trinakrisch*: sizilisch (zu *Dirae* 9).

74–93: Die Lügen anderer Dichter werden der eigenen Wahrheitsliebe gegenübergestellt; dritte Inhaltsangabe.

76 *plurima pars scenae rerum est fallacia: vates* : *†plurima pars scenae rerum est fallacia vates.*

78 *das blasse Reich*: die Unterwelt, durch die der Fluss *Styx* fließt.

79 *mentiti vates Stygias undasque canesque* : *†mentiti vates Stygias undasque canentes.*

stygische … Hunde: vermutlich keine Höllenhunde (wie Cerberus), sondern die Furien (*stygische*: zu 78 und *Culex* 241).

80 *poena* : *†poena. Tityon poena … foedum* bedeutet vielleicht »den durch seine Strafe entstellten Tityos« (so zumindest Richter 1963, 35).

viele Morgen: 1 *iugerum* »Morgen« ≈ ¼ Hektar.

81 *sollicitant illi te circum, Tantale, cena* : *†sollicitant illi te circum, Tantale, poena*. Hier setze ich Baehrens' *cena* in den Text statt des überlieferten *poena*, das aus 80 eingedrungen sein könnte und vor *sollicitantque siti* in 82 kaum Sinn ergibt.

84 Goodyear entschied sich für zwei Konjekturen – *ulterius* von Jacob für *interius* und *terret* von Munro für *terrent* – und nahm (wie Munro) anschließend eine Lücke an. Als Ergänzung zu *conscia* wird hier *pectora* »Herzen« vermutet (so Bücheler in seinem bei Goodyear genannten Vorschlag für den ausgefallenen Vers).

94–176: Erster Hauptteil: die Erde enthält Hohlräume.

94–131: Beweisführung für die Existenz von Hohlräumen im Innern der Erde mit Überlegungen zu deren Entstehung.

100 *isdem* : *†idem*. Statt des überlieferten *idem* übernehme ich die Konjektur *isdem* von Gorallus (mit Enjambement zu *foraminibus*, das ebenfalls eine Konjektur von Gorallus ist).

107 *ut crebro introrsus spatio rarusque cavernis* : †*ut crebro introrsus spatio vacat acta charibdis*. Die Überlieferung nach *spatio* ist schon in den Handschriften disparat. Um überhaupt eine Übersetzung bieten zu können, entscheide ich mich für die Konjektur *rarusque cavernis*; vgl. Rehm, Bernhard (1935): Aetna 107, *Philologus* 90, 250–253.

111 ›*Spiritus*‹: Der lateinische Begriff *spiritus* lässt sich in der hier gemeinten Bedeutung kaum ins Deutsche übersetzen, da er die bewegte Luft (s. V. 213) bezeichnet (etwa »Luftstrom«), der für die Entstehung der vulkanischen Tätigkeit entscheidend ist. Möglicherweise ist auch die Bedeutung von *spiritus* in der (z. B. stoischen) Philosophie relevant.

119 *ac totiens imo* : †*hac torrens uno*.

120 *non ille ex tenui quocumque agat: apta* : †*nam ille ex tenui vocemque agat apta*†. Text und Bedeutung sind unsicher (vgl. auch De Vivo, Arturo [1987]: Note al testo dell'*Aetna*, *Vichiana* 16, 242–248). Ich übernehme die Lesart *non* und die Konjektur *quocumque* von Sudhaus. Zur Erleichterung des Verständnisses ergänze ich in der deutschen Übersetzung Subjekt (*ille* sc. *hiatus* »Kluft« aus 119) und Objekt (*fontis* »Quellen« aus 118) aus dem vorangehenden Text.

122 *et* … : †*et* … Trotz meines Übersetzungsversuchs bleibt der Vers umstritten und kaum verständlich.

129 *hospitium fluvium sit* : †*hospitium fluvium aut*†. Der Vers lässt sich verstehen, wenn *fluvium* als Genitiv Plural gedeutet und *aut* zu *sit* korrigiert wird (Goodyear 1965, 131f.).

130 *non stet* : *constet*. Wenn die Apodosis in 130 beginnt, braucht es aus inhaltlichen Gründen eine Verneinung, was die Konjektur *non stet* von Goodyear (nach Ungers *non stat*) bietet.

132–157: Winde in diesen Hohlräumen der Erde führen zu Erdbeben.

142 *operum; tantum effluit intra* : †*aeri tantum effugit ultra*. Die handschriftliche Überlieferung ist disparat: Statt mit Goodyear den unsinnigen Wortlaut aus G zu übernehmen und mit einer Crux desperationis zu versehen, bevorzuge ich den in C und S überlieferten Text, da dieser immerhin einigermaßen verständlich ist. Allerdings ist *tantum effluit intra* kaum vollständig, und in 143 dürfte das Subjekt fehlen: Daher ist dazwischen eine Lücke anzunehmen (so bereits Munro).

147 *keine trägere Wut*: Gemeint ist »als das Feuer«.

158–176: Diese Erdbeben entstehen nicht durch Winde an der Oberfläche, sondern im Innern.

158 *causis ... / ... et summis alimentum viribus* : †*causis ... / ... †et summis alimentum viribus*†. Vielleicht bedeutet das zweimalige *summis* in 158 und 159 »an der Oberfläche« (so Munro 1867, 52), und mit *alimentum* in 159 ist übertragen die »Nahrung« des Erdbebens (Sudhaus 1898, 121: »Nährstoff«) gemeint.

162–167 Goodyear setzte die Verse 165–167 vor 162–164, da Letztere eine vorangehende Erwähnung der Winde voraussetzen würden. Ein Schreiber könnte aus Versehen von *lumine* (161) zu *limine* (167) gesprungen sein und die ausgelassenen Verse dann nachgetragen haben. Die Notwendigkeit der Umstellung ist allerdings umstritten.

173 *mundo / venturam antiqui faciem* sc. *esse*, eig. »dass für die Welt das Aussehen der alten ⟨Welt⟩ ⟨zurück⟩kommen ⟨wird⟩«, d. h. es wird wieder Chaos herrschen.

177–384: Zweiter Hauptteil: die Ursachen der vulkanischen Aktivität.

177–187: Aussehen des Ätna.

[186] Der hier überlieferte Vers *ut maior species et ne succurrat inanis* (etwa »dass eine größere Form und dass nicht eine leere zu Hilfe kommt«) ist mit 195 identisch und passt an keiner der beiden Stellen richtig. Er wird daher von Munro und anderen Herausgebern zweimal aus dem Text entfernt.

188–218: Bedeutung der Winde, besonders des ›Spiritus‹, für die vulkanische Aktivität.

189 *non illam parvo aut tenui discrimine signes* : †*non illam parvo aut tenui discrimine signis.*

190 *mille sub exiguum venient tibi pignora tempus* : †*mille sub exiguo ponent tibi tempora vera.* Goodyear setzte in den Text, was die Hauptüberlieferung bietet, aber keinen Sinn ergibt; ich habe den Wortlaut von G übernommen, dessen lateinische Ausdrucksweise allerdings zweifelhaft ist (die Konstruktion *sub exiguum tempus* ist singulär).

[195] Zu 186.

204 *Giganten*: vgl. 41–73.

206 *vertat: in occulto tantus tremor* : *vertat, in occulto †tantum tremit.* Mit dem überlieferten *tantum tremit* wäre Iuppiter plötzlich wieder Subjekt.

Möglich ist eine Konjektur wie *tantus tremor* (Haupt) oder *tantus fremor* (Goodyear), wobei ich mich für das dem Überlieferten nähere *tremor* entschieden habe. Allerdings sind die *ne*-Sätze in 204f. dann noch immer von einer in *miratur* (203) inhärenten Furcht abhängig (*wundert sich … und befürchtet*), was sprachlich einzigartig ist.

212 *hac causa* : *†haec causa*. Goodyear vermisste hier oder in einem ausgefallenen Teil nach diesem Vers die Erwähnung der Winde, über deren Begrifflichkeit in 213 gesprochen wird (vgl. auch zu 111). Vielleicht kann *venti* aber aus Vers 210 als Subjekt von *ruunt* erschlossen werden, sodass das ebenfalls überlieferte *hac* (zu *causa*: »aus diesem Grund«) in den Text gesetzt und der Satz einigermaßen verstanden werden kann.

219–328: Mögliche Ursachen für die Winde (224–281: Exkurs über die Bedeutung der Naturwissenschaft).

229 *principia – occasus metuunt an saecula pergunt* : *principia †occasus metuunt ad saecula pergunt*. Auch mit der von vielen Herausgebern akzeptierten und hier ebenfalls in den Text gesetzten Konjektur von Gorallus (*an* für *ad*) bleibt der Vers sprachlich problematisch (vgl. Goodyear 1965, 151 und Groß, Nikolaus [2001]: De carminis Aetnae locis desperatis [VI], *VoxLat* 37, 233–235).

236 Vermutlich ist *Phoebe* Subjekt von *denuntiet*; die Überlieferung in den Handschriften variiert allerdings stark. Gemäß antiker Vorstellung konnte die Farbe von Mond und Sonne Regen ankündigen.

241 *Helike*: der Große Bär, zu dem der Große Wagen gehört, dessen *Achse* hier genannt wird.

unheilverkündender Komet: Kometen konnten als schlechte Vorzeichen gedeutet werden.

242 *Lucifer*: der Morgenstern.

Hesperus: der Abendstern.

Bootes: ein Sternbild in der Nähe des Großen Bären.

243 *zurückhaltende Stern*: Die Bedeutung des Attributs *tenax* ist nicht recht klar. Vielleicht deutet es darauf hin, dass das Erscheinen des *Saturnus* Seefahrer in den Häfen zurückhielt.

246 *Orion*: Zum an den Himmel versetzten Jäger passt das Verb *eilt*.

Sirius: Der Hundsstern galt als Zeichen für die heißeste Jahreszeit, daher *brütet* er; seine Bezeichnung als *index* (eig. »Anzeiger«) wird unterschiedlich gedeutet – vielleicht weist sie darauf hin, dass er Ernte, Krieg, Plagen etc. anzeigen konnte (so Goodyear 1965, 153).

276–278 In der Überlieferung gibt es Hinweise darauf, dass diese drei Verse ursprünglich nach Vers 257 standen; zur Vermeidung von Missverständnissen wird die etablierte Zählung gleichwohl beibehalten. Inhaltlich geht es um den Bergbau.

269 *sic avidis semper quidvis est carius ipsis* : †*sic avidi semper qua visum est carius istis*.

279 *himmlische Bedrohungen*: Vermutlich sind die Blitze Iuppiters gemeint, mit denen er die Giganten getötet hat (vgl. 41–73).

281 *muto* : †*multo*†. Das überlieferte *multo foedere* wäre sprachlich sehr ungewöhnlich; hier wird daher die Konjektur *muto* von Oudin in den Text gesetzt (vgl. auch De Vivo 1985, 274f. [zu 25]). Ein *stummes Bündnis* ist eine Einigung, die keine Absprache braucht.

282 Da der Themenwechsel im überlieferten Text sehr abrupt erfolgt, wird mit Munro und Goodyear vor 282 eine Lücke vermutet, in welcher der Dichter den Exkurs (ab 224) beendet hat und zur Entstehung der unterirdischen Winde zurückgekehrt ist. Als Alternative wurden in 282 Konjekturen vorgeschlagen, von denen jedoch keine restlos überzeugt.

290 *cum montis texere* Courtney, Edward (1966): Emendations of the *Aetna*, *CR* 16, 14 : †*seu forte flexere*.

293 *ora diu* : †*ora duc*†. Der erste Vergleich ist aufgrund des verdorbenen Wortlauts schwierig zu verstehen. Ich übernehme das schon in Handschriften des 15. Jh. belegte *ora diu*, womit (metonymisch) ein Horn erwähnt wird, von dem *die Küste lange ertönt*. *Triton* ist nämlich eigentlich ein Sohn Neptuns, der das Meer mit seinem Muschelhorn aufwühlen und wieder beruhigen kann.

296 *Wasserorgel*: Das Wort *cortina* (eig. »Kessel«) bezeichnet offenbar (nur hier) eine Wasserorgel, die auch wegen Luftströmungen, die durch Wasser bewegt wurden, funktionierte und in der Kaiserzeit sehr beliebt war.

297 *mit wechselnden Tönen*: Wasserorgeln hatten (wie Panflöten) verschieden große Pfeifen, die unterschiedliche Töne erklingen ließen.

298 *unten rudert*: Der *Spielende* produzierte die Töne einerseits durch das Betätigen von Tasten mit seinen Händen, andererseits durch ein Pedal, mit dem er unten ruderte.

301 Um einen passenden Abschluss für den langen Gedanken seit 282 zu erhalten, setzte Goodyear die Konjektur *aliquam* (für *etiam*) von Kenney in den Text, entschied sich für die Lesart *causam* (nicht *causas*) und stellte Vers 302 nach 308. Der Text bleibt aber unsicher.

315 *fortis et* : †*fortis et*†. Vielleicht lässt sich der überlieferte Text verstehen, indem *et fortis* (Akkusativ Plural) ⟨*auras*⟩ *verberat umor* konstruiert und *fortis* proleptisch verstanden wird. Die Ausdrucksweise ist allerdings außergewöhnlich.

323 *adstrictus* : †*adstrictus*. Erneut ist der überlieferte Sprachgebrauch einzigartig und der Text daher zweifelhaft. Vielleicht lassen sich *adsctrictus certamine* (»vom Kampf erfasst«) und *tangitur ictu* (»wird … durch den Zusammenprall getroffen«) aber doch syntaktisch verbinden.

327 *Wasserpumpen*: Gemeint sind Druckpumpen, die zum Feuerlöschen eingesetzt wurden.

329–365: Die Winde gelangen nicht von außen in den Ätna hinein.

335 Goodyear folgte Haupt und stellte 335 hinter 336, weil der Gedankengang so verständlicher sei.

337 *videt* : †*videt*†. Goodyear hielt die überlieferte Ausdrucksweise (eig. »Ätna sieht sie [= die Wolke] nicht«) für absurd; vielleicht ist aber doch, wofür mehrfach argumentiert wurde, gemeint, dass der Vulkan die Wolke *nicht beachtet*. Um diese ungewöhnliche Verwendung von *videt* zu vermeiden, wurden Konjekturen wie *movet* (Ellis), *ciet* (Goodyear) oder *levat* (Watt 2001, 286 [zu V. 69]) vorgeschlagen.

347 *actu* : †*arcu*. Goodyear übernahm in diesem Vers die Konjekturen *deripiat* (Gorallus) und *absorbeat* (Baehrens); hingegen ließ er das überlieferte und kaum verständliche *arcu* mit Crux desperationis stehen. Hier wird stattdessen die Konjektur *actu* (Wernsdorf) in den offenbar stark verdorbenen Text gesetzt.

350 *nec levis astantes igitur* : †*nec levitas tantos igitur*†. Von all den textlich problematischen Stellen im Gedicht ist 348–357 eine der am meisten umstrittenen. In 350 habe ich die nahe am überlieferten Wortlaut bleibende Konjektur von Ellis in den Text gesetzt. Goodyear vermutete nach diesem Vers (wie Munro) eine Lücke.
die daneben Stehenden: Offenbar beginnt in 350 ein Vergleich mit Opfernden, die vom Feuer des Priesters einen Luftzug (*aura*, Konjektur von Stroux für *ora*) spüren.

351 *eine mit Flüssigkeit besprenkelte Hand*: rituelle Reinigung für den Opfervorgang.

353 *in tenui* : †*in tenui*. Dieser Vers ergibt so, wie er überliefert ist, kaum einen vollständigen Sinn (auch wenn man, wie z. B. Sudhaus 1898, 155, diverse erläuternde Ergänzungen einfügt). Was *causa* – sofern die Überlieferung korrekt ist – hier bedeutet, dürfte ursprünglich aus Worten, die nachher ausgefallen sind, klar geworden sein. Im verlorenen Teil dürfte auch der (hier im Deutschen ergänzte) Subjektswechsel zu *Aetna* erfolgt sein.

355 *placidissimus excit apludas* : †*plantis humus excita predas*. Die Handschrif-

ten bieten hier sehr verschiedene Lesarten, was durch eine ungewöhnliche Formulierung im Original erklärt werden könnte: Ellis hatte *placidissimus excit apludas* vorgeschlagen (*apluda*: »Spreu«), das ich in den Text gesetzt habe und auch Goodyear 1965, 167 als »ingenious« bezeichnet hat.

356 *erhebt sich der Rauch*: Der Opferrauch steigt gerade empor, ohne dass er vom Ätna aufgesaugt würde.

357 *am Raub unschuldig*: d. h. der Vulkan raubt nichts, nimmt nichts in sich auf (vgl. zu diesem Gedanken auch 604).

363 *nicht anders, als wenn …*: Dem Vergleich liegt die Annahme zugrunde, dass durch das Aneinanderreiben der Äste *Brände* entstehen und sich dann ausbreiten können.

366–384: Mögliche Ursachen für die vulkanischen Ruhephasen.

376 *et spisso* : *†et scisso.*

377 *haud similis, teneros cursu – cum* : *†haud similis teneros cursu†: tum.* Mit der hier angenommenen und auch im Deutschen nachgebildeten Parenthese ist die Konjektur *tum* (so Jacob, aufgenommen von Goodyear) für das überlieferte *cum* unnötig.

378 *ventos* Wernsdorf : *fauces.* Am Versende überliefert ist *montes*, das wegen des vorangehenden Versendes (*monti*) entstanden sein dürfte und sicher falsch ist.

385–567: Dritter Hauptteil: die Nährstoffe für die Brände.

385–398a: Verschiedene brennbare Stoffe am Ätna.

386 Laut Goodyear 1965, 172–174 dürfte nach 386 eine Zeile ausgefallen sein, die dessen indirekte Fragen regierte und *incendi poterunt* (387) ergänzte. Als Möglichkeit schlug er … ⟨*dicendum. tanti non omnia pascere vires* /⟩ *incendi poterunt* vor: »… ⟨muss man erklären. Nicht alles⟩ wird ⟨die Kräfte⟩ eines ⟨so großen⟩ Brandes ⟨nähren⟩ können.« *incendi* könnte von der Form her auch Infinitiv passiv sein (»entzündet werden«), doch der Genitiv Singular des Substantivs ist im Gedicht noch fünfmal belegt (183, 400, 416, 440 und 567).

387 *imis vernacula claustris* : *illis vernacula †causis.*

395f. Hier könnte gemeint sein, dass man die Materie, wenn sie fest ist, gut sehen kann; wenn sie hingegen im Innern brennt und flüssig ist, kann dies nicht wahrgenommen werden.

398b–447: Der Lavastein als besonderer Brennstoff am Ätna.

412 *tarde* : †*cardo*. Am Versende überliefern die Handschriften so unterschiedliche Lesarten wie *cardo*, *parvo*, *tarde*, *tarda* und *tardans*. Eher zögernd übernehme ich *tarde*, da die Konjektur, welche die Überlieferungslage am besten erklären könnte (*carbo* »Kohle« von Ellis), inhaltlich schwierig ist (*pace* Ellis 1901, 175).

425 *cerne locis etiam, similes adsiste* : †*cerne locis etiam*† *similes arsisse*. Hier wird die in der Handschrift C überlieferte Verbform (*adsiste*) in den Text gesetzt, wobei die Ausdrucksweise am Versanfang ungewöhnlich bleibt. Goodyear vermutete, dass dort ursprünglich eine Ortsangabe stand (z. B. *cerne locis Italis* – »prüfe an italischen Orten«).

426–428 An anderen Orten habe es mehr Schwefel, Alaun und Erdpech (vgl. dazu 389–392), aber die entscheidende Gesteinsart, der Lavastein, fehle. Daher seien die Vulkane dort erloschen.

429 *Aenaria*: vulkanische Insel vor Kampanien, das heutige Ischia.

430 *super, testisque* : †*super testisque*†. Für Goodyear ist der überlieferte Text hier unverständlich. *super* könnte jedoch »obenhin« (d. h. auf dem Gipfel oder an der Oberfläche) und *testisque* = »und als ⟨weiterer⟩ Zeuge« bedeuten.

431 *einen Ort*: Mit dem schwefelreichen Ort zwischen *Neapel* und *Cumae* ist die Solfatara gemeint, die zu den Phlegräischen Feldern gehört.

434 ›*Rotunda*‹: eine Übersetzung des griechischen *Strongýlē* »die runde (Insel)«, das dem heutigen Namen Stromboli (Vulkaninsel nördlich von Sizilien, die nördlichste der Liparischen Inseln) zugrunde liegt.

436 *ein Stein*: Während man am Ätna den Lavastein findet (V. 399f.), gibt es am Stromboli eine andere vulkanische Gesteinsart.

439 ›*Heiligtum des Vulcanus*‹: *Vulcani Sacra* war der Name von Vulcano, der südlichsten der Liparischen Inseln, die nördlich von Sizilien liegen (vgl. auch zu 434).

443 *sed non Aetnaeis vires quas* : †*sed non Aetnaei vires quae*. Der überlieferte Text ist kaum haltbar; ich habe mich für die Konjektur von Scaliger entschieden, nach der *sed non vires illi ⟨sunt⟩, quas Aetnaeis ⟨viribus⟩ conferat* zu konstruieren ist.

448–509: Beobachtungen während eines Ausbruchs beweisen die Bedeutung des Lavasteins am Ätna.

451 *hauchen … aus*: entweder ihre Hitze oder ihr Leben.

457 *haud equidem interius facie qua* : †*haud equidem mirum facie quae*.

458 *si lenitur opus, res stat* : †*si lenitur opus, restat.*

476 *sopito* Maehly : †*sopitaes*†. Diese Konjektur kommt dem Überlieferten sehr nahe (*sopito*, sc. *igni* aus dem vorangehenden Vers).

487 *curvis* : †*curtis*†. Vgl. *curvo … aestu* in 494 als Argument für diese Lesart.

488–496 Goodyear 1965, 187: »This is perhaps the most corrupt and difficult passage in the whole poem.« Neben den diversen Konjekturen, die Goodyear selbst in den Text aufgenommen hat, seiner Umstellung von 492 und der vermuteten Lücke danach (ähnlich schon Munro und Ellis) habe ich mich auch in 494 und 496 für die Übernahme von Konjekturen entschieden, da der überlieferte Text sonst unverständlich bleibt. In 491–496 gelangt die Lava offenbar in ein Tal, das gefüllt wird, was schließlich zu einem Strom über den Berg hinaus und in die darunterliegenden Äcker führt.

494 *curvo mare cernimus* : †*curvo mare cernulus.*

496 *usque superne* : †*et succernens.*

504 Zum Substantiv *examen* fehlt vermutlich ein beschreibendes Genitivattribut (vgl. *examina* in 372 und 468), das vor diesem Vers ausgefallen sein dürfte (Goodyear 1965, 191 schlug *scintillarum* vor, also ein »Funken-Haufen/Funken-Regen«; anders z. B. De Vivo, Arturo [1985]: Contributi al testo dell'»Aetna«, *Orpheus* 6, 105–108, der Vers 504 hinter 505 gestellt hat).

507 *Symaithos*: der größte Fluss Siziliens, der im Westen und Süden am Ätna entlang und südlich von Catania ins Meer fließt.

508 *vix iunctas* : †*vix iunctis.* Mit *iunctas* (sc. *illas ripas*) von Vessereau und dem folgenden Erklärungsversuch wird der Satz vielleicht verständlich: Die Ufer des Symaithos sind nach dem Abkühlen der darüber geflossenen Lava so hart geworden, dass man sie nicht mehr auseinander bewegen kann.

510–535: Der Lavastein ist der entscheidende Brennstoff am Ätna und nichts Anderes.

532 *rhytas et iam* : †*fridicas et iam*†. Schon in der ältesten Handschrift C ist die Bezeichnung der Sizilianer für diese Steine entstellt: *fridicas.* Als Konjektur wurde beispielsweise *rhytas* (Scaliger) vorgeschlagen (zu *rhytós* »flüssig«), was zur griechischsprachigen Bevölkerung auf der Insel passt und die geforderte Entsprechung zu *fusilis* (533) bietet.

536–567: Die Kraft des Feuers am Ätna bringt Felsen zum Schmelzen.

537 *in deinem dunklen Büchlein*: Schon im Griechischen konnte Heraklit wegen der Komplexität seiner Schriften als *skoteinós* (»der dunkle«) bezeichnet werden.

538 *ab igni : gigni.*

539 *quo rerum natura : †quae rerum natura†.*

559 *Flamme*: Iuppiters Blitze (vgl. dazu auch 57–59).

568–645: Schluss.

568–602: Statt zu menschlichen Kunstwerken zu reisen, soll man das Naturspektakel am Ätna bewundern.

569 *arces* Vessereau : *†sacras.*

573 *das ogygische Theben*: Die erste Station ist das böotische Theben (*ogygisch* nach Ogyges, einem früheren König der Stadt). Dessen *Mauern* haben zwei *Brüder* erbaut: der *musikalische* Amphion und der *unermüdliche* Zethus (Söhne des Zeus und der Antiope). Amphion bewegte die *Steine* hierfür durch *Gesang und Lyra*, während Zethus seine Muskelkraft einsetzte.

576 *invitata piis cum* : *†invitata piis nunc*. Der ursprüngliche Text dieser Passage lässt sich nicht mehr sicher eruieren: Goodyear bevorzugte mit Jacob eine Umstellung von Vers 575 hinter 576 und vermutete dazwischen eine Lücke. In 576 wird hier seine Konjektur *cum* für *nunc* in den Text gesetzt. Im *cum*-Satz wäre dann mit Goodyear 1965, 202 das Prädikat zu *saxa* verloren gegangen: »when the stones at the persuasion of song and lyre (? moved into place)«.

577 *den zweigeteilten Opferdampf*: Die beiden Söhne des Oedipus, Eteocles und Polynices, waren derart zerstritten über die Herrschaft in Theben, dass sich die Opferflammen auf ihren Altären noch immer teilen. Eigentlich sollen die Brüder abwechselnd jeweils ein Jahr herrschen, doch Eteocles lässt Polynices nicht an die Macht zurück, woraufhin dieser mit sechs Heerführern aus Argos gegen seine Heimatstadt anrückt (vgl. z. B. Aischylos, *Sieben gegen Theben*). Einer der *sieben Führer* ist der Seher Amphiaraus, dessen Frau Eriphyle ihn zur Teilnahme an der Expedition zwang, obwohl er wusste, dass sie scheitern würde: Polynices hat Eriphyle mit dem Halsband der Harmonia bestochen; Amphiaraus wird mitsamt Wagen zur *Beute der Tiefe* – Zeus lässt ihn in einer Erdspalte verschwinden.

579 *Dort fesseln uns …*: Die zweite Station ist Sparta, das berühmt war für seinen Fluss *Eurotas*, den legendären Gesetzgeber *Lycurgus* und die 300 Krieger (*die dem Krieg geweihte Zahl*), die unter dem *Anführer* Leonidas 480 v. Chr. bei den Thermopylen gegen die Perser kämpften.

581 *Bald geraten hier …*: Als dritte Station wird Athen genannt, unter dessen König *Kekrops* ein Streit zwischen *Minerva* (Athene) und Neptun (Poseidon)

um die Vorherrschaft in der Stadt entbrannt ist. Mit ihrem Olivenbaum, über den sich *der Boden freut*, kann Minerva ihren Kontrahenten besiegen.

583 *Auf dem Rückweg hierher …*: zu 21. Der Dichter nennt Theseus hier *wortbrüchig*, weil er Ariadne zurückließ.

586 *vestra est* : †*vestra est*†. Goodyear 1965, 204 hielt das in der Handschrift C überlieferte *sedes vestra est* für »absurd and impossible«. Unklar ist auch, ob die Worte zum Vorangehenden oder zum Folgenden gehören. Trotz der fragwürdigen Formulierung habe ich das Überlieferte zu retten versucht (so z. B. auch Iodice ²2009, LVI) und auf das Folgende bezogen: Philomela, ihre Schwester Procne und deren Mann Tereus haben alle ihre *Heimat* (*sedes*) in Athen.

589 *Wir bewundern die Asche Trojas …*: Die vierte und letzte Station ist die Stadt Troja, deren Akropolis *Pergamon* hieß (zu 18).

590 *Phryger*: Trojaner.

592 *der besiegte Rächer*: Paris, der Hector rächt, indem er Achilles tötet, fällt selbst durch einen Pfeilschuss des Philoctetes und ist ebenfalls in Troja bestattet.

593 *griechische Gemälde und Statuen*: Zuletzt werden griechische Kunstwerke genannt, über die alle staunen: (594) Die Venus von Apelles zeigt die in Paphos auf Zypern verehrte Göttin bei ihrer Geburt aus dem Meer, das hier vermutlich als ihre *Mutter* bezeichnet wird (*matre* ist allerdings eine Konjektur von Baehrens für überliefertes *parte* oder *arte*); (595) in der Medea von Timomachos überlegt sich die *Kolcherin* (zu 17), ob sie aus Rache an Iason, der sie aus ihrer Heimat mitgenommen, dann aber verlassen hat, ihre *Söhne* töten solle; (596f.) die Iphigenie von Timanthes stellt die geplante Opferung der Tochter von Agamemnon, der sich aus Trauer *verhüllt* hat, dar – ihre Tötung wird für die Überfahrt nach Troja verlangt, im letzten Moment *tauscht* Diana (Artemis) das Mädchen jedoch durch eine *Hirschkuh aus*; (597) mit *Myrons* Bronzekuh wird schließlich noch eine in der Antike besonders berühmte Skulptur genannt, die so echt aussah, dass sie zu leben schien.

601 *tu tanta humanis rebus* : †*cum tanta humanis phoebus*.

602 Goodyear vermutete vor diesem Vers eine Lücke. Nicht recht klar ist auch, warum der *Sirius* (zu 246) genannt wird. Vielleicht dachte man, vulkanische Aktivität hänge mit seinem Erscheinen am Himmel zusammen.

603–645: Die Legende der beiden frommen Brüder von Catania.

603–645 Die Legende, zu der es die Monographie Santelia, Stefania (2012): *La* miranda fabula *dei* pii fratres *in* Aetna *603–645 con una nota di Pierfrancesco*

Dellino (Bari) gibt, ist in verschiedenen Versionen überliefert. Der *Aetna*-Dichter nennt nur einen der Brüder namentlich, *Amphinomus* (625); der andere hieß in der Regel Anapius oder Anapias. Der Vulkanausbruch, bei dem die Brüder ihre Eltern retteten, galt als historisch und wurde in die 81. Olympiade (456–453 v. Chr.) datiert.

604 *quam sonti* : †*quamquam sors*†. Mit dieser Konjektur von Maehly lässt sich der Text verstehen; auch *igni est* ist bereits eine Konjektur, und zwar von Jacob für überliefertes *ignis*.
ein schuldiges Feuer: Das Ätnafeuer wird wegen seiner destruktiven Kräfte so bezeichnet (vgl. auch 357).

613 *Nachbarstadt*: Catania.

638 *it uterque* : †*fratremque*.

639 *substitit* : †*sufficit*.

641 *ihre Götter*: Damit sind entweder die Eltern der jungen Männer, die sie wie Götter fromm verehrten, oder ihre Hausgötter, die Penaten, gemeint.

Quid hoc novi est?

Dem lateinischen Text liegt derjenige J. A. Richmonds in Clausen/Goodyear/Kenney/Richmond 1966 zugrunde. Ich habe an mehreren Stellen stillschweigend die Interpunktion geändert und in V. 22 eine Konjektur bevorzugt.

Versmaß: reiner jambischer Trimeter (*iambi puri*; zu *Catalepton* 2).

4 *Venus*: metonymisch für Libido, sonst für Coitus und durchaus auch – das würde hier ebenfalls passen – für Penis.

8 *rot … Glied*: Eine Priapusstatue war entweder ganz rot angemalt oder nur am Phallus.

9 *Triphallus*: wörtlich »dreifacher Phallus«, aber *tri-* kann auch eine große Menge anzeigen, also »riesiger Phallus«. Priapus ist immer noch angesprochen.

10 *kunstlos aufgebunden*: Wirre Haare gehörten zur Ikonographie des Gottes.

22 *tremente* Tränkle : †*inminente*.
offen sein: für die anale Penetration.

27 *dunklem*: Vermutlich ist die dunkle Behaarung der Vagina gemeint.

40 *golden*: im übertragenen Sinne »außerordentlich schön«.

45 *Venus*: zu 4.

Copa

Dem lateinischen Text liegt die Ausgabe von E. J. Kenney in Clausen/Goodyear/Kenney/Richmond 1966 zugrunde. An mehreren Stellen habe ich die Interpunktion geändert. Die beiden Cruces desperationis, die Kenney in 29 (bei *nunc*) und in 33 (bei *formosum*) gesetzt hat, und die Übernahme von Konjekturen in Vers 5 (*abisse* von Ilgen für *abesse*) und 36 (*ossa* von Ilgen für *ista*) sind unnötig, da die Überlieferung verständlich ist (vgl. jeweils Franzoi 1988 zur Stelle). Für Anregungen und Verbesserungsvorschläge danke ich Niklas Holzberg, Regina Höschele und Horst Sitta.

1–4 *Die Wirtin Surisca* spielt offenbar selbst *Kastagnette* und wird dabei von einer Flötenspielerin begleitet. Ihr die Herkunft bezeichnender Name (»Syrerin«) und das *Bändchen um ihren Kopf* erweisen sie schon in der ersten Zeile als Prostituierte.

5–38 Vermutlich muss man sich vorstellen, dass die Wirtin die Verse 5–36 spricht und der Eseltreiber in 37f. antwortet.

6 *Trink-Bett*: offenbar ein Bett, auf dem viel getrunken wird.

10 *mänalisch*: arkadisch (zum Berg Mainalon in Arkadien), steht für eine pastorale und idyllische Welt.

11 *Hauswein*: Wahrscheinlich schenkt die Wirtin billigen Wein aus, den sich ein Eseltreiber leisten kann – vergleichbar mit dem heutigen ›vino della casa‹ in Italien.

20 *Ceres … Amor … Bromius*: die Göttin des Ackerbaus, der Gott der Liebe und der Gott des Weins (*Bromius* ist ein Beiname des Bacchus) bzw. metonymisch Brot, Liebe und Wein.

23 *Wächter*: der Gartengott Priapus, der – mit Sichel und mächtigem Glied bewaffnet – Eindringlinge fernhalten soll.

26 *Vestas Liebling ist der Esel*: Der Reisende soll seinem Esel eine Pause gönnen, da dieser der Göttin des häuslichen Herdes, Vesta, viel bedeute. In Ovids *Fasti* (6,319–348) wird erzählt, wie sich Vesta einst nach einem Festessen ausruht. Dabei will Priapus (zu 23) sie belästigen, wird aber daran gehindert, da der Esel des Silenus brüllt, Vesta aufwacht, alle zu ihr rennen und der aufdringliche Gartengott fliehen muss.

29 *Sommerglas … Trinkgefäße aus Kristall*: das billigere Glas der Surisca (warum dieses Sommerglas heißt, ist nicht recht klar) oder eigene, teurere Kristallgläser, die reiche Reisende gerne mitführten, aber kaum im Gepäck eines Eseltreibers zu finden gewesen sein dürften.

35 *für die undankbare Asche*: Der Eseltreiber solle die *Blumengebinde* nicht für seine Bestattung (als Trauerkränze) aufbewahren, sondern jetzt für das Festgelage nutzen.

Moretum

Der lateinische Text basiert grundsätzlich auf demjenigen, den E. J. Kenney in Clausen/Goodyear/Kenney/Richmond 1966 abgedruckt hat. Allerdings wurden einige Änderungen aus Kenneys eigenem Kommentar von 1984 übernommen. Soweit die hier gewählten Lesarten bzw. Konjekturen im textkritischen Apparat von Kenney 1966 angegeben sind, werden sie im Folgenden zu dem betreffenden Vers vor dem Text seiner Ausgabe genannt. Bei Textvarianten, die dort nicht verzeichnet sind, wird der Nachname des Urhebers direkt angegeben. An drei Stellen (15, 56 und 98) folge ich Perutelli 1983, (auch) um die Cruces desperationis, die Kenney setzte, zu vermeiden. Gelegentlich wurde die Zeichensetzung stillschweigend geändert.

1 *Winterstunden*: Im antiken Rom waren Tag und Nacht jeweils in zwölf Stunden unterteilt, wobei die Stundenlänge je nach Jahreszeit variierte; Nachtstunden waren im Winter naturgemäß länger. Der hier gegebenen Zeitangabe zufolge steht Simulus gegen fünf Uhr auf.

2 *Wächtervogel*: der Hahn.

15 *clausae, qua pervidet, ostia clavi* Perutelli : *†clausae qua pervidet ostia clavis.*

18 *Pfund*: Eine römische *libra* entspricht 327 Gramm; mit über fünf Kilogramm fällt Simulus' Ration sehr üppig aus (vielleicht soll sie für mehrere Tage reichen).

25 *Nachschub*: d. h. Simulus füllt mit der linken Hand Getreide in die Mühle.

26 *runder Stein*: Gemeint ist der obere Mühlstein (*catillus*), der auf einer in der Mitte des unteren Mühlsteins (*meta*) angebrachten Spindel sitzt und mithilfe eines Griffs gedreht werden kann.

27 *Ceres*: hier metonymisch für das Getreide.

40 *atra manent* O. Skutsch: *ac remanent.*

42 *Ceres*: hier metonymisch für das Mehl.

48 *Kerben*: Der so genannte *panis quadratus* war zum leichteren Auseinanderbrechen durch kreuzweise Kerben in Segmente unterteilt.

50 *ignes* Kenney 1984: *ignis.*

Ziegel: Simulus bäckt das Brot nach einer weitverbreiteten Methode, die darin besteht, den Teig auf den Herd zu legen, mit einem irdenen Gefäß zu bedecken und auf dieses heiße Asche zu häufen. Verwendet wurde hierbei häufig ein so genannter *clibanus* (»Brotbackdeckel«); Simulus gebraucht stattdessen einfache Ziegel (möglicherweise ein weiteres Zeichen für seine Armut).

51 *Vulcanus und Vesta*: hier metonymisch für das Feuer und den Herd.

53 *Ceres*: hier metonymisch für das Brot.

56 *truncique gravabant* Perutelli : *†truncique vacabant.*

65 *ullius erat sed recula curae* Kenney 1984 : *†erat ullius opus sed regula curae.*

73 *Kopf*: Gemeint ist das *porrum capitatum* (»Kopflauch«, von *caput* »Kopf«), im Gegensatz zum *porrum sectile* (»Schnittlauch«).

75 Der Anfang des Verses ist nicht überliefert, und bisherige Emendationsversuche können nicht überzeugen.

84 *Venus*: hier metonymisch für das Liebesverlangen; Rucola fungiert als Aphrodisiakum.

90 *considit* Stauder : *consedit.*

94 *servato* Hennig : *†servatum.*

98 *pilam* Perutelli : *†vestem†. pilam* »Mörser« ist eine mögliche Konjektur für das offensichtlich korrupte *vestem* »Kleid«; aus dem Kontext geht klar hervor, dass das wiederherzustellende Wort den Mörser bezeichnet.

106 *mit gerümpftem Gesicht*: im Lateinischen *simo vultu*, ein Wortspiel mit dem Namen des Simulus (von griech. *simós* »stupsnasig«).

Maecenas

Dem lateinischen Text liegt die Ausgabe von E. J. Kenney in Clausen/Goodyear/Kenney/Richmond 1966 zugrunde, der in sieben Versen Cruces desperationis setzte. An sechs davon wird hier der meiner Meinung nach wahrscheinlichste Text gedruckt (s. zu 19, 37, 61, 62, 85 und 90). In Vers 8 ist hingegen derart unklar, was im Original stand, dass nur in den Erläuterungen eine mögliche Konjektur erwähnt wird. Soweit die hier gewählten Lesarten bzw. Konjekturen in Kenneys textkritischem Apparat angegeben sind, werden sie im Folgenden zu dem betreffenden Vers vor dem Text seiner Ausgabe genannt. Bei Textvarianten, die dort nicht verzeichnet sind, wird die Quelle bzw. der Nachname des Urhebers direkt angegeben. Interpunktion und Typographie wurden gelegentlich angepasst. An einigen Stellen habe ich auf die ebenfalls in der Sammlung Tusculum erschienene Übersetzung von Häuptli 1996 zurückgegriffen. Niklas Holzberg und Fabian Zogg danke ich für zahlreiche wertvolle Verbesserungen.

1 *junger Mann*: Drusus (38–9 v. Chr.), Stiefsohn des Augustus.

2 *alter Mann*: Maecenas, s. Einführung S. 18.

5 *Das unverankerte Boot*: Kahn des mythischen Fährmanns Charon, mit dem dieser Tote über *das weite Gewässer* des Unterweltsflusses Styx bringt.

8 Der ursprüngliche Wortlaut lässt sich nicht mehr sicher rekonstruieren. Die überlieferte Verbindung *sed … -que* (mit *-que* als »und«) ist kaum korrekt. Eine Möglichkeit wäre die Konjektur *sed rapit usque senes* von Burmann: »sondern rafft fortwährend die Alten dahin«.

11 *Caesar*: hier wie im Folgenden immer C. Iulius Caesar Augustus (63 v. Chr. – 14 n. Chr.), der erste römische Kaiser.

13 *Aus königlichem Stamm*: Maecenas führte sich auf ein etruskisches Königsgeschlecht zurück.

17 *Pallas*: Pallas Athene (Minerva) und *Phoebus* Apollo werden als Gottheiten der Künste angesprochen.

19 *sicut* : †*vincit*.

Beryll: Edelstein, der tatsächlich am Ufer kaum zu finden ist, verweist auf den Reichtum des Maecenas.

21 *nimio, quod* : *animo quoque*.

ungegürtet: Das legere Auftreten des Maecenas hatte offenbar Anstoß erregt.

22 *nivea* Fusi : *nimia*.

23 *die goldene Jungfrau*: Astraea, die Jungfrau Iustitia, wohnt im Goldenen Zeitalter bei den Menschen, verlässt aber im Eisernen Zeitalter die Erde.

27 *hospes* erste Hand in Handschrift A, White : *obses*.

33 *canentes* : *cadentes*.

34 *culta* : *certa*.

ein paar bebaute Joche obstreichen Bodens: die Gärten des Maecenas als Zentrum der von ihm geförderten musischen Aktivitäten; sie waren nach neueren Forschungen (Häuber, Chrystina [2014]: *The Eastern Part of the* Mons Oppius *in Rome* [Rom]; Wiseman [2016]) nicht weitläufig, aber größer als die – wohl in Anspielung auf die von Ovid, *Fasti* 1,392 gepriesene frugale Frühzeit Roms – genannte kleine Fläche. Ein Joch entspricht etwa ¼ Hektar.

37 *marmora Maeonii* : †*marmora minaei*†.

Mäonier: Etrusker (zu 13). Eine antike Leserschaft mag auch an den Mäonier Homer gedacht haben (zu *Ciris* 62).

38 Zum Pentameter *vivitur … erunt* vgl. Einführung S. 42.

41 *Peloros*: Nordostspitze Siziliens, wo Octavianus, der spätere Kaiser Augustus (zu 11), 36 v. Chr. in einer Seeschlacht seinen Konkurrenten Pompeius besiegte.

43 *Philippi*: Ort in Makedonien (poetisch *Emathia* genannt), wo es 42 v. Chr. zum Sieg des Antonius und des Octavianus über die Caesar-Mörder kam.

45 *weite Meerenge*: Beim Heiligtum des Apollo in Actium in Westgriechenland besiegte Octavianus 31 v. Chr. Antonius, der mit der ägyptischen Königin Cleopatra verbunden war und ihretwegen seine Ehefrau Octavia, die Schwester des Octavianus, verstoßen hatte (54); Antonius und Cleopatra waren mit ihren Truppen aus dem Osten gekommen (47); sie unterlagen, flohen nach Ägypten – wenn auch sicher nicht, wie in poetischer Übertrei-

bung gesagt wird, *bis zum Haupt* [= der Quelle] *des Nil* (48) und *bis zu den fernsten Pferden der aufgehenden Sonne* (56) – und begingen Selbstmord.

50 *otia* : *omnia*.

Mars: hier metonymisch für den Krieg.

51 *Der von Actium*: Gemeint ist der dort verehrte Gott Apollo (zu 45).

53 *eine Frau*: Cleopatra (zu 45).

56 *Pferde*: Zugtiere des durch Sonnengott Sol täglich von Ost nach West gelenkten Wagens.

57 *die bunten Inder*: Der Weingott soll bis nach Indien gezogen sein und als Krieger einen Helm als Trinkgefäß verwendet haben. Damit sei er an den Rand der Welt gelangt und habe wohl (wie laut Sueton, *Augustus* 82,1 auch Augustus im Winter) mehr als eine Tunika getragen; seine mädchenhaft schneeweißen Arme aber seien sichtbar gewesen.

61 *sum memor* : *†sum memor*.

62 *Thyrsus*: Der Thyrsus-Stab, den der Gott und sein Gefolge schwingen, sei bei dem reichen (zu 19) Maecenas mit *Edelsteinen* und *Gold* besetzt gewesen – eine Innovation, die mit dessen Vorliebe für Neologismen (68: *neue Worte*) verbunden wird.

62 *perpetua* Mosconi : *†purpurea†*.

69 *Wackerer Alcide* …: Schon als Kleinkind in der Wiege erwürgt der Alcide Hercules zwei *Schlangen* (82) und führt dann die zwölf *Arbeiten* aus, von denen die folgenden Verse einige nennen, so als Mädchen verkleidet die Wollarbeit für die *Lyderin* Omphale (das *zarte Mädchen* in 71), wobei der Liebesgott *Amor* ihn sogar beraubt habe (80), die Kämpfe mit dem *nemeïschen* Löwen (72), mit dem *erymanthischen* Eber (72), mit der vielköpfigen lernäischen *Hydra* (83), den menschenfressenden *Pferden des Diomedes* (84) und dem dreileibigen Rinderhirten Geryon(es) (85).

80 *praeripiebat* Burmann : *percutiebat*.

85 *adversis* : *†adversis†*.

87 *Beherrscher des Olymp*: Iuppiter, der sich nach dem Sieg über die *Aloïden*, die Giganten Otos und Ephialtes, durch seinen *Adler* den *schönen Priester* Ganymedes vom *Ida*-Gebirge in Phrygien (Nordwestkleinasien) als Mundschenk rauben lässt – offenbar eine Anspielung auf Maecenas' Vorliebe für schöne Knaben.

90 *vina* : *†signa†*.

105 *er* … *Er*: Gemeint ist Caesar (zu 11).

106 *Wir*: die Anhänger des Maecenas, die sich gegen seine Kritiker durchgesetzt haben, da sein lockeres Leben (103) von Augustus als würdig angesehen worden sei.

107 *Scylleia* : *Scyllaea*.
Argo: Die Argonauten fahren auf ihr durch die (heutige) Straße von Messina vorbei an den Meeresungeheuern Scylla und Charybdis und durch die *kyaneïschen* Felsen (auch Symplegaden oder Plankten), deren Zusammenschlagen ihnen nicht schadet. In Kolchis, dem Reich des Königs *Aeëtes*, verhilft ihnen seine *Tochter*, die Zauberin Medea, zum Raub des Goldenen Vlieses, und sie verjüngt nach ihrer Rückkehr nach Griechenland Aeson, den Vater des Argonautenführers Iason; dass sie das kann, demonstriert sie zunächst durch Verwandlung eines *Widders* in ein *Lamm*.

114 *vel cur* Heinsius : *ergo*.

115 *Hirsche*, deren Geweih mit dem Alter größer wird, und *Krähen* galten als besonders langlebig.

119 *Nektar*: Getränk der Götter, das unsterblich macht.

123 *safranfarbiges Lager*: Daraus erhebt sich die Göttin der Morgenröte bei Sonnenaufgang und lenkt ihr Zweigespann über den Himmel.

124 *das phönizische Polster*: Phönizien steht hier als Land des Ostens, in dem die Morgenröte aufgeht.

129 Im *Reigen* der Sterne ist *Hesperus* der Abendstern, den *Venus* erlöst und der so zum Morgenstern *Lucifer* wird.

133 *Safran*: Die Verehrer von Maecenas bringen ihm *korykischen Safran* (Korykos: Hafenstadt in Kilikien im Südosten Kleinasiens), *Zimt* und *Balsam* als Grabspenden.

141 *quid* : *quod*.
»Tellus … in Blüte sein.«: Die Verse sind offensichtlich als Grabepigramm zu lesen. Die antike Leserschaft war sowohl mit Kränzen, (für die *dürstenden* Verstorbenen) ausgeschüttetem Wein und Duftstoffen am Grab als auch mit formelhaften Grabinschriften, die zum Beispiel den Wunsch nach einem ›leichten‹ Grab enthalten konnten, vertraut.

145 Joseph Scaliger (1573) setzte hier den Beginn einer zweiten Elegie an, was Kenney in seiner Ausgabe übernommen hat. Die beiden Teile gehören jedoch eng zusammen und können als ein einziges Gedicht verstanden werden (so z. B. Marinčič 2005 und Peirano 2012, 216f.).

148 *angustam … fidem* : *angustum … diem*.

152 *Scham*: Sie hindert Maecenas an Worten über seine trotz allem geliebte Ehefrau – sie hieß Terentia und hatte früher wohl ein Verhältnis mit Augustus –, die hier als am Totenbett nicht anwesend gedacht ist.

167 *beate* : *beati*.

173 *die … jungen Männer*: C. und L. Caesar, die Enkel des Augustus von seiner Tochter Julia, die – das kann der Erzähler beim Tod des Maecenas noch

nicht wissen – beide jung starben und deshalb nicht *das Geschlecht Caesars beständig weiterführen* konnten.

176 *Schwiegersohn*: Livias älterer Sohn Tiberius, der 12 v. Chr. Augustus' Tochter Julia heiratete, in Maecenas' Sterbejahr noch nicht von ihr geschieden war und 14 n. Chr. – das weiß der Autor des *Maecenas* offensichtlich – der Nachfolger des Augustus wurde.

177 *in terris* : *intereris*.

durch deine göttlichen Vorfahren: *Venus* war die Stammmutter der Julier, zu denen auch C. Iulius Caesar und sein Großneffe Augustus gehörten und die sich auf Aeneas, den Sohn der Venus, zurückführten.

Vita Suetoniana-Donatiana

Dem lateinischen Text der beiden Viten liegt die in der Sammlung Tusculum erschienene Ausgabe von Bayer zugrunde in Götte, Johannes/Götte, Maria/Bayer, Karl ([6]1995): *Vergil: Landleben. Bucolica, Georgica, Catalepton. Vergil-Viten* (München). An einigen Stellen habe ich die Typographie oder die Satzzeichen angepasst. Einzig in Kapitel 17 der *Vita Suetoniana-Donatiana* habe ich – im Anschluss an die Viten-Herausgeber Brugnoli, Giorgio/Stok, Fabio (1997): Vitae Vergilianae antiquae (Rom) – zweimal einen anderen Text gedruckt, was zur Stelle angeben ist. Die deutschen Übersetzungen habe ich weitgehend von Bayer übernommen. Allerdings mussten z. B. einige mittlerweile sehr unüblich gewordene Formulierungen an den heutigen Sprachgebrauch angepasst werden (z. B. habe ich »genas ihres Kindes« durch »gebar ihr Kind« ersetzt). Bei den folgenden Erläuterungen und den Einträgen im Register zu Personen aus den Viten konnte ich teilweise auf diejenigen von Bayer in der genannten Ausgabe zurückgreifen, doch ich musste sie vollständig neu schreiben und an die Konventionen in diesem Band anpassen.

Für eine kurze Einführung zu den beiden Viten verweise ich auf S. 12 und S. 24 dieses Bandes. Eine detailliertere Einführung mit den wichtigsten Literaturangaben und einer englischen Übersetzung der Viten bieten Ziolkowski, Jan M./Putnam, Michael C. J. (2008): *The Virgilian Tradition: The First Fifteen Hundred Years* (New Haven/London). Für weitere Literaturhinweise vgl. Holzberg, Niklas/Lorenz, Sven (2002): Vitae Vergilianae: Eine Bibliographie, in Bayer, Karl, (2002): *Suetons Vergilvita. Versuch einer Rekonstruktion* (Tübingen) 339–361.

2 *unter dem ersten Konsulat*: 70 v. Chr.

3 *Als seine Mutter* …: In den Geschichten über Vergils Geburt lassen sich erste Legendenbildungen erkennen. Vergil konnte im Mittelalter sogar als Zauberer und Magier gelten.

6 *unter dem zweiten Konsulat*: 55 v. Chr. (zu 2).

genau an diesem Tag: Der Todestag des Dichters Lucretius (Lukrez) lag wohl in den Jahren 55/54 v. Chr., die Koinzidenz mit Vergils 17. Geburtstag (15. Oktober 55) dürfte allerdings fingiert sein.

9 *im zweiten Gedicht der* Bucolica: Darin spricht der in den Knaben Alexis verliebte Hirte Corydon. Das Paar wird hier mit einem Knaben namens Alexander und Vergil identifiziert.

11 *›Parthenias‹*: von griech. *parthénos* (»Jungfrau«), lat. *virgo*, worauf Vergil (später vielfach Virgil genannt) in *Georgica* 4,563f. mit *Vergilium* und *Parthenope* (Neapel) anspielt.

13 *10 Millionen Sesterzen*: Die Bestimmung der Kaufkraft ist schwierig; ein Legionär oder Handwerker verdiente etwa einen Sesterz pro Tag; Vergils Vermögen deutet auf eine Angehörigkeit zum Ritterstand hin.

Gärten des Maecenas: zu *Maecenas* 34.

14 *unter dem Namen ›Daphnis‹*: In Vergils 5. Ekloge singen die beiden Hirten Menalcas und Mopsus über den verstorbenen Hirten Daphnis. Dieser wurde mit Flaccus, Vergil mit Menalcas gleichgesetzt.

17 *Catale⟨p⟩ton* : *Catalecton.*

annorum X⟨X⟩VI Scaliger : *annorum XVI.*

Ballista: Der *Gladiatoren-Lehrer* hat einen Namen, der zu seinem Schicksal passt, vgl. griech. *bállein* (»werfen«) und lat. *ballista* »Steinschleudermaschine«.

sowohl Priapeen als auch Epigramme: Weil das *Catalepton* aus Priapeen und Epigrammen besteht, ist es mit Bayer sinnvoll, *et Priapea et Epigrammata* als Apposition zu *Catalepton* zu lesen; Servius ging offenbar nicht von diesem Textverständnis aus, stellte um zu *Priapeia, Catalepton, Epigrammata* und verstand darunter drei separate Werke (*Servius-Vita 6*).

18 *»Kleine Mücke …«*: *Culex* 413f.

19 *die Geschichte Roms*: Vergils Plan, ein solches Werk zu schreiben, wurde vermutlich aus *Eklogen* 6,3–5 herausgesponnen.

Verteilung der Ländereien: s. Einführung S. 16.

Sieg bei Philippi: die Entscheidungsschlachten der *Triumvirn* Antonius, Octavianus und Lepidus gegen die Anhänger der Republik und Caesar-Mörder im Jahr 42 v. Chr. in Makedonien.

20 *gegen die Gewalttätigkeit eines Veteranen*: Bei der Landenteignung (s. Einführung S. 16) soll Maecenas dem Vergil geholfen haben, dessen Grundbesitz offenbar einem Veteranen zugeteilt worden war.

22 *nach Art einer Bärin*: so schon Gellius (*Noctes Atticae* 17,10,2–3) im 2. Jh. n. Chr.

27 *nach dem Sieg bei Actium*: Die Rückkehr des Augustus nach der Entscheidungsschlacht bei Actium am 2. September 31 v. Chr. gegen Antonius und Cleopatra erfolgte im Sommer 29.

Atella: oskische Stadt in Kampanien.

30 *»Weicht … selbst.«*: Properz 2,34,65f., geschrieben ca. 25 v. Chr.

31 *Kantabrerfeldzug*: Der Krieg gegen die Kantabrer im Norden Spaniens (29–19 v. Chr.) gehörte zur letzten Phase der Eroberung Iberiens; die hier genannte Rückkehr des Augustus fiel ins Frühjahr 24 v. Chr.

Briefen: Macrobius (um 400 n. Chr.) überliefert sogar den angeblichen Antwortbrief Vergils (*Saturnalia* 1,24,11). Beide Schreiben gehören jedoch sehr wahrscheinlich in den Bereich der pseudepigraphischen Fiktionen, standen vielleicht sogar in einer Art Briefroman.

32 *»Du wirst Marcellus sein«*: Vergil, *Aeneis* 6,883. Aeneas sieht auf seiner Reise in die Unterwelt auch Marcellus, der traurig ist, weil ihm nur ein kurzes Leben bestimmt ist.

34 *»Aeolus' Sohn Misenus … kein andrer war ihm überlegen«*: Vergil, *Aeneis* 6,164.

»Männer mit Erze zu rufen … und Mars mit dem Klang zu entfachen«: Vergil, *Aeneis* 6,165. *Mars*: metonymisch für Kampf.

35 *der vom Orient nach Rom zurückreisende Augustus*: Augustus kehrte gerade von einer militärischen Expedition gegen die Parther zurück.

unter dem Konsulat: 19 v. Chr.

36 *Grabhügel*: Plinius der Jüngere (ca. 61/62–114 n. Chr.) überliefert, dass bereits der Dichter Silius Italicus (ca. 25/26–101/102 n. Chr.) Vergils Grab wie einen Tempel aufzusuchen pflegte (*Epistulae* 3,7). Die heutige Tomba di Virgilio dürfte aus augusteischer Zeit stammen, ist jedoch kaum das echte Grab Vergils.

Straße nach Puteoli: Diese führt von Neapel westwärts nach Puteoli (heute Pozzuoli); *innerhalb des zweiten Meilensteines* ist von Neapel aus gedacht.

Kalabrien: Die süditalienische Region steht im Epigramm für *Brundisium* (heute Brindisi).

Neapel: Im lateinischen Text steht dafür *Parthenope* (zu 11).

37 *diese ⟨beiden⟩ gaben …*: Diesen Satz und das ganze Kapitel 38 hielt Bayer für nachsuetonisch.

38 *Phrygierheld*: Aeneas; die Trojaner wurden oft als Phrygier bezeichnet.

Pergamon: zu *Aetna* 18.

39 *Buchbehälter*: Kapseln zum Aufbewahren der Papyrusrollen.

41 *»den dir schon Troja«*: Vergil, *Aeneis* 3,340. Die *Aeneis* enthält, wie sie heute überliefert ist, mehr als fünfzig solcher Halbverse. Dies dürfte ein Hinweis

darauf sein, dass Vergil das Epos tatsächlich nicht mehr fertigstellen konnte (vgl. *Sueton-Donat-Vita* 35).

42 *Reihenfolge zweier Bücher*: Diese angebliche Änderung durch Varius gilt heute als unglaubwürdig.

Anfang des ersten Buches: Das sogenannte *ille ego qui quondam*-Vorproömium stammt mit größter Wahrscheinlichkeit nicht von Vergil, sondern vielleicht von einem frühen Herausgeber seiner drei Werke.

43 *»Tityrus, wärmt dich ...«*: Parodie von Vergil, *Eklogen* 1,1 (*Tityre, tu patulae recubans sub tegmine fagi* – »Tityrus, du, ruhend unter dem Dach der weithin verzweigten Buche«); Numitorius störte offenbar die Metapher *tegmen* (eig. »Decke«).

»Sag mir, Damoetas ...«: Parodie von Vergil, *Eklogen* 3,1f. (*Dic mihi, Damoeta, cuium pecus? an Meliboei? / Non, verum Aegonis; nuper mihi tradidit Aegon.* – »Sag mir, Damoetas, wem gehört denn das Vieh? Meliboeus? / Nein, sondern Aegon; anvertraut hat es vor kurzem mir Aegon.« – Übersetzung N. Holzberg); Numitorius nahm an dem vor allem bei Plautus und Terenz belegten, aber wohl auch zur Zeit Vergils volkssprachlich üblichen *cuius, -a, -um* »wem sein« Anstoß.

»Pflüge nackt, säe nackt!«: Der Autor dieser Parodie von Vergil, *Georgica* 1,299 (*nudus ara, sere nudus. hiems ignava colono* – »Pflüge und säe nackt. Untätig macht Bauern der Winter« – Übersetzung N. Holzberg) während einer Rezitation wird nicht namentlich genannt. Die Aufforderung, Feldarbeit nackt zu verrichten, geht auf Hesiod, *Werke und Tage* 391f. zurück.

44 *pflegte ihn*: d. h. Vergil.

Vita Servii

Vgl. die Vorbemerkungen zur *Vita Suetoniana-Donatiana*. Der kurz nach Donat um 400 n. Chr. wirkende Grammatiker Servius eröffnete seinen heute noch erhaltenen Vergil-Kommentar mit einer Vita des Dichters. Darin kürzte er Donats Text meistens, erweiterte ihn jedoch an einigen Stellen auch um zusätzliche Angaben.

3 *vom Vater Vergil, von der Mutter Magia*: Im Unterschied zur *Sueton-Donat-Vita* nennt Servius die Namen von Vergils Eltern; sein Vater soll ebenfalls Vergil, seine Mutter Magia Polla geheißen haben.

5 *›Parthenias‹*: zu *Sueton-Donat-Vita* 11.

6 *Ballista*: zu *Sueton-Donat-Vita* 17.

sieben oder acht Bücher: Wahrscheinlich erklärt sich diese Unsicherheit dadurch, dass die *Copa* von Donat noch nicht erwähnt wurde (*Sueton-Donat-Vita* 17) oder dass Donat Zweifel an der Echtheit der *Aetna* äußerte (*Sueton-Donat-Vita* 18).

Priapeen, Catalepton, Epigramme: zu *Sueton-Donat-Vita* 17.

7 *die Bürgerkriege zwischen Antonius und Augustus*: Als Bürgerkriegszeit gelten die Jahre 49–31 v. Chr., in denen Antonius und Octavianus abwechselnd Verbündete und Gegner waren. Bei der Landenteignung 42 v. Chr. (vgl. Einführung S. 16) standen sie jedoch eigentlich auf der gleichen Seite (gegen die Caesar-Mörder).

»Mantua … Cremona!«: Vergil, *Eklogen* 9,28. Mantua liegt etwa 60 Kilometer von Cremona entfernt.

11 *»Hierhin ging der Kurs«*: der erste Halbvers (zu *Sueton-Donat-Vita* 41) in Vergils *Aeneis* (1,534).

Verse getilgt worden sind: zu *Sueton-Donat-Vita* 42.

12 *Auch ins zweite Buch*: Gemeint sind die Verse *Aeneis* 2,567–588, die nur Servius überliefert und deren Echtheit noch heute umstritten ist.

13 *Er starb … eine Krankheit zu*: Bayer hielt diesen Teil von Kapitel 13 für eine spätere Interpolation. Andere Herausgeber wie Brugnoli/Stok 1997 (s. Vorbemerkungen zur *Sueton-Donat-Vita*) athetierten auch den Rest des nicht in allen Handschriften überlieferten Kapitels.

Tarent … Metapont: apulische Städte, Metapont liegt ca. 50 Kilometer westlich von Tarent. In *Sueton-Donat-Vita* 35 starb Vergil in Brundisium, nachdem er Megara bei Athen besichtigt hatte. Es ist unklar, warum Servius dies änderte.

Grabhügel: zu *Sueton-Donat-Vita* 36.

LITERATURHINWEISE

Zeitschriftentitel und Standardwerke sind nach der Année philologique abgekürzt.

1. Bibliographie und Forschungsbericht

Holzberg, Niklas (²2016): Appendix Vergiliana. *Eine Bibliographie* (München) [http://www.niklasholzberg.com/Homepage/Bibliographien.html (abgerufen am 4.2.2020)].

Richmond, John A. (1981): Recent Work on the ›Appendix Vergiliana‹ (1950–1975), *ANRW* II 31.2, 1112–1154.

2. *Appendix Vergiliana* insgesamt: Ausgaben, Bilinguen, Konkordanz, Lexikon

Clausen, Wendell V./Goodyear, Francis R. D./Kenney, Edward J./Richmond, John A. (1966): *Appendix Vergiliana.* Oxford Classical Texts (Oxford).

Salvatore, Armando/De Vivo, Arturo/Nicastri, Luciano/Polara, Giovanni (1997): *Appendix Vergiliana.* Scriptores Graeci et Latini consilio Academiae Lynceorum editi (Rom).

Fairclough, H. Rushton (2000): *Virgil, Aeneid VII–XII. Appendix Vergiliana. With an English Translation.* Revised by G. P. Goold. Loeb Classical Library (Cambridge, MA/London).

Iodice, Maria G. (²2009): *Appendix Vergiliana.* Prefazione di Luca Canali. Note di Gianfranco Mosconi e Maria Vittoria Truini. Classici Greci e Latini (Mailand).

Morgenroth, Hermann/Najock, Dietmar (1992): *Concordantia in Appendicem Vergilianam.* Alpha–Omega Reihe A. 68 (Hildesheim etc.).

Salvatore, Armando (1993): *Appendicis Vergilianae lexicon* (Neapel).

3. Untersuchungen zur gesamten *Appendix* bzw. zu mehreren darin enthaltenen Texten

Bartels, Annette (2004): *Vergleichende Studien zur Erzählkunst des römischen Epyllion.* Göttinger Forum für Altertumswissenschaft Beiheft 14 (Göttingen).
Büchner, Karl (1955): P. Vergilius Maro, *RE* 8 A, 1021–1486.
Holzberg, Niklas (2005; ed.): *Die* Appendix Vergiliana*: Pseudepigraphen im literarischen Kontext.* Classica Monacensia 30 (Tübingen).
Peirano, Irene (2012): *The Rhetoric of the Roman Fake: Latin* Pseudepigrapha *in Context* (Cambridge/New York).
Ross, David O. (1975): The *Culex* and *Moretum* as Post-Augustan Literary Parodies, *HSPh* 79, 235–263.
Rostagni, Augusto ([2]1961): *Virgilio minore. Saggio sullo svolgimento della poesia virgiliana.* Storia e letteratura 88 (Rom).
Salvatore, Armando (1994): *Virgilio e Pseudovirgilio. Studi su l'*Appendix (Neapel).
Schmid, Walter (1983): *Vergil-Probleme.* Göppinger akademische Beiträge 120 (Göppingen).
Stachon, Markus (2014): Tractavi monumentum aere perennius. *Untersuchungen zu vergilischen und ovidischen Pseudepigraphen.* Bochumer Altertumswissenschaftliches Colloquium 97 (Trier).
Völkl, Friedrich (1968): *Spiel und Parodie in drei kleinen Gedichten (Interpretation von Catull c. 4, Catalepton 10 und Copa)* (München).
Zogg, Fabian (2015): ut Homerus, sic Vergilius. *Zur Vergil-Zuschreibung der im 1. Jh. n. Chr. bezeugten Gedichte aus der* Appendix Vergiliana, *MH* 72, 207–219.

4. *Dirae*

4.1 Ausgaben, Kommentare

Fraenkel, Eduard (1966): The Dirae, *JRS* 56, 142–155.
Goodyear, Francis R. D. (1971): The ›Dirae‹, *PCPhS* 17, 30–43.
Van der Graaf, Cornelis (1945): *The Dirae with Translation, Commentary and an Investigation of Its Authorship* (Leiden).

4.2 Untersuchungen

Breed, Brian W. (2012): The Pseudo-Vergilian *Dirae* and the Earliest Responses to Vergilian Pastoral, *TiC* 4, 3–28.

Hoffmann, Zsuzsanna (1981): Die *Dirae* als *carmen magicum*, *AAntHung* 29, 327–336.

Lorenz, Sven (2005): *Invideo vobis, agri: mea gaudia habetis*: Bukolische Verwünschungen und elegische Eifersucht in den *Dirae*, in Holzberg (2005) [s. Abt. 3] 1–27.

Rupprecht, Kai (2007): *Cinis omnia fiat. Zum poetologischen Verhältnis der pseudovergilischen »Dirae« zu den Bucolica Vergils*. Hypomnemata 167 (Göttingen).

Watson, Lindsay C. (1991): *Arae: The Curse Poetry of Antiquity*. ARCA 26 (Leeds).

5. *Ciris*

5.1 Ausgaben, Kommentare

Gatti, Pierluigi L. (2010): *Pseudo Virgilio: Ciris*. Saturnalia 22 (Mailand).

Haury, Auguste (1957): *La Ciris, poème attribué à Virgile*. Publications de l'Université de Bordeaux 12 (Bordeaux).

Helm, Rudolf (1937): *Die pseudo-virgilische Ciris. Herausgegeben und erklärt von –*. Kommentierte griechische und lateinische Texte (Heidelberg).

Knecht, Daniel (1970): *Ciris. Authenticité, histoire du texte, édition et commentaire critiques*. Rijksuniversiteit te Gent. Werken uitgegeven door de Fakulteit van de Letteren en Wijsbegeerte 150 (Brugge).

Lyne, Richard O. A. M. (1978): *Ciris. A Poem Attributed to Vergil*. Cambridge Classical Texts and Commentaries 20 (Cambridge).

5.2 Untersuchungen

Bretzigheimer, Gerlinde (2005): *Poeta memor ludensque* oder The Making of *Ciris*, in Holzberg (2005) [s. Abt. 3] 142–224.

Faber, Riemer (2008): The Woven Garment as Literary Metaphor: The *Peplos* in *Ciris* 9–41, in Edmondson, Jonathan/Keith, Alison M. (edd.): *Roman Dress and the Fabrics of Roman Culture*. Phoenix. Supplementary Volume 46 (Toronto, Ont.) 205–216.

Gall, Dorothea (1999): *Zur Technik von Anspielung und Zitat in der römischen Dichtung: Vergil, Gallus und die* Ciris. Zetemata 100 (München).

Gorman, Vanessa B. (1995): Vergilian Models for the Characterization of Scylla in the *Ciris*, *Vergilius* 41, 35–48.
Kayachev, Boris (2016): *Allusion and Allegory: Studies in the* Ciris. Beiträge zur Altertumskunde 346 (Berlin/Boston).
Knox, Peter E. (1983): Cinna, the *Ciris*, and Ovid, *CPh* 78, 309–311.
– (1990): Scylla's Nurse, *Mnemosyne* 43, 158f.
Thomas, Richard F. (1981): Cinna, Calvus and the *Ciris*, *CQ* 31, 371–374.
Woytek, Erich (2018): *Die Ciris im Kontext der augusteischen Dichtung*. Wiener Studien. Beiheft 39 (Wien).

6. *Culex*

6.1 Ausgaben, Kommentare

Plésent, Charles (1910): *Le Culex, poème pseudo-virgilien. Édition critique et explicative* (Paris).
Schmidt, Magdalena (1959): *Vergil, Die Mücke. Lateinisch und deutsch*. Schriften und Quellen der Alten Welt 4 (Berlin).
Seelentag, Sabine (2012): *Der pseudovergilische Culex. Text – Übersetzung – Kommentar*. Hermes Einzelschriften 105 (Stuttgart).

6.2 Untersuchungen

Ax, Wolfram (1984): Die pseudovergilische »Mücke« – ein Beispiel römischer Literaturparodie?, *Philologus* 128, 230–249.
– (1992): Marcellus, die Mücke. Politische Allegorien im Culex?, *Philologus* 136, 89–129.
Bartels, Annette (2017): Eine Mücke als Held. Parodistischer Umgang mit Heldendarstellung und -verehrung am Beispiel des pseudovergilischen *Culex*, *AU* 60.6, 40–49.
Cucchiarelli, Andrea (2016): La commedia minuscola (ovvero una zanzara nel regno di Dite), *RFIC* 144, 139–155.
Fabre-Serris, Jacqueline (2013): Le *Culex* et la construction du mythe augustéen. Pratiques et enjeux d'un poème faussement adressé à Octave, in Labate, Mario/ Rosati, Gianpiero (edd.): *La costruzione del mito augusteo*. Bibliothek der klassischen Altertumswissenschaften 141 (Heidelberg) 285–302.
Fraenkel, Eduard (1952): The Culex, *JRS* 42, 1–9.

Gärtner, Thomas (2010): Untersuchungen zum pseudo-vergilischen Culex, *AAntHung* 50, 203–247.
Güntzschel, Dieter (1972): *Beiträge zur Datierung des Culex.* Orbis antiquus 27 (Münster).
Janka, Markus (2005): *Prolusio* oder Posttext? Zum intertextuellen Stammbaum des hypervergilischen *Culex*, in Holzberg (2005) [s. Abt. 3] 28–67.
Kennedy, Duncan F. (1982): Gallus and the *Culex, CQ* 32, 371–389.
– (1983): *Culex* 62ff., *PCPhS* 29, 48–53.
Laird, Andrew (2001): The Poetics and Afterlife of Virgil's Descent to the Underworld: Servius, Dante, Fulgentius and the *Culex, PVS* 24, 49–80.
Marinčič, Marko (1998): Der ›orphische‹ Bologna-Papyrus (Pap. Bon. 4), die Unterweltsbeschreibung im *Culex* und die lukrezische Allegorie des Hades, *ZPE* 122, 55–59.
Mindt, Nina (2011): Vergil zur Mücke machen. Zum *Culex* der *Appendix Vergiliana, A&R N. S.* 5, 19–36.
Most, Glenn (1987): The ›Virgilian‹ *Culex*, in Whitby, Michael/Hardie, Philip/Whitby, Mary (edd.): *Homo Viator: Classical Essays for John Bramble* (Bristol) 199–209.

7. *Catalepton*

7.1 Ausgaben, Kommentare

Birt, Theodor (1910): *Jugendverse und Heimatpoesie Vergils. Erklärung des Catalepton* (Leipzig/Berlin).
Galletier, Edouard (1920): *(P. Vergili Maronis) Epigrammata et Priapea. Édition critique et explicative* (Paris).
Götte, Johannes/Götte, Maria/Bayer, Karl ([4]1981): *Vergil: Landleben. Bucolica, Georgica, Catalepton. Vergil-Viten.* Sammlung Tusculum (München).
Westendorp Boerma, Rudolf E. H. (1949–1963): *P. Vergili Maronis libellus qui inscribitur Catalepton.* 2 Bde. (Assen).

7.2 Untersuchungen

Ax, Wolfram (1993): Phaselus ille / Sabinus ille – Ein Beitrag zur neueren Diskussion um die Beziehung zwischen Texten, in Ax, Wolfram/Glei, Reinhold F. (edd.): *Literaturparodie in Antike und Mittelalter.* Bochumer Altertumswissenschaftliches Colloquium 15 (Trier) 75–100.

Bonvicini, Mariella (2016): *Catalepton* 12, *Paideia* 71, 519–526.

Carlson, Gregory I./Schmidt, Ernst A. (1971): Form and Transformation in Vergil's Catalepton, *AJPh* 92, 252–265.

Clay, Diskin (2004): Vergil's Farewell to Education (*Catalepton* 5) and Epicurus' Letter to Pythocles, in Armstrong, David/Fish, Jeffrey/Johnston, Patricia A./Skinner, Marylin B. (edd.): *Vergil, Philodemus, and the Augustans* (Austin, TX) 25–36.

Hardie, Philip (1982): Catalepton 7, *LCM* 7, 50f.

Holzberg, Niklas (2004): Impersonating Young Virgil: The Author of the *Catalepton* and His *libellus*, *MD* 52, 29–40.

– (2005): In der Rolle des jungen Vergil: Der Autor des *Catalepton* und sein *libellus*, in Holzberg (2005) [s. Abt. 3] 225–236.

– (2018): From Priapus to Cytherea: A Sequential Reading of the *Catalepton*, *CQ* 68, 557–565.

Kajanto, Iiro (1975): Who Was Sabinus ille: A Reinterpretation of Catalepton 10, *Arctos* 9, 47–55.

Kayachev, Boris (2016): *Catalepton* 9 and Hellenistic Poetry, *CQ* 66, 180–204.

Klein, Florence (2007): Les citations des *Géorgiques* et de l'*Énéide* dans l'épigramme XIV du *Catalepton*: intertextualité et poétique, *REL* 85, 81–103.

Kronenberg, Leah (2015): The Rise of Sabinus: Sexual Satire in *Catalepton* 10, *CJ* 110, 191–212.

Naumann, Heinrich (1978): Ist Vergil der Verfasser von Catalepton V und VIII?, *RhM* 121, 78–93.

Papke, Roland (1986): *Panegyricus Messallae* und *Catalepton* 9: Form und gegenseitiger Bezug, in Krafft, Peter/Tschiedel, Hans J. (edd.): *Concentus hexachordus.* Eichstätter Beiträge. Abteilung Sprache und Literatur 13 (Regensburg) 123–168.

Richmond, John A. (1984): The *Catalepton* and Its Background, in *Atti del Convegno mondiale scientifico di studi su Virgilio.* Bd. 1 (Mailand) 50–65.

Schmidt, Ernst A. (2019): Liebe und Sexualität in drei Gedichten des jungen Vergil (Catalepton 13, 1 und 6). Interpretation und Echtheitskritik, *WS* 132, 73–104.

Shaw, Brent D. (2007): Sabinus the Muleteer, *CQ* 57, 132–138.

Stachon, Markus (2017): *Mirifice Vergilius*? Fiktive Vergilbiographie im *Catalepton*, in Kofler, Wolfgang/Novokhatko, Anna (edd.): *Verleugnete Rezeption. Fälschungen antiker Texte. Pontes Band VII.* Rombach Wissenschaften. Reihe Paradeigmata 28 (Freiburg i. Br.) 95–108.

Vretska, Karl (1967): Gedanken über den jungen Vergil, in Mühlher, Robert/Fischl, Johann (edd.): *Gestalt und Wirklichkeit. Festgabe für Ferdinand Weinhandl* (Berlin) 337–347.

Watson, Lindsay C. (2008): Of Hernias and Wine-Jugs: *Catalepton* 12, *Mnemosyne* 61, 245–256.

8. *Aetna*

8.1 Ausgaben, Kommentare, Lexikon

De Vivo, Arturo (1987): *Incerti autoris Aetna* (Neapel).

Duff, J. Wight/Duff, Arnold M. (1934): *Minor Latin Poets*. Bd. 1. Loeb Classical Library (Cambridge, MA/London) 351–419.

Ellis, Robinson (1901): *Aetna. A Critical Recension of the Text, Based on a New Examination of Mss.* (Oxford); repr. with new introduction and bibliography by Katharina Volk (Bristol, 2008).

Goodyear, Francis R. D. (1965): *Incerti auctoris Aetna. Edited with an Introduction and Commentary*. Cambridge Classical Texts and Commentaries 2 (Cambridge).

Hine, Harry M. (2012): *Aetna*: A New Translation Based on the Text of F. R. D. Goodyear, *SHPS* 43, 316–325.

Lassandro, Domenico/Luisi, Aldo (1989): *Aetnae poematis lexicon*. Pubbl. del D.AR. FI.CL.ET. N. S. 127 (Genua).

Munro, Hugh A. J. (1867): *Aetna. Revised, Emended and Explained* (Cambridge).

Richter, Will (1963): *[Vergil] Aetna. Herausgegeben und übersetzt*. Texte und Kommentare 1 (Berlin).

Sudhaus, Siegfried (1898): *Aetna. Erklärt von* – (Leipzig).

8.2 Untersuchungen

Garani, Myrto (2009): Going with the Wind: Visualizing Volcanic Eruptions in the Pseudo-Vergilian *Aetna*, *BICS* 52, 103–121.

Goodyear, Francis R. D. (1984): The ›Aetna‹: Thought, Antecedents, and Style, *ANRW* II 32.1, 344–363.

Hine, Harry M. (2002): Seismology and Vulcanology in Antiquity?, in Tuplin, Christopher J./Rihll, Tracey E. (edd.): *Science and Mathematics in Ancient Greek Culture* (Oxford) 56–75.

Hunink, Vincent J. C. (1989): Ondergrondse stromen. Lucretius en de Aetnadichter, *Lampas* 22, 22–35.

Kruschwitz, Peter (2015): Getting on Top of Things: Form and Meaning in the Pseudo-Vergilian *Aetna*, *Habis* 46, 75–97.

Taub, Liba (2008): *Aetna and the Moon: Explaining Nature in Ancient Greece and Rome*. The OSU Press Horning Visiting Scholars Publication Series (Corvallis, OR).

Volk, Katharina (2005): *Aetna* oder Wie man ein Lehrgedicht schreibt, in Holzberg (2005) [s. Abt. 3] 68–89.
Welsh, Jarrett T. (2014): How to Read a Volcano, *TAPhA* 144, 97–132.
Wilsdorf, Helmut (1995): Die dichterische Darstellung der vulkanischen Kräfte im Ätna und ihr Verfasser, in Irmscher, Johannes (ed.): *Vergil. Antike Weltliteratur in ihrer Entstehung und Nachwirkung. Eine Aufsatzsammlung* (Amsterdam) 69–82.
Wolff, Étienne (2004): L'image de l'Etna dans l'anonyme *Aetna*, in Foulon, Éric (ed.): *Connaissance et représentations des volcans dans l'Antiquité* (Clermont-Ferrand) 79–84.

9. *Quid hoc novi est?*

9.1 Ausgaben, Kommentare

Franzoi, Alessandro (1998): *Quieta Venus. Il* Priapeo *83 Büch. Introduzione, testo critico e commento.* Studi latini 29 (Neapel).
Tränkle, Hermann (1990): *Appendix Tibulliana. Herausgegeben und kommentiert* (Berlin/New York) 345–370.

9.2 Untersuchungen

Cyron, Alexander (2006): *Quid hoc novi est?* Das Priapeum 83 B. und Petrons *Satyricon*, *Philologus* 150, 102–114.
Holzberg, Niklas (2005): Hoffnung auf die Rückkehr des *aureus puer*: Das Priapeum *Quid hoc novi est?*, in Holzberg (2005) [s. Abt. 3] 237–243.
– (2007): Un'esperienza imbarrazante e le sue conseguenze. Tib. 1,5,39–44, Ov. *Am.* 3,7 e *Priapeum* 83 Büch., in Landolfi, Luciano/Chinnici, Valentina (edd.): Teneri properentur amores. *Riflessioni sull'intertestualità ovidiana: gli* Amores (Bologna) 157–175.
Obermayer, Hans P. (1998): *Martial und der Diskurs über männliche »Homosexualität« in der Literatur der frühen Kaiserzeit.* Classica Monacensia 18 (Tübingen) 290–294.

10. *Copa*

10.1 Ausgaben, Kommentare

Franzoi, Alessandro (1988): Copa. *L'Ostessa. Poemetto pseudovirgiliano. Introduzione, testo critico e commento.* Saggi e materiali universitari. Serie di antichità e tradizione classica 9 (Padua).

Goodyear, Francis R. D. (1977): The *Copa*: A Text and Commentary, *BICS* 24, 117–131.

10.2 Untersuchungen

Cutolo, Paolo (1990): The Genre of the *Copa*, in Cairns, Francis/Heath, Malcolm (edd.): *Roman Poetry and Drama, Greek Epic, Comedy, Rhetoric.* Papers of the Leeds International Seminar 6 = ARCA 29 (Leeds) 115–119.

Grant, Mark (2001): The *Copa*: Poetry, Youth, and the Roman Bar, *PVS* 24, 121–134.

Henderson, John (2002): Corny Copa: The Motel Muse, in Spentzou, Efrossini/Fowler, Don (edd.): *Cultivating the Muse: Struggles for Power and Inspiration in Classical Literature* (Oxford) 253–278.

Jashemski, Wilhelmina F. (1964): A Pompeian Copa, *CJ* 59, 337–349.

Merkle, Stefan (2005): *Copa docta*, in Holzberg (2005) [s. Abt. 3] 91–115.

Morgan, Harry (2017): Music, Sexuality and Stagecraft in the Pseudo-Vergilian *Copa*, *Greek and Roman Musical Studies* 5, 82–103.

Tarrant, Richard J. (1992): Nights at the *Copa:* Observations on Language and Date, *HSPh* 94, 331–347.

11. *Moretum*

11.1 Ausgaben, Kommentare

Kenney, Edward J. (1984): *The Ploughman's Lunch: Moretum. A Poem Ascribed to Virgil. Edited with Translation, Introduction and Commentary* (Bristol).

Laudani, Carmela (2004): *Moretum. Introduzione, testo, traduzione e commento.* Studi latini 52 (Neapel).

Perutelli, Alessandro (1983): *[P. Vergili Maronis] Moretum.* Biblioteca di studi antichi 41 (Pisa).

11.2 Untersuchungen

Czech-Schneider, Raphaela (2001): Römisches Kleinbauerntum und Subsistenzwirtschaft am Beispiel des »Moretum«, *AU* 44.4–5, 92–100.

Fitzgerald, William (1996): Labor and Laborer in Latin Poetry: The Case of the *Moretum*, *Arethusa* 29, 389–418.

Gowers, Emily (1993): *The Loaded Table: Representations of Food in Roman Literature* (Oxford) 46–48.

Heinze, Richard (1939): Das Kräuterkäsgericht (Moretum), *Die Antike* 25, 76–88.

Hellmann, Oliver (2004): Tristes Leben auf dem Lande? Das pseudo-vergilische Moretum und die poetische Darstellung des Landlebens in der römischen Literatur, *Gymnasium* 111, 1–14.

Höschele, Regina (2005): Moreto-Poetik: Das *Moretum* als intertextuelles Mischgericht, in Holzberg (2005) [s. Abt. 3] 244–269.

Horsfall, Nicholas (2001): The *Moretum* Decomposed, *C&M* 52, 303–315.

Weddigen, Klaus (1991): … *inque diem securus*. Das »Moretum« als Schullektüre, *AU* 34.4, 5–17.

12. *Maecenas*

12.1 Ausgaben, Kommentare

Amat, Jacqueline (1997): *Consolation à Livie. Élégies à Mécène. Bucoliques d'Einsiedeln. Texte établi et traduit.* Collection des universités de France. Série latine 342 (Paris).

Duff, J. Wight/Duff, Arnold M. (1934): *Minor Latin Poets.* Ed. 1. Loeb Classical Library (Cambridge, MA/London) 115–139.

Häuptli, Bruno W. (1996): *Publius Ovidius Naso: Ibis, Fragmente, Ovidiana. Lateinisch-deutsch. Herausgegeben, übersetzt und erläutert.* Sammlung Tusculum (Zürich/Düsseldorf) 190–205.

Miller, Mary C. (1941): *The Elegiae in Maecenatem. With Introduction, Text, Translation and Commentary* (Philadelphia).

Nicastri, Luciano (1984): *Incerti auctoris Maecenas* (Salerno).

Rupprecht, Hermann (1982): *Pseudoovidiana. Heft 1: Elegiae in Maecenatem. Maecenas-Elegien. Lateinischer Text mit Einleitung, Übersetzung, kurzen Erläuterungen und Nachwort* (Mitterfels).

Schoonhoven, Henk (1980): *Elegiae in Maecenatem. Prolegomena, Text and Commentary* (Groningen).

12.2 Untersuchungen

Byrne, Shannon N. (1999): Maecenas in Seneca and Other Post-Augustan Authors, in Byrne, Shannon N./Cueva, Edmund P. (edd.): Veritatis amicitiaeque causa: *Essays in Honor of Anna Lydia Motto and John R. Clark* (Wauconda, IL) 21–40.

Graverini, Luca (1997): Un secolo di studi su Mecenate, *RSA* 27, 231–289.

Le Doze, Philippe (2012): *Elegiae in Maecenatem*. Un regard sur Mécène, *Athenaeum* 100, 291–301.

Marinčič, Marko (2005): Der elegische Staatsmann: *Maecenas* und der augusteische Diskurs, in Holzberg (2005) [s. Abt. 3] 116–141.

Schoonhoven, Henk (1983): The ›Elegiae in Maecenatem‹, *ANRW* II 30.3, 1788–1811.

Wiseman, Timothy P. (2016): Maecenas and the Stage, *PBSR* 84, 131–155; 387f.

13. Überlieferung und Rezeption

Black, Robert (1998): Boccaccio, Reader of the *Appendix Vergiliana*: The Miscellanea Laurenziana and Fourteenth-Century Schoolbooks, in Picone, Michelangelo/ Bérard, Claude C. (edd.): *Gli zibaldoni di Boccaccio: memoria, scrittura, riscrittura* (Florenz) 113–128.

Burrow, Colin (2008): English Renaissance Readers and the *Appendix Vergiliana*, *PVS* 26, 1–16.

Cadili, Luca (2016): Le poète du *Culex* et ses imitateurs à l'époque carolingienne: le ms. *Trevirensis* 1086 (Trier, Stadtbibliothek), in Herbert de La Portbarré-Viard, Gaëlle/Stoehr-Monjou, Annick (edd.): *»Studium in libris«. Mélanges en l'honneur de Jean-Louis Charlet*, Collection des Études Augustiniennes. Série Antiquité 201 (Paris) 263–275.

Clausen, Wendell V. (1964): The Textual Tradition of the *Culex*, *HSPh* 68, 119–138.

Courtney, Edward (1968): The Textual Transmission of the *Appendix Vergiliana*, *BICS* 15, 133–141.

Dixon, Helen (2006): The Discovery and Disappearance of the *Fragmentum Cuiacianum* of Tibullus, *RHT N. S.* 1, 37–72.

Gaar, Emil (1953): Text und kritische Bewertung des Grazer ›Vergil‹-Fragments, *AAWW* 90, 188–231.

Grant, John N. (1992): Pietro Bembo as a Textual Critic of Classical Latin Poetry: *variae lectiones* and the Text of the *Culex*, *IMU* 35, 253–303.

Kraßler, Josef (1953a): Das Grazer Fragment eines Vergil-Codex des 9. Jahrhunderts, *AAWW* 90, 186–188.

– (1953b): Das Grazer Fragment aus einem Vergil-Kodex des 10. Jahrhunderts, *Mitteilungen des steiermärkischen Landesarchivs* 3, 20–27.

– (1954): Neues über das Vergilcodex-Fragment G., *Mitteilungen des steiermärkischen Landesarchivs* 4, 18–22.

Reeve, Michael D. (1975): The Textual Tradition of *Aetna*, *Ciris*, and *Catalepton*, *Maia* 27, 231–247.

– (1976): The Textual Tradition of the *Appendix Vergiliana*, *Maia* 28, 233–254.

Zogg, Fabian (2016): Die *Appendix Vergiliana* avant la lettre: Martial, Donat, Servius und der Murbach-Katalog zu Vergils angeblichen Jugendwerken, *A&A* 62, 74–85.

– (2018): *Carmina Virgilii mitte minora, precor*. Die Überlieferung der ›Appendix Vergiliana‹ im Mittelalter, MLatJb 53, 47–45.

PERSONENREGISTER

Ein Pfeil (→) bedeutet, dass beim betreffenden Namen weiterführende Informationen zu finden sind. So wird bei Procne und Tereus bspw. auf Philomela verwiesen, wo der Mythos erzählt wird. Um Verdoppelungen zu vermeiden, findet sich teilweise auch ein Verweis auf die Einführung oder die Erläuterungen (mit »zu« und Angabe des Titels). Für die konkreten Stellenangaben aus der *Appendix Vergiliana* vgl. das Register in den Ausgaben von Clausen/Goodyear/Kenney/Richmond 1966 und Salvatore/De Vivo/Nicastri/Polara 1997. Zur Schreibweise der Personennamen vgl. die Vorbemerkungen des Herausgebers. Bei Namen von Gottheiten und teilweise auch bei anderen Namen wird die griechische Entsprechung in Klammern angegeben.

Achelous: der größte Fluss Griechenlands und Name des Flussgottes.
Achilles: der gewaltigste griechische Kämpfer vor Troja, der Hector besiegt und seine Leiche um die Stadt schleift; er wird von Hectors Bruder Paris getötet und in Troja bestattet.
Acrisius: Vater der →Danaë.
Admetus: Ehemann der →Alcestis.
Adrastea: Beiname oder Name der Rachegöttin Nemesis (die »Unentrinnbare«).
Aeaciden: die Söhne des →Aeacus, Peleus und Telamon.
Aeacus: König von Ägina, nach seinem Tod Richter in der Unterwelt.
Aeneas: Sohn der Venus von Anchises, trojanischer Held, Protagonist in Vergils *Aeneis*.
Aeëtes: König von Kolchis, Vater der Medea (zu *Maecenas* 107).
Africus: der personifizierte Südwestwind.
Agave: Tochter des Cadmus, zerfleischt in bacchantischer Raserei ihren Sohn Pentheus, flieht nach Illyrien, heiratet König Lycotherses und verschafft ihrem Vater durch Ermordung ihres Mannes die Herrschaft.
Aglaïe: eine der drei Grazien, die wie die Musen zum Dichten inspiriert.
Alcathous: Gründer der Stadt Megara.
Alcestis: Sie geht für ihren Mann Admetus, der wegen eines Frevels sterben soll, in den Tod, wird aber von Hercules ins Leben zurückgeholt.
Alcide: →Hercules, nach seinem Großvater Alceus.
Alexander: angeblicher Geliebter →Vergils (1); vgl. zu *Sueton-Donat-Vita* 9.
Alfenus: Alfenus Varus, ein Rechtsgelehrter, 39 v. Chr. als Konsul nachgewählt; Vergil erwähnt ihn u. a. in der 6. Ekloge.

Alkon: berühmter griechischer Ziselierkünstler, über den heute kaum etwas bekannt ist.

Aloïden: die Söhne des Aloeus, die Giganten →Otos und Ephialtes.

Amathusia: Beiname oder Name der →Venus, von Amathus auf Zypern, wo sie besonders verehrt wurde.

Amor (Eros): Gott der Liebe, oft als geflügelter Knabe dargestellt.

Amphinomus: einer der beiden Brüder, die bei einem Ätna-Ausbruch ihre Eltern gerettet haben sollen (zu *Aetna* 603–645).

Amphitrite: Ehefrau →Neptuns.

Antonius: M. Antonius, bedeutender römischer Politiker der späten Republik (82–30 v. Chr.), abwechselnd Verbündeter und Gegner des Augustus.

Asconius: Q. Asconius Pedianus, römischer Autor des 1. Jh. n. Chr., Verfasser der (verlorenen) Schrift *Contra obtrectatores Vergilii* (»Gegen die hämisch-herabsetzenden Kritiker Vergils«).

Atilius: Schwiegervater des →Noctuinus.

Atride: Agamemnon, Sohn des Atreus, Nachkomme des Tantalus und Heerführer der Griechen vor Troja.

Augustus: C. Iulius Caesar Octavianus (63 v. Chr. – 14 n. Chr.), seit 27 v. Chr. Augustus genannt, der erste römische Kaiser.

Aurora (Eos): Göttin der Morgenröte, die →Tithonus entführt.

Bacchus (Dionysos): Gott des Weines, als solcher auch eine Inspirationsgottheit.

Ballista: ein wohl fingierter Ausbilder in einer Gladiatorenschule (zu *Sueton-Donat-Vita* 17).

Battarus: entweder ein Mithirte des *Dirae*-Sprechers wie Tityrus in Vergils 1. Ekloge oder (weniger wahrscheinlich) Selbstanrede.

Boëthos: berühmter griechischer Ziselierkünstler (2. Jh. v. Chr.).

Boreas: der personifizierte Nordwind.

Britomartis: Tochter der →Carme.

Bromius: Beiname oder Name des →Bacchus, eig. »der Lärmende«.

Cadmus: mythischer Gründer Thebens.

Caesar: →Augustus.

Calliope: die erste der →Musen.

Camenen: italische Gottheiten des Gesangs und der Weissagung, die den →Musen gleichgesetzt wurden.

Camillus: M. Furius Camillus, der 390 v. Chr. die Gallier, die Rom besetzt hatten, besiegte.

Carme: Scyllas Amme in der *Ciris*.

Cassiopea: Mutter der Andromeda; nachdem sie ihren Schwiegersohn Perseus verraten hat, wird sie in ein Gestirn verwandelt.
Castor: Zwillingsbruder des →Pollux.
Cebes: angeblicher Geliebter →Vergils (1), der selbst gedichtet haben soll.
Cerberus: der Wachhund am Eingang zur Unterwelt.
Ceres (Demeter): Göttin des Ackerbaus und der Fruchtbarkeit.
Cerylus: Namen eines Freigelassenen und Emporkömmlings in *Catalepton* 13 (10).
Charon: der Fährmann, der die Toten über den Unterweltsfluss Acheron setzt.
Charybdis: Ungeheuer gegenüber der →Scylla (1), das alles verschlingt.
Clio: →Muse der Geschichtsschreibung.
Cotyto: ursprünglich thrakische Gottheit, zu deren Fest, das die Männer in Frauenkleidern feierten, der Phalluskult gehörte.
Crassus: M. Licinius Crassus, römischer Feldherr und Politiker (115–53 v. Chr.); Konsul in den Jahren 70 und 55 v. Chr. zusammen mit Pompeius.
Crataeis: Mutter der →Scylla (1) laut Homer, *Odyssee* 12,124f.
Cupido: anderer Name des Liebesgottes →Amor.
Curius: M. Curius Dentatus, erfolgreicher Feldherr des 3. Jh. v. Chr.
Curtius: Der *Culex*-Dichter kombiniert offenbar den Mythos von dem Sabiner Curtius, der den Römern unter Romulus entkommt, indem er zu Pferde in einen sumpfigen See springt, mit dem von M. Curtius, der sich 362 v. Chr. dadurch geweiht haben soll, dass er sich zu Pferde in eine Spalte auf dem Forum stürzte und dadurch deren Schließung bewirkte.
Cybele: phrygische Fruchtbarkeitsgöttin.
Cyllenius: Mercurius (Hermes), der Gott des Handels und Götterbote, der die Lyra erfand; nach seinem arkadischen Geburtsort Kyllene (*Cyllene*) benannt.
Cynthius: →Phoebus Apollo, der auf dem Berg Kynthos (*Cynthus*) auf Delos geboren ist.
Cypria: die auf Zypern (*Cyprus*) besonders verehrte →Venus.
Cypselide: Periander, Sohn des Cypselus (Kypselos), berühmter Tyrann von Korinth und zugleich einer der Sieben Weisen.
Cytherea: Beiname oder Name der →Venus nach der Insel Kythera (*Cythera*) vor der Südostspitze der Peloponnes, wo ein Heiligtum der Göttin stand.

Danaë: Die Enkelin des argivischen Königs Inachus wird von ihrem Vater Acrisius in einen Turm gesperrt; Iuppiter vergeht sich an ihr in der Gestalt eines Goldregens und zeugt mit ihr Perseus.
Daphnis: ein göttlicher Held der Hirten, dessen Tod in Vergils 5. Ekloge beklagt wird.
Decier: römische Senatorenfamilie, aus der erfolgreiche Feldherren hervorgingen.

Demophoon: Er verlässt Phyllis mit dem Versprechen der Wiederkehr, das er nicht hält, worauf sie sich erhängt und in einen Mandelbaum verwandelt wird.

Diana (Artemis): Tochter Iuppiters und Latonas, Schwester Apollos, die auf Delos geborene Jagdgöttin.

Dictynna: Beiname oder Name der →Diana, zu griech. *diktyon* »Netz« gebildet (zu Luna Dictynna vgl. zu *Ciris* 302).

Diomedes: thrakischer König, der seine Gefangenen den Pferden zum Fraß vorwirft (zu *Maecenas* 69).

Dis (lateinische Nebenform: Ditis): Gott der Unterwelt, auch Pluto und Hades genannt, Ehemann der Persephone.

Discordia: Göttin der Zwietracht.

Dolon: trojanischer Späher, der zusammen mit →Rhesus von Ulixes und Diomedes getötet wird.

Drusus: Sohn der Livia, Stiefsohn des →Augustus, der nur von 38–9 v. Chr. gelebt hat.

Dryaden: Baumnymphen.

Echidna: weibliches Ungeheuer der Unterwelt, eine mögliche Mutter der Scylla.

Enceladus: ein Gigant, der von Iuppiter unter dem Ätna begraben wird, wo er weitertobt.

Ephialtes: Bruder des →Otos.

Erebus: die personifizierte Finsternis.

Erechtheus: mythischer König Athens, möglicherweise ursprünglich identisch mit →Erichthonius (1).

Erichthonius (1): mythischer König Athens.

Erichthonius (2): Sohn des Dardanus und Vater des Tros, des Namensgebers von Troja.

Erigone: Ihr Vater Icarus, ein attischer Heros, führt den von Bacchus erlernten Weinbau ein, wird aber von Bauern getötet, da sie im Rausch denken, er habe sie vergiftet. Als Erigone dies erfährt, erhängt sie sich. Daraufhin wird sie als Gestirn an den Himmel versetzt.

Erinnye: Rachegöttin.

Eros: ein Freigelassener, Vergils Privatsekretär, über den nichts weiter bekannt ist.

Eryx: Sohn der Venus, der die gleichnamige Stadt auf Sizilien erbaute.

Europa: phönizische Königstochter, von Iuppiter in der Gestalt eines Stiers entführt.

Eurus: der personifizierte Südostwind.

Eurydice: Ehefrau des →Orpheus, die, von einer Schlange getötet, ihrem mit der Macht des Gesanges die Unterweltsherrscherin erweichenden Mann zurück zur Oberwelt folgen darf, aber dann, weil er sich gegen das Verbot umdreht, bleiben muss.

Fabier: römische Senatorenfamilie, aus der erfolgreiche Feldherren hervorgegangen sind.
Fides: Göttin der Treue.
Flaccus: ein Bruder →Vergils (1); vgl. zu *Sueton-Donat-Vita* 14.
Flaminius: C. Flaminius, Konsul 223 und 217 v. Chr., wurde 217 v. Chr. von Hannibal am Trasimenischen See vernichtend geschlagen. Im *Culex* wird dies offenbar als ein Akt der Selbstopferung von Feldherr und Heer aufgefasst.
Fors: Göttin des Schicksals.

Galatea: eine →Nereide, die besonders durch vergebliche Werbeversuche des Kyklopen Polyphem bekannt ist.
Gallus: Cornelius Gallus, Autor (verlorener) erotischer Elegien (69/68–27/26 v. Chr.), den Vergil u. a. in der 10. Ekloge erwähnt.
Giganten: riesige Ungeheuer, Söhne der Erde, welche die olympischen Götter stürzen wollen (Gigantomachie).
Gloria: Göttin des Ruhms.

Hamadryaden: Baumnymphen.
Hector: der stärkste trojanische Heerführer, wird von Achilles getötet.
Heliaden: Töchter des Sonnengottes Sol (Helios), die um ihren Bruder →Phaëthon trauern und in Pappeln verwandelt werden.
Heraklit: ionischer Philosoph aus Ephesos (um 500 v. Chr.), der das Feuer für den Grundstoff der Welt hielt. Feuer könne alles zerstören und sei der Ursprung aller Dinge.
Hercules: Sohn Iuppiters und Alcmenes, einer der bedeutendsten griechischen Helden, der die bekannten zwölf Taten vollbringt (zu *Maecenas* 69); zu seinen Attributen gehören Löwenfell und Keule.
Herennius: sonst unbekannter Autor eines Werkes über Vergils *vitia* (»Fehler«).
Hesiod: griechischer Dichter (um 700 v. Chr.), Autor der *Theogonie* und der *Werke und Tage*.
Hesperiden: jenseits des Oceanus lebende Schwestern, deren Garten einen Baum mit goldenen Äpfeln enthält.
Hippomenes: Ehemann der Atalanta (zu *Catalepton* 12 [9],25).
Homer: griechischer Dichter (Mitte 8. Jh. v. Chr.), der als Verfasser der *Ilias* und der *Odyssee* gilt.
Horatius: Horatius Cocles, der beim Angriff des Etruskerkönigs Porsenna auf Rom allein eine Brücke so lange verteidigt, bis sie abgerissen ist.
Hymen: Hochzeitsgott.

Hyperion: eigentlich ein Titan, der Vater des Sonnengottes Sol (Helios), aber in *Culex* 101 ist dieser selbst gemeint.

Icariotis: Penelope (→Ulixes' Ehefrau), Tochter des Icarius.
Inachis: →Danaë, Enkelin des Inachus.
Itys: Sohn des Tereus und der Procne, Neffe der →Philomela.
Iuno (Hera): höchste Himmelsgöttin, Schwester und Ehefrau Iuppiters, von diesem u. a. Mutter von Amor und Vulcanus.
Iuppiter (Zeus): Himmelsgott, höchster römischer Gott, Bruder und Ehemann Iunos, der zahlreiche Affären hatte.
Iustitia: Göttin der Gerechtigkeit.
Ixion: Wegen seines Verhältnisses mit Iuno wird er in der Unterwelt an ein Rad gebunden, das sich ständig dreht.

Kentauren: halb Mensch, halb Pferd, Gegner der →Lapithen.
Kikonen: Volk, zu dem →Ulixes nach der Eroberung Trojas auf seiner Irrfahrt kommt.
Kyklopen: einäugige Monsterwesen, die in den Höhlen des Ätna wohnen und Iuppiters Blitze schmieden. Am bekanntesten ist Polyphem, der Menschen fressende Kyklop der *Odyssee*.

Laërtes: Vater des →Ulixes.
Lapithen: mythisches Volk aus Thessalien, das bei der Hochzeit ihres Königs Pirithous mit Hippodamia von den Kentauren in eine ›Saalschlacht‹ verwickelt wird und siegt.
Lästrygonen: Volk, zu dem →Ulixes nach der Eroberung Trojas auf seiner Irrfahrt kommt.
Latona (Leto): von Iuppiter Mutter des Phoebus Apollo und der Diana.
Leda: In der Gestalt eines Schwans schwängert Iuppiter die Ehefrau des spartanischen Königs Tyndareus. Leda gebiert zwei Eier, aus denen die Dioskuren Castor und Pollux sowie Helena und Clytaemnestra schlüpfen.
Leucothea: Meeresgöttin (zu *Ciris* 394).
Livia: Ehefrau des →Augustus und Mutter des →Drusus.
Lollius: Vielleicht ist in *Maecenas* 10 der Konsul von 21 v. Chr., M. Lollius (gest. 2 n. Chr.), gemeint.
Luccius: der in *Catalepton* 16 (13) Verspottete.
Lucretius (1): römischer Dichter (deutsch auch: Lukrez), Autor des philosophischen Lehrgedichts *De rerum natura*.
Lucretius (2): Q. Lucretius Vespillo, Konsul des Jahres 19 v. Chr.

Luna: die Mondgöttin, die wie der Sonnengott mit einem Pferdegespann über den Himmel fährt.
Lycurgus (1): legendärer Gesetzgeber Spartas.
Lycurgus (2): zu *Dirae* 8.
Lydia: die Geliebte des *Dirae*-Sprechers, s. Einführung S. 17.

Maecenas: C. Cilnius Maecenas (um 70–8 v. Chr.), s. Einführung S. 18.
Magia: Magia Polla, die Mutter →Vergils (1).
Magius: Staatskurier und Großvater →Vergils (1).
Manen: Bezeichnung für die Geister der Verstorbenen oder die Götter der Unterwelt.
Marcellus: M. Claudius Marcellus (42–23 v. Chr.), der Sohn →Octavias; Marcellus war vermutlich als Augustus' Nachfolger designiert, starb jedoch früh, was Vergil in *Aeneis* 6,854–892 thematisiert.
Mars (Ares): Gott des Krieges.
Mavors: →Mars.
Meliboeus: Hirtenname in bukolischen Gedichten.
Melissus: C. Maecenas Melissus, Freigelassener des →Maecenas, römischer Grammatiker und Autor der augusteischen Zeit.
Messalla: M. Valerius Messalla Corvinus (64–8 v. Chr.), s. Einführung S. 18–19; zum Beinamen Publicola s. zu *Catalepton* 12 (9),3.
Minerva (Athene): Schutzgöttin Athens, Göttin der Künste; der Olivenbaum ist ihr heilig.
Minos: Sohn des Iuppiter und der Europa, König von Kreta, Vater der Ariadne; Eroberer von Megara in der *Ciris*; nach seinem Tod wird er einer der drei Richter in der Unterwelt, vor denen die Toten Rechenschaft über ihr Leben ablegen müssen.
Moeris: Hirtenname in bukolischen Gedichten.
Montanus: Iulius Montanus, Dichter und Zeitgenosse Vergils.
Mors: Gott des Todes.
Mucius: C. Mucius Scaevola, der sich in das Lager des etruskischen Königs Porsenna schleicht, um ihn zu töten, einen falschen Mann erwischt und nach der Festnahme zum Zeichen römischer Tapferkeit seine linke Hand im Herdfeuer verbrennen lässt.
Musa: vermutlich Octavius Musa, wohl ein Bürger Mantuas und Jugendfreund des historischen →Vergil (1).
Musen: Gottheiten des Gesangs, der Künste und der Literatur.
Myron: bedeutender griechischer Bildhauer (5. Jh. v. Chr.), besonders berühmt für eine lebensechte Bronzekuh.

Myrrha: verliebt sich in ihren Vater, schläft unerkannt mit ihm und wird in einen Myrrhenbaum verwandelt.

Najaden: Quellnymphen, geboren an der piërischen Quelle (Pipleia in Piëria).
Narcissus: schöner junger Mann, der sich in sein eigenes Spiegelbild verliebt und vor Sehnsucht nach ihm dahinschwindet, worauf an der Stelle, wo er gestorben ist, die Narzisse entsteht.
Neptun (Poseidon): Gott des Meeres, Ehemann der Amphitrite; mit seinem Dreizack kann er Stürme und Erdbeben erregen.
Nereiden: meerbewohnende Töchter des Meergottes Nereus und der Doris.
Nestor: König von Pylos in West-Griechenland und ältester Kämpfer vor Troja, der drei Lebensalter durchläuft.
Nisus (1): König von Megara, Vater der →Scylla (2).
Nisus (2): ein römischer Grammatiker, der in der 2. Hälfte des 1. Jh. n. Chr. lebte.
Noctuinus: Schwiegersohn des Attilius, wohl ein fiktiver Name in *Catalepton* 9 (6) und 15 (12), wo der Name wegen seiner Bedeutung (»Nachteule«) passt.
Notus: der personifizierte Südwind.
Numitorius: Autor von parodistischen *Antibucolica*, der nur in diesem Zusammenhang bekannt ist.
Nyctelius: Beiname oder Name des nächtlich verehrten →Bacchus.

Oceanus: Meeresgott der älteren Generation, Ehemann der Tethys.
Octavia: Schwester des →Augustus und Mutter des →Marcellus.
Octavianus: →Augustus.
Octavius (1): alternative Bezeichnung für Octavianus (→Augustus) im *Culex* (s. Einführung S. 21).
Octavius (2): Octavius →Musa.
Octavius (3): Q. Octavius Avitus, Autor eines verlorenen achtbändigen Werkes über Vergils »Übereinstimmungen« mit anderen Autoren, insbesondere wohl mit Homer.
Oeagrus: thrakischer König, Vater des →Orpheus.
Oenide: Sohn oder Enkel des Oeneus, des mythischen Königs von Kalydon, also entweder Meleager oder Diomedes.
Ogyges: mythischer König der Stadt Theben in Böotien.
Orion: als Sternbild an den Himmel versetzter mythischer Jäger.
Orpheus: mythischer Sänger, der mit seiner Musik Götter, Menschen und die Natur bewegen kann; Ehemann der →Eurydice.

Otos: Riesenbruder des Ephialtes; um den Himmel zu erobern, türmen die beiden die Berge Ossa, Olymp und Pelion aufeinander, werden von Apollo getötet und sind in der Unterwelt mit Schlangen Rücken an Rücken an eine Säule gefesselt.

Palaemon: Sohn der →Leucothea.

Palaiphatos: Verfasser der Schrift *Perì apístōn historiōn* (»Unglaubliche Geschichten«), wohl 4./3. Jh. v. Chr.

Pales: Göttin der Hirten und Herden, der die Landleute opfern.

Pallas: Beiname oder Name der →Minerva.

Pandion: athenischer König, Vater der Procne und der →Philomela.

Paphia: die in Paphos auf Zypern verehrte →Venus.

Paris: Bruder Hectors, der Achilles tötet, aber selbst durch einen Pfeilschuss des Philoctetes fällt.

Parzen (Moiren): weibliche Schicksalsgottheiten.

Pegasiden: die →Musen, die so genannt werden können, weil die ihnen heilige Quelle auf dem Helikon in Böotien durch den Hufschlag des geflügelten Rosses Pegasus entstanden sein soll.

Peleus: Sohn des Aeacus, Vater des →Achilles.

Penaten: Hausgötter.

Perellius: Perellius Faustus, sonst unbekannter Autor eines Werkes über Vergils angebliche *furta* (»Plagiate«).

Persephone: Tochter der →Ceres und Ehefrau des Unterweltsherrschers Pluto, der auch Dis oder Hades genannt wird.

Phaëthon: Der Sohn des Sonnengottes darf einmal den Sonnenwagen fahren, verliert die Kontrolle über ihn und verbrennt, von Iuppiter herabgestürzt.

Philomela: wird von Tereus, dem Mann ihrer Schwester Procne, vergewaltigt. Um sie daran zu hindern, dies zu verraten, schneidet ihr Tereus die Zunge heraus. Sie kann es ihrer Schwester aber dennoch mitteilen, indem sie das Erlebte in ein Gewand webt. Als Rache dafür setzen die beiden Frauen Tereus seinen eigenen Sohn Itys zum Mahl vor. Daraufhin werden alle drei in Vögel verwandelt: Philomela in eine Nachtigall, Procne in eine Schwalbe und Tereus in einen Wiedehopf.

Phoebe: Mondgöttin und Schwester des Sonnengottes Phoebus Apollo.

Phoebus: Apollo, Sohn Latonas und Iuppiters, der Sonnengott, der Gott der Künste sowie als solcher der Führer der Musen.

Phoenix: Vater der →Carme, Bruder des Cadmus.

Pictor: Carvilius Pictor, Autor des verlorenen Werkes *Aeneidomastix* (»Aeneisgeißel«), über den sonst nichts bekannt ist.

Piëriden: eig. die neun Töchter des Piëros, die den neun →Musen in einem Gesangswettbewerb unterliegen; aber auch die Musen selbst werden so genannt.

Plotia: Plotia Hieria, angebliche Freundin →Vergils (1).
Poenae: Rachegöttinnen, welche die Bestrafung (*poena*) der Frevler vollziehen.
Pollio: Asinius Pollio, Politiker und Schriftsteller (ca. 74 v. Chr. – 4 n. Chr.), Konsul 40 v. Chr., den Vergil u. a. in der 4. Ekloge erwähnt.
Pollux: einer der beiden Dioskuren (»Söhne des Zeus«, der sie als Schwan mit →Leda zeugte), Zwillingsbruder des Castor; nach dem Tod werden sie als Sterne an den Himmel versetzt, wo sie in Seenot Geratenen helfen.
Polyhymnia: eine der →Musen.
Polyidus: ein Seher, der sich bei seinem Gastfreund →Nisus (1) in Megara verbirgt; Minos verfolgt ihn wohl, weil er seinen Sohn Glaucus (dessen Leichnam er vorher aufgefunden und dann zum Leben erweckt hatte) zunächst die Mantik gelehrt, dann aber wieder hat vergessen lassen.
Pompeius: Cn. Pompeius Magnus, römischer Feldherr und Politiker (106–48 v. Chr.); Konsul in den Jahren 70 und 55 v. Chr. mit Licinius Crassus.
Pothus: zu *Catalepton* 10 (7),2.
Priapus: ein meist aus Holz geschnitzter Gott der Gärten mit einem überdimensionalen erigierten Glied, das rot angemalt ist, und einer Sichel in der Hand, da er als Wächter fungiert.
Procne: Schwester der →Philomela.
Proculus: Valerius Proculus, Stiefbruder Vergils; offenbar heiratete Vergils Mutter nach der ersten Ehe, aus der Vergil, Silo und Flaccus stammten (*Sueton-Donat-Vita* 14), noch einmal.
Propertius: Sextus Propertius (deutsch auch: Properz), römischer Elegiker und Zeitgenosse →Vergils (1).

Quinctio: früherer Name des Sabinus in *Catalepton* 13 (10).

Rhamnusia: Beiname oder Name der Rachegöttin Nemesis, der ein Tempel in Rhamnus im nördlichen Attika geweiht war.
Rhesus: der thrakische König und Sohn des Flussgottes Strymon, der den Trojanern im Krieg zu Hilfe kommen will, jedoch zusammen mit Dolon von Ulixes und Diomedes während eines nächtlichen Spähergangs der beiden getötet wird.
Roma: personifizierte Gottheit Roms.
Romulus: der Bruder von Remus und Gründer Roms.

Sabinus: vermutlich ein fiktiver Name in *Catalepton* 8 (5) und 13 (10).
Saturnus (Kronos): der Vater Iuppiters und Herrscher im Goldenen Zeitalter.
Satyrn: ausgelassene, lüsterne und koboldartige männliche Wesen in Menschengestalt mit Pferdeschwanz und -ohren, oft auch -hufen.

Sciron: Der von Theseus schließlich erlegte Räuber Sciron tötet (zwischen Megara und Athen) Wanderer und lässt ihre Leichen von einer gewaltigen Schildkröte fressen.

Scybale: die Sklavin des Simulus im *Moretum* mit einem sprechenden Namen (von griech. *skýbalon* »Mist, Exkremente«, in Anspielung auf ihre dunkle Hautfarbe).

Scylla (1): für Schiffe gefährliches Ungeheuer, an einer Meerenge gegenüber der →Charybdis hausend, mit dem Oberkörper einer Frau und von Hunden gebildetem Unterleib.

Scylla (2): Scylla, Tochter des Königs →Nisus (1) von Megara, Protagonistin der *Ciris*; s. Einführung S. 19.

Selius: vermutlich ein fiktiver Name in *Catalepton* 8 (5).

Semele: thebanische Königstochter, die, weil sie sich wünscht, Iuppiter möge zur Liebesvereinigung mit ihr so erscheinen, wie er es bei Iuno zu tun pflegt, verbrennt, da der Gott in Blitz und Donner zu ihr kommt.

Seneca: Seneca der Ältere, Rhetor und Geschichtsschreiber (55 v. Chr. – 40 n. Chr.); sein Werk ist nur teilweise erhalten, die in *Sueton-Donat-Vita* 29 zitierte Stelle nicht.

Sentius: Cn. Sentius Saturninus, Konsul des Jahres 19 v. Chr.

Sextus: vermutlich ein fiktiver Name in *Catalepton* 8 (5).

Silo: ein Bruder →Vergils (1), der jung starb.

Simulus: Protagonist des *Moretum* mit einem sprechenden Namen (von griech. *simós* »stupsnasig«).

Siro: mit dem Epikureer Philodem (1. Hälfte des 1. Jh. v. Chr.) befreundeter epikureischer Philosoph, der in Neapel lehrte und über den fast nichts bekannt ist.

Strymon: thrakischer Flussgott, Vater des →Rhesus.

Sulpicius: Es ist unklar, ob der in *Sueton-Donat-Vita* 38 genannte Sulpicius aus Karthago mit dem Philologen Sulpicius Apollinaris (1. Hälfte des 2. Jh. n. Chr.) identisch ist.

Tantalus: Dieser bekannte Verbrecher muss in der Unterwelt die sprichwörtlich gewordenen ›Tantalusqualen‹ erleiden; er steht im Wasser und hat einen Obstbaum über sich, kann aber davon weder trinken noch essen.

Tarquinier: Tarquinius Superbus, der letzte König der Römer, und sein Sohn Sextus Tarquinius.

Tarquitius: vermutlich ein fiktiver Name in *Catalepton* 8 (5).

Telamon: Sohn des Aeacus, Vater des Aiax.

Tellus: Göttin der Erde.

Tereus: thrakischer König, Ehemann der Procne, der ihre Schwester →Philomela vergewaltigt.

Tethys: Meeresgöttin der älteren Generation, Ehefrau des Oceanus.
Thalia: →Muse ›kleiner‹ Poesie (s. Einführung S. 21–22).
Theseus: athenischer König und Held, dem Ariadne hilft, den Minotaurus zu töten; auf der Rückreise von Kreta lässt er sie jedoch am Strand von Naxos allein zurück.
Thukydides: griechischer Historiker (ca. 455–400 v. Chr.), der im attischen Dialekt schreibt.
Tisiphone: neben Allecto und Megaera die dritte der →Erinnyen.
Tithonus: Bruder des trojanischen Königs Priamus, der von Aurora, der Göttin der Morgenröte, entführt und unsterblich gemacht wird. Sie vergisst jedoch, für ihn auch ewige Jugend zu erbitten; deshalb altert und schrumpft er zusammen.
Tityos: riesiger Sohn der Erdmutter, ein bekannter Verbrecher in der Unterwelt, der sich an Latona vergehen will, aber von deren Kindern Phoebus Apollo und Diana getötet wird. Zur Bestrafung liegt er über neun Morgen (zu *Aetna* 80) hingestreckt, und zwei Geier zerhacken seine nachwachsende Leber.
Triphallus: Beiname oder Name des →Priapus (zu *Quid hoc novi est?* 9).
Triptolemus: Im Auftrag der Ceres fährt er auf einem geflügelten Schlangenwagen durch die Länder, um Ähren zu verbreiten, welche Eicheln als Nahrung ersetzen.
Triton: ein Sohn →Neptuns (zu *Aetna* 293).
Tryphon: Namen eines Freigelassenen und Emporkömmlings in *Catalepton* 13 (10).
Tucca: M. Plotius Tucca, ein Freund des historischen Vergil, der wie er aus Oberitalien stammte und laut *Sueton-Donat-Vita* 37–41 zusammen mit Varius Rufus die *Aeneis* postum herausgegeben haben soll.
Tyndariden: Castor und →Pollux, Pflegesöhne des Tyndareus, mit →Leda von Iuppiter gezeugt.
Tyndaris: Helena, Pflegetochter des Tyndareus, mit →Leda von Iuppiter gezeugt.
Typhon: Der Mythos von den Riesen, zu denen Typhon gehört, welche thessalische Berge aufeinandertürmen, um in den Himmel zu gelangen, wird von Dichtern häufig mit der Geschichte vom Kampf der →Giganten gegen die olympischen Götter vermengt.

Ulixes (Odysseus): König von Ithaka, Sohn des Laërtes und Ehemann der Penelope, die ihm während seiner zwanzigjährigen Abwesenheit in Troja und auf der Irrfahrt zurück treu bleibt.

Varius: L. Varius Rufus, wie →Tucca ein Freund Vergils. Als Dichter verfasste er u. a. die (verlorene) Tragödie *Thyestes*.
Varro: vermutlich ein fiktiver Name in *Catalepton* 8 (5).
Venus (Aphrodite): aus dem Meer geborene Göttin der Liebe; ihr Ehemann war →Vulcanus, ihr Liebhaber →Mars.

Vergil (1): P. Vergilius Maro (70–19 v. Chr.), s. Einführung S. 11.
Vergil (2): der Vater →Vergils (1).
Vesta (Hestia): Göttin des häuslichen Herdes.
Vipsanius: M. Vipsanius Agrippa (64/63–12 v. Chr.), der Mitarbeiter, Stratege und spätere Schwiegersohn des Augustus; gemäß *Sueton-Donat-Vita* 44 kritisierte er Vergils Stil.
Virtus: Göttin der Tapferkeit.
Vulcanus (Hephaistos): Gott des Feuers, der Sohn des Iuppiter und der Iuno, Ehemann der Venus.